贵州少数民族文化研究丛书　韦煜/主编

贵州少数民族民俗文化研究

主　编：梁文清
副主编：李永波　李学琴

GUIZHOU SHAOSHU MINZU
MINSU WENHUA YANJIU

华中科技大学出版社
http://www.hustp.com
中国·武汉

图书在版编目(CIP)数据

贵州少数民族民俗文化研究/梁文清主编. —武汉:华中科技大学出版社,2018.1(2021.8重印)
(贵州少数民族文化研究丛书)
ISBN 978-7-5680-3701-3

Ⅰ.①贵… Ⅱ.①梁… Ⅲ.①少数民族风俗习惯-文化研究-贵州 Ⅳ.①K892.473

中国版本图书馆 CIP 数据核字(2017)第 320573 号

贵州少数民族民俗文化研究
Guizhou Shaoshu Minzu Minsu Wenhua Yanjiu

梁文清　主编

策划编辑：牧　心
责任编辑：刘　莹
装帧设计：孙雅丽
责任校对：曾　婷
责任监印：周治超

出版发行：华中科技大学出版社(中国·武汉)　　电话：(027)81321913
　　　　　武汉市东湖新技术开发区华工科技园　　邮编：430223
录　　排：华中科技大学惠友文印中心
印　　刷：广东虎彩云印刷有限公司
开　　本：787mm×1092mm　1/16
印　　张：14　插页：1
字　　数：350 千字
版　　次：2021 年 8 月第 1 版第 3 次印刷
定　　价：68.00 元

本书若有印装质量问题，请向出版社营销中心调换
全国免费服务热线：400-6679-118　竭诚为您服务
版权所有　侵权必究

目录

民间信仰研究

论现代化视域下民间信仰的变迁
——以黔南地区为例　　　　　　　　　　　张　龙　许宪隆 /3
探寻我国城隍信仰的历史嬗变　　　　　　梁润萍 /9
民间信仰的地方化与苗族移民家族社会构建的关系
——基于鄂西南官坝苗寨的历史人类学考察　　陈文元 /15
壮族民间信仰文化在旅游开发中的表达
——以来宾鳌山庙为例　　　　　　　　　王佳果　曹宏丽 /22
论布依族雷神信仰　　　　　　　　　　　彭建兵 /28
土家族灶神信仰探究　　　　　　　　　　覃金福 /36
论布依族传统价值观　　　　　　　　　　李远祥 /41
论苗族家谱《龙氏迪光录》的社会功能　　　王　波　胡展耀 /48
贵州蚩尤文化资源的特色分析　　　　　　龙叶先 /52

民族节日研究

贵州控抗苗寨鼓藏节："非遗"概念实践的地方性文本　　杨杰宏 /63
卯节
——水族女性崇拜的节日　　　　　　　　梁光华　蒙耀远 /74
水族端节的教育价值初探　　　　　　　　黄　胜 /80
水族卯节调查实录
——贵州三都九阡镇水各村水各大寨调查个案　　陈显勋 /84
贵州都匀绕家"冬节"的社会功能　　　　宋荣凯　许明礼　许兴华 /89
黔南布依族"六月六"节日的文化特征及社会价值　　樊　敏 /95

民族文化保护与传承研究

民俗文化创意产业中的传统知识产权保护问题
　　——以剑河县大稿午苗族水鼓舞为例　　　　　　　吴一文　/105
贵州民族民间音乐的保护与传承
　　——以黔东南苗族民歌为例　　　　　　　　　　　肖育军　/112
论册亨布依族文化的传承、保护与发展　　　罗玲玲　梁龙高　周承　/119
水族马尾绣的遗存、传承与时代性发展　　　　　韦仕祺　石兴安　/126
对彝族原生态传统体育文化的多维审视　　　　　罗建新　王亚琼　/130
黎锦技艺保护与传承研究　　　　　　　　　　　林开耀　林珈兆　/137
西南民族走廊空间结构与民族文化产业布局整合　　　　邢启顺　/148
水族民俗与稻作文化探析　　　　　　　　　　　　　　周艳　/154
水族丧葬忌荤习俗的文化解读　　　　　　　　　　　　蒙耀远　/161
论贵州毛南族民居特色及开发利用　　　　　　　　　　孟学华　/168
民族村落文化景观遗产保护评价研究
　　——以雷山县控拜村为例　　　　　　李亮　但文红　黄娟　/173
民族习惯法变迁的不同路径
　　——两个水族村寨的比较　　　　　　　　　　　　文永辉　/182
简论南方少数民族继承习惯法的几个原则　　　　潘志成　吴大华　/189
贵州世居壮族传统制度文化的变迁趋势　　　　　金白杨　欧黔　/194
荔波县瑶族民间古籍的调查与反思　　　　　　　　　　兰庆军　/199
试论贵州侗族地区碑刻古籍的文献价值　　　　　　　　欧阳大霖　/203
三都水族自治县碑刻的研究　　　　　　　　　　　　　刘世彬　/209
试探水书碑文识读　　　　　　　　　　　　　　　　　潘兴文　/215

民间信仰研究

论现代化视域下民间信仰的变迁
——以黔南地区为例

张 龙 许宪隆

"原生态文化"日益成为社会学、民族学界广为关注的一个名词，学界、官方频繁在多领域加以应用，其定义大致相同，即"是指某一民族或族群在历史上形成的文化的原初状态，或指那些在现代才突然被外界所知的某种文化形态"[1]。该定义借用了自然科学领域的生态概念，一定程度上吸引了许多人投身到原生态文化的保护和开发中。然而，在现代化视域下，原生态文化体现之一的民间信仰也在发生着自身的变迁。

一、信仰受众日趋两极化

民间信仰是相对于佛教、道教、伊斯兰教、天主教、基督教等五大制度化宗教之外的其他各类信仰，属于非官方的、非组织的，具有个体乃至地域民众间的一种情感寄托、崇拜，并带有相应的行为和行动，属于自发性质。可以说民间信仰也是一种宗教行为，这种宗教行为带有原初性质，即有关神明、鬼魂、祖先、圣贤及天象的信仰和崇拜，它根植于乡土社会中的传统文化，在世界各地，许多民族之中都有相应的存在，并经过长期历史演变，拥有一套相应的神灵崇拜观念、行为习惯和仪式制度。

黔南地区少数民族众多，世居有布依族、苗族、水族、毛南族、瑶族等民族。民间信仰也比较普遍，多为原始的祖先崇拜、图腾崇拜。有祭祖神龛、土地菩萨等，祭祀祖先、灶神、石神、树神、鬼神等。以鬼神为例，三都县的水族号称有"千神信仰"，据统计应该有 600 多个鬼神。

民间信仰的活动领域大都以乡镇农村为主，而信仰群体出现了两极分化的现象。黔南地区许多村寨的村民长期以来信仰石菩萨，据当地村民介绍，当地信众以 40 岁以上的为多。调查中可以发现，许多村寨的老年人对信仰都报以相应的虔诚态度。他们可以举出很多的事例，比如说某个人不信石菩萨，做出了对石菩萨不敬的行为，这个人的身体就会出现问题，或者家人会有不吉利的事情，但通过巫师解析，进行道歉悔改后，事情变好了。这样的事例在不同村寨都比较相似。分析来看，中老年群体信仰虔诚的原因，一是同他们所处的时代有关，60 多岁的老年人大都经历过"文革"等动荡的时期，他们追求安稳的生活；二是民族社区有着传统的民间信仰习俗，从父母那里继承了这种信仰习俗；三是他们也需要这类信仰以提供心理的慰藉。

年轻人对此信仰较为淡薄,从社会学的角度来看,主要是代际差异形成的,代际差异理论来自德国社会学家卡尔·曼海姆,他认为:"因出生年代与成长背景的不同而导致的各代群间在价值观、偏好、态度与行为等方面呈现出的具有差异性的群体特征。重大的社会历史性事件或技术变革对不同年龄段群体的影响是代际差异的基础。"[2]具体到黔南地区信仰差异的存在来看,这种代际差异形成的原因主要有五个:一是村里大部分年轻人外出务工,这有许多实证的例子,像都匀市洛邦镇绕河村村民有2000多人,外出务工的年轻人占800多人,青壮年劳动力大都不在村里。都匀市小围寨办事处包阳村有4600多人,布依族占85%,外出务工者有2000多人。他们脱离了传统信仰的空间,接触到更多外部社会,受外界信息的影响较多,对这类信仰的兴趣降低。二是年轻人普遍受教育程度的提升,对民间信仰的认知更清晰,认为是"迷信"的看法居多,虔诚度日益淡薄。三是年轻人接受现代化的事物更快,现代化的科技能解释许多以往不能解释的自然现象,对民间信仰的需求大大降低,这也是导致年轻人忽视民间信仰解惑功能的一个原因。四是社会已经进入信息化时代,手机、网络的普及,人们对信息、娱乐的兴趣更多转移到电子媒介的空间中,也是许多年轻人对传统民间信仰不感兴趣的一个原因。五是现代化步伐跨入乡镇农村,以往许多自然环境带来的鬼神信仰被现代化的光电冲击,人们不再存在幻想,也是许多年轻人不再关注民间信仰的一个因素。

也有一部分年轻人对当地民间信仰报以虔诚的态度,主要基于代际传递的因素,即长时期留居当地,对父辈或祖父辈的信仰接受日久,从内心及行为上,已经沿袭了上代人的信仰。这种代际传递的延续更多的是基于个体所受教育的程度,以及当地传统域境所受外界影响的程度。

二、信仰活动形式日益现代化

任何文化都要受到所处时代的科技影响,对于民间信仰来说同样如此。改革开放以来,国内的物质资料生产迅速扩大,而科学技术在生产上的应用,也使得电器化的设施、以及光电技术扩展到人们的日常生活中。这种改变在近一二十年尤其迅速,即便黔南偏僻的村寨也有了巨大的变化。从农用机、汽车的应用,到日常的服装款式种类、使用的手机电话等,与传统的方式相比都有了改变。即使是在以往带有神秘色彩的民间信仰上,在物质化的形式以及活动主体的形式上,也产生了现代化。具体来看,黔南地区民间信仰的现代化体现主要有以下几点:

一是民间信仰的鬼神中有了更多的佛道色彩。在荔波县的觉巩村,当地布依族傩坛供奉的坛神就有"如来、五位祖师……右诸天、马元帅……"[3],惠水县高镇镇交椅村的毛南族供奉的土地菩萨,往往是大石头,石头上缠有红布,或贴上红纸。其中,如来、菩萨往往是佛教的术语,而祖师、诸天、元帅又往往带有道教的色彩。在都匀市区内,一些苗族家门上喜欢挂上带有佛教语句的黄纸条。苗族传统上也习惯于信鬼神,还有专门的"鬼师"从事与鬼神交流的工作。这类事例在黔南地区都可以见到,这与中国自古以来民族之间宗教的互相借鉴、采纳思想有关,也同改革开放以来宗教信仰自由风气有关。同时,也是因为交通便捷后,人员流动日益频繁,各民族群体之间文化思想交流日益增多。因此,在不同文化的互相影响下，民间信仰的形式和内容发生了一定的变化。

二是祭拜物品有了更多的现代化元素。传统的祭拜神灵往往采用的是烧香、摆放贡品的方法。由于香烛长时期燃烧，容易导致火灾及环境污染等，一些现代化的表现方式在黔南许多地区开始被引入。在调研中，就有很多这样的例子。个体家庭祭拜也大都用现代化的设备，比如用电香烛、电爆竹等。在荔波县甲良镇洞庭村，许多村民房屋前设立的小神龛或者石头旁，摆放的香烛亮闪闪的，爆竹也发出啪啪的电子声响。贡品的水果、日常食品也别出心裁，用塑料制品取代。当地50岁的村民A说的话就很有代表性："现在生活好了，大家也有了更好的条件表示敬意，采用光感的祭拜品，可以让神灵时时感受到祭奠的诚意。至于食物贡品采用塑料的是为了能长时期存放。"

三是政府在操办传统的民族节日活动中，现代化的音响设施也被大量采用。2016年10月20日，三都水族自治县在中和镇三洞社区举办端节活动中，依山搭建的大舞台上，高音喇叭合并成大型音响广播，组织观看的群众队伍分队排列，相应的电子屏幕展现相应的实况内容。现代化设施的采用，既同参观群众人数众多有关，也同现代化设备有利于发挥良好的效果有关。这样可以促进更多人参与到欣赏节日的活动中。

四是传统的民间信仰活动中增加了更多的娱乐性节目。以水族端节为例，水族端节主要是祖先崇拜的节日。延伸到现代，端节中的一些活动已经拓展了。如赛马活动最初是为了纪念祖先艰苦创业而开展的娱乐活动，现在则变成了体育竞技比赛性质的活动，仅2016年在中和镇三洞社区古稳端坡举办的赛马活动投入的奖金就高达60多万，吸引了外地不同的成员用汽车载运不同类型的马匹来参赛。而有的村寨重新开辟新端坡，以满足不同群体参与集会和观赛的需要。此外，有的地方为了活跃气氛，在端节活动中增加对歌、踢球、登山等比赛项目，让端节活动更加吸引人。

活动主持主体的变化也是信仰活动形式日益现代化的体现之一。巫师在各族群体中都带有神一样的象征意义，因为他们具有沟通世俗世界与神灵世界的力量，从而受到各族群众的尊重。当然，不同民族对巫师的称呼不同，黔南地区苗族和瑶族称为鬼师，布依族称为摩公，侗族称为师傅，水族中往往是水书先生作为祈祷、占卜等活动的主持人。在不同民族群体中，巫师活动往往体现在个体之中。大型活动的主导者已经逐步让步于地方政府，以水族端节活动为例，"现在几乎都没有水书先生念水书或者做其他法事"[4]。这种变化的主因是，一方面大型活动的成本很高，仅靠个体集资难度较大；另一方面，维持大型活动所需的人力往往也需要政府方面调配，比如警察、保安等。因此这类活动的主导权往往由政府来把控。

人们传统服饰的变化在信仰活动中的展现也是现代化体现的一种表现形式。以水族为例，水族妇女传统服装色调偏深，崇尚黑色和藏青色，水族在服饰上禁忌红色和黄色，而喜欢蓝、白、青三种冷调色彩，他们认为色彩浅淡素雅才是美的。但在端节庆典活动现场，可以看到许多身穿色调鲜艳、款式带有时尚元素服装的青年少女。从访谈中，可以获悉这类衣着时尚的水族少女大都接受过高等教育，且这身衣着也来自对水族传统服饰的改良。

三、信仰活动趋向于旅游化

各地政府、学界、民间多趋向于引入原生态概念进行旅游开发，服务于地方经济。具体到黔南地区,当前在旅游中引入的主要以民族文化为主,"省级民族保护村寨3个:荔波瑶山懂蒙瑶族村寨、三都怎雷水族民族村、贵定音寨布依族村……初步形成了以民族文化观光旅游和农家乐为主,兼有深度文化体验和生态农业观光四种典型的乡村旅游发展模式……至2014年底,全州有各类乡村旅游点1580个,2014年接待各类旅游者387万人(次),创旅游综合收入15.43亿元,直接吸纳的就业人员达15000多人"[5]。

在这种旅游热潮中,主打的旅游品牌以民族特色文化为主。例如:都匀市小围寨办事处包阳村是一个布依族村寨,当地政府为了打造旅游景点,在调研中,村里领导表示,自2014年6月开始进行民族特色的营造。通过修建相应的公路,力求改善旅游基础环境。村民的房屋力求营造传统布依族的特色,在屋檐顶端的两头制造牛角标志。某种程度上,牛是布依族的民间信仰,像妇女就有采用包牛角状头饰的习俗。龙里县双龙镇采用合作开发模式打造旅游示范区。双龙镇坐落于当地的巫山峡谷南侧,在景区主入口处,由原云南省丽江市束河古镇的开发运营商"昆明鼎业集团"与中铁集团联袂打造,占地约400亩,其中旅游品牌规划就有当地苗族、布依族的民族风情功能板块。据龙里县旅游局长韩永高介绍,一个成熟的旅游开发能带动当地五成的人员就业。龙里借助民族风情文化发展旅游是一大特点,典型的就有苗族农历四月八"祭祖节"。事实上,这种民族风情中就包含有传统的民间信仰节日。当地政府意识到民间信仰的重要性,并展开了助力活动。来自该县民宗局的简报显示,2016年11月11日,当地领导"对醒狮镇小河口民间信仰活动场所进行挂牌仪式"[6]。这个场所是依托道教场所来设立的,某种程度上让当地民间信仰的主导场域由道教来引导。

在突出旅游振兴经济的目标后,黔南地区许多民族村寨也把目标转移向民族特色文化中。在这种凸显民族特色文化过程中,很多时候,民间信仰成为彰显风情的经典标志。三都县三合镇姑挂村努力打造水族特色村寨姑噜寨,树立了数百个水族传统信仰的鬼神,有石头雕像,也有专门设计的电子彩色洞窟鬼神像。这些鬼神像、鬼神介绍大都来自水族的经典水书。

政府搭台唱戏的旅游节目也往往借助于这些民族特色文化。一些学术研究认为,传说中的五帝时期的共工是水族的始祖。三都水族自治县政府连续数年举办了水族端节庆典活动,2016年10月20日的现场庆典活动,就带有祭祀祖先的性质,在共工雕像前举办了祭祀仪式。布依族传统的"六月六"节日,以往以供奉土地菩萨(土地公公)为主,发展到今天,也成为政府搭台唱戏的活动日。如荔波县一方面借助世界物质文化遗产的名声吸引中外来客,另一方面在这类民族信仰节日中,开展原生态民歌、地方戏、舞蹈、书法表演和民族时装秀、木叶独奏等充满布依族文化特色的演出。这种借助民间信仰展现的民族文化演出,成为各地开展旅游活动的一个特色。

四、现代化视域下的变迁与"原生态"的矛盾

变迁是各个学科都常引用的术语,常指事物发生的变化。具体到文化上来看,本身就带有多重意义,从社会学角度来看,创新、传播、涵化都是其变迁的过程。从哲学角度来看,世间万物都在时刻变化着。古希腊哲学家赫拉克利特就曾经说过"人不能两次踏入同一条河流"。基于这个意义,黔南地区民间信仰在现代化视域下发生变迁是有其必然性的。

在这种现代化视域的变迁中，信仰主体的两极分化，有着境域、教育程度的变化，而信仰形式现代化是基于物质条件的变化。更大的变化是旅游的介入。从旅游开发角度来看，变迁中含有更多创新的含义。旅游开发也带有创新的意义，当民族文化成为旅游产品的时候，需要考虑受众的接受能力，而这种接受程度就需要对产品的性质进行调试。在此开发过程中，出现了两极冲突，一方认为旅游开发破坏了传统文化的保护，故呼吁构建真实的"原生态文化"，即未加建构的传统文化。另一方则认为文化是需要展示的，"原生态文化"带有相应的传统元素符号即可。

值得一提的是现代化的生活和传统的维护有着一定的冲突，这也是学界一些学者在认知上所提出的保守思想，即保护传统的民族文化，让其不开发、不与现代化接触。如同印度政府为了保护安达曼岛上的原始居民特性而建立保护区一样，或者如美国对印第安人设置居留地一样。英国人类学家拉德克利夫·布朗曾在20世纪初左右做过安达曼岛人的调研，当时安达曼人有数千人，现今仅有几百人。是现代文明冲击下的适者生存，还是传统文明的不适应呢？这一问题一直饱受各国学者的争议。

事实上，原生态文化本身就有"时代性"，一是传统的时代性，另一个是现代的时代性。传统的时代性带有阶段性，许多学者呼吁的"原生态文化"保护主要是传统的时代性，关键是我们所保护的传统性质的时代性是历史上的哪一阶段的文化特点？是凭什么来认定的？关于这些问题的争议很大。从黔南地区现代化视域下民间信仰的变化可以看出，文化的时代性必然带有变迁的性质，这就是现代化技术的引用，对以往文化的建构，更多带有开发的性质。

五、结语

通过对黔南地区民间信仰变迁的分析，主要有如下三个发现：第一，在黔南地区民族村寨，民间信仰依然发挥着重要的作用，具有维系村寨民族共性、增强村寨的凝聚力的作用，也有助于体现个人的心理寄托。第二，民间信仰在现代化的影响下，中老年群体和青年群体在信仰程度上有了相应的变化，这同时代的发展、地区的开放程度有关。第三，民间信仰成为民族旅游文化的重要载体，而且形式日益带有了现代元素。在这个过程中，"原生态"的传承和现代化的变革之间不断引发争议，而这种争议的核心在于争议者内心是如何对待现代化的认识问题。

现代化的发展是时代不可阻拦的，而原生态也只能是在保留传统的文化元素基础上，让其融入时代的浪潮中。毕竟文化是为生活服务的，世界上不存在一成不变的事物，民间信仰同样如此。

参考文献

[1] 张云平. 原生态文化的界定及其保护 [J]. 云南民族大学学报, 2006 (4): 67-70.
[2] 陈云明, 崔勋. 代际差异理论与代际价值观差异的研究评述 [J]. 中国人力资源开发, 2014 (13): 43-48.
[3] 吴秋林. 众神之域：贵州当代民族民间信仰文化调查与研究 [M]. 北京：民族出版社, 2007: 127.

[4] 张振江. 三都三洞水族——贵州三都三洞乡调查与研究（下）[M]. 北京：知识产权出版社，2012：463.
[5] 黔南州旅游局. 黔南州旅游发展历程[EB/OL]. (2016-07-18). http://www.qiannan.gov.cn/doc/2016/07/18/526158.shtml.
[6] 龙里县民宗局办公室. 龙里县民间信仰活动场所正式挂牌[Z]. 龙里县民族宗教事务局工作简报，2016.

（原载于《黔南民族师范学院学报》2017年第2期）

探寻我国城隍信仰的历史嬗变

梁润萍

城隍信仰有其根源,由"城隍"缓慢演变而来。"城隍"原指城墙和护城河,是保卫城市和百姓的军事设施,最初的城隍神灵是人们幻想出来的保护神,后渐渐蜕变为城市专职守护神。城隍庙最早出现于三国时期的芜湖,最早祭祀城隍神的故事及城隍神显灵的故事则发生在南北朝时期的长江流域一带。城隍信仰形成后,迄今为止大致经历了以下六个重要的发展阶段。

一、成长期——唐五代十国

唐时城隍信仰逐渐传播开来,唐前以吴越地区为主,后扩大到南方的广大区域,发展达到了一定程度的繁荣。

第一,对城隍神的祭祀已渐普遍:"《杜牧集》有祭城隍祈雨文,则唐中叶各州郡皆有城隍……所谓唐以来郡县皆祭城隍是也。"[1]

第二,城隍神职能的变异。唐城隍神不仅有保卫城市的作用,还有预知并抵抗水灾的神力,如滑州城隍神与刺史韦秀庄相约共战黄河之神的神话故事[2],暗含着城隍神与地方官员幽明共护城市的行政职能,说明城隍神的职能已悄然发生了异变,由保护城池的自然神向人格神转变。

第三,城隍信仰群体的扩大。唐城隍神不仅受到百姓的跪拜,还引起了很多文人如张说的注意,其《祭城隍文》[3]是为城隍神撰写祭文的发轫之作,可视为文人信仰城隍神的表达方式。

第四,统治者开始给城隍神封爵。乾宁年间,昭宗在华州(今陕西华县)遇刺,幸得城隍神及时相救,华州因此获得了"以华州为兴德府,封城隍神为济安侯"[4]的殊荣,城隍神因其灵验得到了封爵待遇,提高了城隍神在国家诸神中的地位,五代十国及宋元继承并发展了这种方式。

二、普及期——宋元时期

(一)宋代城隍信仰的发展

宋朝统治者的重文轻武,使城隍信仰取得了长足的发展,依然以南方为主,但北方也有了一定的发展,县一级城隍庙的存在较为普遍,对城隍神的祭祀也更加普遍,"今其祀几遍天下,朝家或赐庙额,或颁封爵"[5]。此外还体现在以下两方面:

一是城隍神的祭祀已被列入国家祀典中,地位陡然上升:"其他州县狱渎、城隍、仙佛、山神、龙神……皆由祷祈感应,而封赐之多,不能尽录云。"[6]可见,越是灵验的城隍神得到的封赐就越多,城隍信仰越来越受到统治者的重视。

二是城隍信仰群体进一步扩大,主要包括两个阶层:一是普通群众(含新兴市民阶层)是重要的信仰群体;二是文人雅士和地方官员也有较高的认同度,很多文人雅士同时也是地方官员,正是他们主导着城隍信仰在民间的发展。当他们是文人雅士时,他们深信城隍神掌管着科举登第人员的名籍,能预测中榜之事,因此虔诚地祈求城隍神的庇佑;当他们取得功名后又深受地方官应与城隍神"分职幽明,共庇千里"[7]思想的影响,上任后都会先到当地城隍庙谒拜城隍神,撰文以示重视。

宋城隍神信仰在城隍庙的建立、城隍神的祭祀与封赏、信仰群体、职能等方面均有较大发展,已成为民间的传统习俗,对宋以后城隍信仰的发展有深远影响。

(二)元代城隍信仰的发展

元代城隍信仰在宋代基础上,有了新的变化。

第一,城隍神由一般城市的守护神升级为都城甚至是国家的守护神。在大都"城西南隅,建城隍之庙,设象(像)而祠之,封曰佑圣王"[8]。都城隍神的设立和祭祀,意味着城隍神功能的不断增强和地位的再次提升,并且元统治者对都城隍神进行了多次赐封:天历二年,封大都城隍神及城隍神夫人分别为"护国保宁佑圣王"和"护国保宁佑圣王妃"[8]。元统初加封为"弘仁广惠,神妃从其号"[8]。至正癸卯,再次加封为"护国孚化保宁弘仁广惠佑圣王"[8],赋予其"护国"的神圣职责,城隍神被提高到了国家保护神的地位,这与当时元朝政局不稳有密切关系,大都城隍庙就毁于元明政权更替的战争中。

第二,城隍信仰在百姓生活中的影响进一步增强,此时举行的城隍赛会规模也比宋代的大,如安庆城隍赛会:"民无贫富男女,麇倪空巷间出乐神,吹箫伐鼓,张百戏游像舆于国中,如是者尽三日而止。"[8]充分表明城隍信仰早已深入人心,人们对城隍神的信仰更为痴迷。

第三,城隍信仰既受到普通百姓、百官的重视,"自内廷至于百官庶人,水旱疾疫之祷,莫不宗礼之……"[8],又受到元皇室尊亲的青睐,皇室成员亲自参加祭祀城隍神的活动,"皇姊庄靖大长公主遗亦邻真,尊皇后遣资正同知朵列图、按木不花,皇太子、皇妃遣长庆卿玉鲁铁木儿,咸赍香币,致祭于庙"[8]。

尽管元代国祚不长,但仍在继承宋代城隍信仰的基础上取得了新进展,进一步扩大了城隍信仰在全国的影响力。

三、鼎盛期——明清时期

洪武二年正月丙申,明太祖下旨"封京都及天下城隍神",就此对城隍神进行了大肆的封爵仪式,如京都之城隍神被封为"承天鉴国司民昇福明灵王",北京开封府城隍神为"承天鉴国司民显灵王",将传统城隍神制度化,并划分为都城隍、府城隍、州城隍、县城隍四个等级，与现实中各级官府形成对应关系，并统一民间城隍神像，以便于施行封建统治和社会管理，史称二年新制。

明太祖将城隍神等级制度化，彰显了其神圣和威严的一面，但万民膜拜城隍神，直接威胁到了皇帝的权威和尊严，这是太祖所不能接受的，故翌年便改制，还原城隍神本名，意在杜绝民间对神灵的评议和另一个偶像的存在，禁止民间从事各种自由淫祀活动，从思想和行为两个层面上对民众加强专制统治，以达到维持封建秩序和社会稳定的目的。统治阶层对城隍信仰的重视势必会影响其在民间的发展，表现在：

一是城隍庙会的内容较之宋元更加丰富："惟于五月朔至八日设庙，百货充集，拜香络绎。"[9]庙会之日，人们不仅纷纷入庙敬香，祈求城隍神护佑，且利用庙会之便，购买生活用品，庙会功能有所扩展。

二是城隍赛会规模更宏大、内容更精彩。如清代湖南善化的城隍赛会："其热闹较胜长沙。安徽有流民，长今尺六尺七寸，扮作无常，招摇过市，虽异防风之长，仿佛山魈之跃，大观哉！"[10]赛会上对于阴间鬼神如黑白无常等形象的夸张扮演，是统治阶层利用信仰仪式教化民众的重要渠道，警醒民众遵守礼法，安于天命，目的仍在于维护封建统治。

三是城隍神出巡场面亦更加壮观，次数较多，早已成为民间习俗，如清时河南淇县城隍神出巡："按习俗每年上元、中元、下元三节为城隍出巡日。及晨用红色八抬大轿，抬城隍木雕偶像，鼓乐细吹细打出庙巡东，经中心阁向北，至北关折向东，抵鬼魂潭落轿。善男信女焚香，叩拜。日落后，再抬回庙内安放。"[11]

城隍信仰在明清时期的极致发展与统治阶级的重视并将其制度化有着重大关系，但盛极而衰是事物发展的规律和宿命，城隍信仰也不例外，清末城隍信仰便开启了其衰败的命运。

四、衰落期——近代百年

在中国近代百年时期，城隍信仰被当作封建迷信，一度滑向了命运的衰落期，不仅表现在战火中受创，更体现在思想与实践层面上。

（1）从鸦片战争到1949年南京国民党政权覆亡期间，战乱频繁，尤其是日本侵华战争，严重毁坏了我国众多的文化遗存。如城隍信仰，主要体现在：首先，城隍信仰的实体象征——城墙与城市，被炮火轰毁，很多历史文化名城变成废墟。其次，其空间载体——城隍庙，或被战火烧毁，或被军队占用，如晋中介休市城隍庙曾被国民党军队和日伪军占用。城市与城隍庙的毁坏，从物质根源上打垮了城隍信仰。最后，在战争炮火面前，城隍神失灵，没能为人们抵挡战争带来的灾难，人们对它的信仰程度大大降低，其神圣色彩也大为褪减，这就从精神上动摇了城隍信仰的继续存在。

（2）在思想层面，新文化运动对城隍神等民间信仰造成了较大的冲击。民间信仰在运动中被当作封建迷信，第一次遭到新知识精英的全盘否定与批判，尽管有1917年成立的灵学会试图维护这种传统信仰，但遭到了新文化运动领导者的口诛笔伐。1918年出版的《新青年》报上有陈独秀的《有鬼质疑论》、陈大齐的《辟"灵学"》等文章，认为鬼魂之说"愚民"，是关乎国家存亡的大事[12]。故此，"新文化运动，城隍庙中的多数逐渐淡出民间信仰"[13]。新文化运动将城隍信仰推到了衰落的单行线上。

（3）如果说新文化运动对城隍神等民间信仰的否定批判还停留在思想层面，那么20世纪20年代至30年代，南京国民政府组织发起的破除迷信运动则将其真正付诸了实践。

1928年，南京国民政府内政部颁布《神祠存废标准》，指出，"城隍、龙王、土地、财神等等古神也都应酌情予以废除"[14]。城隍神作为具有普遍受众群体的重要民间信仰，首先遭受了沉重的打击。运动中基层党部采取了"彻底封庙"的行动，如1931年2月23日发生的著名的高邮"打城隍"运动，县党部人员以"强盗"式的激进方式袭击了城隍庙，"将各尊神佛偶像捣毁一空"[15]。24日对城隍庙进行了二次袭击，推倒庙内所有神像并抛入河中，庙大门被贴上封条，企图达到"彻底封庙"的目的。同时，北方地区也开展了此运动，如1925年秋平遥县国民党县党部以破除迷信为名，派巡警梁州南把城隍神像绑到西门外"枪毙"，以示革命[16]。

国民党基层党部发动这场运动的根本目的在于索取并占用城隍庙集聚的丰富社会资源，发展实业，但忽略了基层民众仍笃信城隍神的实际情况，引发了民间大规模的暴乱。同时，占用城隍庙资源的行为，损害了地方政府、商人等群体的利益，他们极力支持民众反抗。国民政府不得不很快制止了这场激进的运动，最终以民间的胜利告以结束。然而，这场运动对城隍信仰的发展造成了极为不良的影响，预示着在新的意识形态下，其生存发展空间将会被不断挤压。

五、 蛰伏期——新中国成立至 "文化大革命" 期间

新中国成立后，城隍信仰再次被认定为"封建迷信"，予以坚决破除，同时受到意识形态的强压以及政治运动、社会生活运动等影响，基本处于蛰伏状态。

首先，国家对信仰空间上进行了重新规划，大量城隍庙被占用。1950年，新中国颁布《中华人民共和国土地改革法》，规定："征收祠堂、庙宇、寺院、学校和团体在农村中的土地及其他公地。"① 这个规定给城隍信仰带来了很大的冲击：城隍庙管理委员会、城隍庙会等被取消，信徒悄然骤减，庙被挪作他用，或为学校，或为粮仓，或为开会场所等占用，如寿阳城隍庙在20世纪50年代就被当华北粮食仓库占用，1950年县劳模大会就在城隍庙内举行；1951年平遥城隍庙神像遭到搬运与破坏，庙被体育部、电影部等部门占用；介休城隍庙先后为粮站和晋剧团占用，直到2011年才回归文物部门管理。城隍庙被大肆占用，致使正常的城隍信仰活动无法进行。

其次，从根本上阻断了城隍信仰的发展，土改、人民公社化等政治经济运动的开展，使城隍信仰失去了生存的土壤，主流思想价值观占据了人们日常生活的各个领域，个体信仰只能在细小的夹缝中求生存。受"左"倾错误的影响，民间信仰的社会形势更加急转而下，像城隍信仰这样在很多地方具有典型意义的民间信仰被大面积取缔，被迫走向了发展的断裂层。

最后，"文化大革命"使城隍信仰遭到了毁灭性打击。在"文化大革命"期间，国家在宗教方面实施了破"四旧"的宗教政策，即彻底消灭一切宗教、解散一切宗教组织和宗

---

① 曲阜师范学院政史系中共党史教研组：《中共党史学习与参考资料·社会主义革命时期（上）·中华人民共和国土地改革法》，1976年，第104页。

教团体、取缔宗教职业者、彻底捣毁一切教堂寺庙等。在此政策指引下，很多地方的城隍庙被毁坏，如介休城隍庙内的神像等重要文物被毁坏[①]；寿阳城隍庙被拆建为寿阳招待所[②]；平遥城隍庙则成为"文化大革命"武斗指挥部[16]。

"文化大革命"中多数城隍庙被毁坏甚至是毁灭，城隍信仰经历了较为激烈的被消除和被消失的过程，曾经神圣肃穆的城隍神威严扫地，销声匿迹于民间。

六、复兴期——20世纪80年代至今

改革开放后，宗教信仰自由政策的恢复，使民间信仰重新浮出水面，城隍信仰的边缘地位得到了一定的改善。

当代城隍信仰正处于复兴发展期，主要体现在以下几个方面：一是城隍庙的数量在不断增加。很多地方或在旧址上重建城隍庙，如左权县城隍庙就是于2009年在旧址上重建而成的；或将破落的城隍庙扩建，如介休市区的城隍庙。二是重新恢复举办城隍庙会，民众既可聚会敬香，又可借庙会集市购买日常生活用品。三是城隍庙香火甚旺，城隍信仰人数不断增多，如著名的上海城隍庙，归属当地道教协会管理，2014年登记的城隍神信徒就有8000余人。

城隍信仰在现代社会的复兴，有历史、社会等多方面的原因：一是城隍信仰存在的历史悠久，存有相应数量的社会信众数量，这是其复兴的重要基础。二是城隍信仰自身的调整，适应了现代社会的发展。原本属于宗教信仰场所的城隍庙与文化旅游开发相结合，获得了双重发展空间，既使城隍信仰得以传承，延续香火，又保证了承包商或者管理部门的经济利益。三是城隍信仰在一定程度上满足了现代人的信仰和精神需求。现代快节奏的生活带给人们很大的精神压力，为了缓解压力和情绪焦虑，寻求宗教的慰藉无疑是一种选择。熟悉的本土信仰会成为一部分人的首选，故城隍信仰在当下社会依旧能够重新找到其生存的空间。所以，一种民间信仰的复兴与发展，绝非只是表面上关于场所的修建，背后必然有其深层原因。

总之，城隍信仰在漫长历史时期，经历了萌芽成长、快速发展、盛极而衰、衰而复兴的跌宕起伏的发展演变过程，表明每种文化的兴衰都有其自身的发展规律和生存逻辑可循，印证了"存在即合理"的哲学命题。同时，政治力量的介入、社会生活运动、意识形态的转变等因素，对城隍信仰的发展走势都产生过重要的或是致命的影响。

当前社会宗教信仰神圣与世俗话题的讨论未曾停止过。在传统农业社会，城隍神在人们心中是灵验而神圣的，是官民共同的虔诚信仰。然而，近代战火、社会政治运动打破了城隍神神圣的不变神话。城隍信仰在近现代社会被祛魅的过程中，其神圣性被不断解构，世俗作用隐而不显，甚至遭到毁灭性的打击。如今它又处于复兴状态之中，主要以"世俗"的姿态在现代空间中寻求立足之地。那么，它曾经浓郁的神圣性在现代社会世俗化中的命运如何？又将如何自处？这些问题关乎城隍信仰的未来发展，值得深思。

---

① 笔者于2014年2月在介休城隍庙前广场访谈所得。
② 笔者于2014年4月在寿阳城隍庙附近私人茶室访谈所得。

参考文献

[1] [清] 赵翼. 陔余丛考·城隍神条 [M]. 石家庄：河北人民出版社，1990：737.
[2] [唐] 戴孚，等. 广异记·韦秀庄 [M]. 北京：中华书局，1992：59-60.
[3] [清] 董诰，等. 全唐文 [M]. 北京：中华书局，1983：2357.
[4] [清] 王昶. 金石萃编·石刻史料新编 [M]. 台北：新文丰出版公司，1987：2888.
[5] [宋] 赵与时. 宾退录 [M]. 北京：中华书局，1985：93.
[6] [元] 脱脱，等. 宋史·礼志八 [M]. 北京：中华书局，1977：2561-2562.
[7] [宋] 蔡戡. 定斋集·告城隍祝文 [M]. 上海：上海古籍出版社，1987：704.
[8] [元] 李修生. 全元文 [M]. 南京：凤凰出版社，2004：207，208，182，182，170，207，182.
[9] [清] 潘荣陛. 帝京岁时纪胜·燕京岁时记 [M]. 北京：北京古籍出版社，1981：22.
[10] [清] 杨恩寿. 杨恩寿集·郴游日记 [M]. 长沙：岳麓书社，2010：73-74.
[11] 淇县志编纂委员会. 淇县志 [M]. 郑州：中州古籍出版社，1996：809-810.
[12] 民国名人们的反迷信运动 _ 周刊新闻 _ 齐鲁周刊 _ 新闻 _ 齐鲁网 [EB/OL]. http：//news.iqilu.com/qlzk/news/20130805/1620765.shtml.
[13] http：//c.360webcache.com/c? m=94851b2f9a9a6abf762942a8555b6037&q=新文化运动与城隍信仰&u=http％3A％2F％2Fblog.sina.com.cn％2Fs％2Fblog_5d95e3820101iqaz.html.
[14] 立法院编译处. 中华民国法规汇编·内政 [M]. 北京：中华书局，1934：807.
[15] 地方通信——高邮：城隍捣毁偶像 [N]. 申报，1931-2-26（9）. 申报影印本（279）[M]. 上海：上海书店出版社，1983：643.
[16] 董培良. 平遥城隍庙 [M]. 太原：山西经济出版社，2001：84.

（原载于《黔南民族师范学院学报》2017年第2期）

民间信仰的地方化与苗族移民家族社会构建的关系
——基于鄂西南官坝苗寨的历史人类学考察

陈文元

伏波信仰是一个跨区域、跨国度的民间信仰。就国内而言,伏波信仰主要集中在岭南地区和武陵地区。目前,学界对岭南地区伏波信仰研究论述相对较多。滕兰花分析了伏波信仰与边疆安全的联系,指出伏波庙承载着中央政治权力对地方民间力量的重塑与创造,构建了国家认同。[1]麦思杰认为,宋明时期神明马援在国家与地方社会的政治经济互动中承担着中介的作用,构建了人们的边疆意识。[2]王元林从国家祭祖与地方秩序构建层面来阐述伏波信仰,认为伏波信仰的变化,渗透着国家祭祀的逐渐地方化,渗透着国家在地方秩序构建中,利用英雄等神灵信仰在地方的空间逐步展开和深化。[3]杨洪林对武陵地区伏波信仰的变迁进行了较为深入的探讨。他提出武陵地区伏波信仰经历了一个从英雄到国家神、地方神再到家神的变迁过程,认为伏波信仰变迁这一过程中形成了文化记忆,伏波信仰与家族神的结合,使得伏波信仰成为文化权力的象征,参与地区社会秩序的建构,促进了伏波信仰在武陵地区的传承。[4]

武陵地区伏波信仰与中国东汉历史人物马援密切相关。东汉初年,"伏波将军"马援征五溪兵败,死于军中,"马革裹尸"而还。后又被人诬陷,光武帝"追收援新息侯印绶"[5](P254),马援的家族以及一些正义之士纷纷上书述冤,为其正名。但直到章帝建初三年(78),马援的名誉才得以恢复。或出于马援的历史形象以及中央朝廷的推动,民间多有人怀念他,在唐宋之际,"民思之,(马援)所到处祠庙俱存"[6](P29),伏波信仰成为武陵地区一个重要的信仰。笔者通过对地处武陵地区的官坝苗寨进行实地调查,探寻伏波信仰在官坝苗寨的地方化过程,以及在这一过程中与官坝陆氏家族社会构建的关系,以历史人类学的视角对二者进行辩证思考。

一、伏波信仰的地方化过程

地方化是指一种文化在地方社会的传播与渗透,与地方社会的接触、融合与深化,进而完成地方性建构的过程。以官坝苗寨为例,陆氏家族通过家族历史记忆的流传,建造伏波庙,开展祭祀活动,使伏波信仰融入了地方社会文化体系,实现了伏波信仰在官坝苗寨的地方化。

（一）历史记忆的流传

官坝苗寨，位于湖北省恩施土家族苗族自治州咸丰县高乐山镇官坝村境内。官坝村主要有土家、苗、汉、侗、回、彝等六个民族，有陆（苗族）、滕、张、夏、曹、朱等姓氏，可以说是一个多民族、多姓氏的民族聚居区。少数民族人口占69.74%，其中，土家族占38.92%、苗族占24.17%、回族占6.56%，是民族进步与民族团结示范村。本文的考察地点——官坝苗寨，更是鄂西南地区的一个典型的苗族移民村寨。官坝苗寨位于咸丰县与宣恩县交界地带的忠建河流域，四面环山，因特殊的地理位置与古朴的苗族风情，被誉为"荆楚第一苗寨"。官坝苗寨现有500多户2000余人，主要有陆姓、滕姓、夏姓等几个大姓人家，大多为湖南湘西麻阳苗族的后裔。① 在官坝苗寨中，陆姓是人数最多的大姓，陆姓家族（以下简称陆氏）至少已在这里繁衍了14代人，经历了270多年的历史。

民族记忆至少分为三种：社会记忆、集体记忆、历史记忆。历史记忆是指集体记忆中有一部分以该社会所认定的历史形态呈现与流转。在历史记忆的结构中，通常有两个因素——血缘关系与地缘关系——在时间中延续与变迁。[7] 历史记忆有多种呈现方式，神话即是其中之一。官坝苗寨陆氏视马援为"家族神"，世代祭拜。与"典范历史"略有不同，陆氏祭拜"马伏波"始于族中世代流传的一段带有神话色彩的历史记忆：

象山老祖，在朝廷为官，任朝廷丞相，天天回家与妻子团聚。他母亲天天晚上听到儿媳房中有男人说话，认为是自己的儿媳在家中不守贞洁。因他儿子在朝中为官，路隔几千里，不可能是他儿子回来。这样，她就跟儿媳说，在家中要守规矩。儿媳就说："妈呀，不是外人，是您的儿子。若凡不信，他今天回来了以后，我叫他过来向您请安。"结果，儿媳就跟自己的丈夫说了此事。当夜，象山老祖回家向母亲请安之后，母亲方才知道是自己的儿子。母亲便问路隔几千里如何回来，他说："妈呀，我有两样宝贝，一样是腾云草鞋，一样是缩叠鞭，能腾云驾雾、日行千里。"他妈不信，看过之后才信。但他妈既见着儿子了，又不舍得儿子走，于是把她儿子的两件宝贝藏了起来，放在污桶里。这样，两件宝贝就没有灵性了，失去了法力。象山老祖第二天要用两件宝贝回朝廷朝见皇帝，但发现已经不能腾云驾雾、日行千里了。这样，象山老祖没能按时赶回朝廷。朝中奸臣见其没来，就说他谋反。皇帝信奸臣所说，命马伏波到湖南金溪捉拿他。马伏波与象山老祖同朝为官，知其为人，定然不会谋反。两人在半路上相遇，因两人私交关系很好，马伏波告诉他情况，象山得以逃跑。圣旨上写道"要剿金溪县，单剿陆房六"，马伏波改为"单剿金溪县，不剿陆房六"，帮陆氏人躲过劫难。象山从此隐姓埋名，在白鹿洞讲学，住在青田乡。祖传对联有"讲学勿忘白鹿洞，居家不异青田乡"，并告诫后人一定要纪念马援的救命之恩。为感恩马伏波，陆家人建庙堂供奉他。同时还演戏怀念他。②

官坝苗寨陆氏口中的"象山老祖"是南宋时期的大儒陆九渊。据《宋史·陆九渊传》记载，陆九渊（1139—1193），号象山，是今江西省抚州市金溪县陆坊青田村人。因其曾在贵溪龙虎山建茅舍聚徒讲学，龙虎山山形如象，自号象山翁，世称象山先生、陆象山。陆九渊是宋明两代"心学"的开山鼻祖，被后人称为"陆子"。[8](P3380) 《陆氏族谱》对他们的"祖

---

① 本部分资料由官坝村居委会提供。
② 访谈对象：陆承志，男，71岁，苗族。

人"陆九渊有记载："郎，生六子，季九渊，号象山，谥文安，吾之鼻祖也。"[9]但并没有确切的事实依据。而且明清以来兴修谱热潮，冒认历史名贤已成为民间的一种普遍现象。对于官坝陆氏来说，或许他们也需要一种背景、一些人物来"充实"自己的家族。笔者翻阅《陆氏族谱》，发现陆云等陆姓历史名人亦被收入族谱，成为他们的"祖先"。这样一来，陆九渊成为他们的祖先以及之前与"马伏波"的"友谊"就不难理解了。显然，这段历史记忆具有很大的虚构成分，但这段历史记忆却有它的意义所在。"有意义的历史记忆不一定是真实的，但它是有意义的，它的意义不在于这个传说的本身，更在于族群的自身情感。"[10]陆氏将历史事件与历史人物相互糅合，经过加工，通过神话构建了家族的共同记忆，代代相传。而且，这样一段不太真实的历史记忆，不但在陆氏家族中代代相传，周边其他姓氏的民众也知晓这一"故事"，说"马伏波"是陆家的救命恩人。可见，经过历史的发展，这一历史记忆已经在官坝苗寨区域社会流传开来，进入了地方社会的文化空间。

（二）伏波庙的建造

神话是文化的一部分，由神话构成的记忆是一种历史记忆，是信仰的来源之一。"神话、历史与个人经验记忆，都是一些经由口述或文字传递的社会记忆。它们是在某种社会情境中被流传的'文本'。"[11]这种"文本"注入陆氏的生活，进行记忆空间拓展。在上述神话中，可以看出陆氏供奉"马伏波"的缘由以及对其祖先寄予的深厚情感。陆氏通过修建伏波庙来强化他们的历史记忆，表达他们对祖先的敬畏、怀念之情。

陆氏到官坝经过了几次迁徙。据《陆氏族谱》记载，陆氏迁徙路线为：湖南麻阳—湖北宣恩蚂蚁洞—湖北咸丰官坝，迁移的地区皆没有脱离武陵地区。族谱中记载陆氏于清雍正三年（1725）陆永麟时到官坝落居。迁移到官坝之后，陆氏生产生活慢慢趋于稳定。稳定的生活利于他们重建家园，延续"香火"。出于对祖先的历史记忆以及对祖先的情感认同，修建伏波庙，是他们生活的重中之重。

陆氏选择将伏波庙建于"陆家院子"的附近，处于溪水之边。笔者通过访谈调查了解，新中国成立前，官坝苗寨曾有一座伏波庙，除了官坝陆氏，周围的龙坪、新屋场等陆姓都会到庙中祭拜"马伏波"。伏波庙中供奉的"伏波菩萨"约半人到一人身高，为木雕，脸上刷金粉，身着橘红色长袍，手握宝刀（也说不带刀），也是木刻。"伏波菩萨"左右两边各有一"护法"。陆氏还捐助庙田作为庙产，用于伏波庙的修葺与日常开销。陆氏逢年过节都会到庙里祭祀，大年三十晚上更是作为重要的日子去祭拜。伏波庙对面曾经还有一座戏楼，每年农历三月初三、六月初六和九月初九等日子会在伏波庙举办庙会，全村人出钱请城里的戏班来演戏。伏波庙成为陆氏的祭祖圣地与家族重要的活动场所。

有关共同的起源和世系的记忆对于族群认同的形成和维系具有重要意义，它可能是一种客观事实，也可能是一种主观建构，表现为与之相关的神话、传说和故事，以"历史记忆"的方式强化着族群的认同和区分。[12]伏波庙成为陆氏历史记忆的传承载体，成为他们的历史记忆场域。陆氏通过建立伏波庙充实与强化了他们的历史记忆，推动了伏波信仰的形成与发展，使伏波信仰逐渐融入地方社会。

（三）祭祀活动的开展

历史上官坝曾有回龙庙、大庙、禹王宫、伏波庙等庙宇，具有浓厚的宗教信仰氛围与一定规模的神灵体系。元明清时期,伏波神职功能逐渐泛化,成为武陵地区各族群广泛信仰的地方神。[4]陆氏把"马伏波"视作他们的"家神",并把伏波庙作为他们特有的祭祀场所。

陆氏对"马伏波"的祭祀活动一般在伏波庙中举行,重大节日集体性开展,平时也有因生活中所遇到问题(家人生病、遇事不顺等)去伏波庙祭拜。祭拜时,上香前都要洗手洗脸,净身后才能敬香。一般三炷香一回纸(一巴掌厚)。女性月经期不能进庙祭拜。村民许愿时买香,请清油,祭拜时口中念诵"伏波菩萨保佑××××"。过大年时祭品多为猪头、酒、香火,清明节祭品带刀头(祭祀亲人所用的猪肉或腊肉),还扎一些鞭炮。

伏波庙承载着陆氏的家族情感,他们笃信伏波庙边溪水为神水,能治百病。陆氏提取神水时还要拿香纸去庙里祭拜,病情好转之后再去庙里烧香纸还愿。我们在官坝访问其他姓氏,他们也都说"马伏波"是陆氏的恩人,伏波庙有灵性,溪水是神水,他们也会提神水。陆耀琼是村里年龄最大的老人,据他口述:"人们都是先敬伏波菩萨再敬其他的,最后回家在堂屋里敬家先。"①可见"伏波菩萨"在陆氏心目中的地位。

随着时间的推移,伏波庙成为官坝区域社会中重要的文化传播场所,并日益成为多种文化汇集的展演场所,丰富了当地人们的文化生活。现择取一段访谈记录:

在我五六岁的时候,大概是民国时期,常到庙里去玩。十岁左右看到过在伏波生日那天伏波庙举办庙会,庙里有戏楼还唱南剧、皮影戏等。当时家族人里有一个很会拉京胡的人,每次都会去拉。逢年过节、人或猪等不好过时,人们会拿猪脑壳(猪头)、酒、香纸、炮火(鞭炮)到庙里祭祀马伏波,其他姓的人不去,因为没有恩情。如果人或猪等不好,本族人到庙旁边山里有水的地方去提神水。新中国成立后庙就拆了。②

文化传播学派认为:每一种文化现象都是在某个地点一次产生的,一旦产生后,便开始向各个地方传播。[13](P25)除了陆氏外,其他姓氏也渐渐信奉"马伏波",或出于主观驱动,或因与陆氏交往(如姻亲,陆氏与滕家保持长期的姻亲关系),原本属于陆氏家族性的伏波信仰,逐渐发展为区域社会共同的信仰,周边众多民众也开始信奉,祭拜活动逐渐频繁。在伏波庙中,"马伏波"的形象被民众"装饰"为神的形象,为"地方神"和"家神"。

陆、滕两家都要去庙中祭祀伏波。张、唐、陆、钟、田也会祭祀,他们都是亲戚一起逃亡,伏波将军帮助他们渡江。③隔得近的人逢年过节来祭祀,还有人烧常香,基本天天都有人敬。伏波菩萨是木雕的,有一人高,脸为金色,穿花花衣服,不带刀。只供几个(具体不记得)菩萨,有时灵有时不灵。……伏波庙会在三月初三、六月初六、九月初九办庙会敬观音菩萨。④

宗教信仰所承载的祭祀活动能缓解人们的紧张心理,调适人们的内心情感,具有"象征的效用"[14](P21-42),提供了人们解释时空与物质的媒介。象征的效用依赖于祭祀活动的产生与延续,是人们内心自我完善的一个过程。这一过程中,伏波信仰在无形中影响和促使

---

① 访谈对象:陆耀琼,91岁,男,苗族。
② 访谈对象:陆承德,76岁,男,苗族。
③ 基本情节和陆承志老人讲的相似,但增加了逃亡时遇到大河,马伏波帮他们喊船才渡过河脱险的情节。
④ 访谈对象:陆承忠,84岁,男,苗族。

着人们的思想和行为。"当文化被看做是控制行为的一套符号装置,看做是超越肉体的信息资源时,在人的天生的变化能力和人的实际上的逐步变化之间,文化提供了联接。"[15](P65)伏波信仰祭祀活动中的"文化展演"无疑给区域社会民众的生活带来了改变,引起了人与社会的变化。伏波信仰在宗教仪式与社会生活习俗的交互中传承下来,体现了历史的传承与记忆的反射。在这一过程中,伏波信仰更是实现了地方化,进入当地神灵系统,参与地域社会的文化建构与社会发展。

二、伏波信仰的地方化推动了家族社会的构建

从历史记忆流传到伏波庙的建造,再到祭祀活动开展,是伏波信仰在官坝苗寨不断深入发展的地方化过程。伏波信仰在地方化的过程中,强化了陆氏的家族认同,影响了陆氏家族院落的建造与维护,伏波信仰的神灵隐喻也对陆氏家族成员有一定的教化作用。

(一) 强化家族认同

宋明以来的"家族化"运动促使民间构建基层社会组织。陆氏迁移到官坝,共同的历史记忆是家族认同的重要组成部分。因为历史记忆可诠释或合理化当前的族群认同与相对应的资源分配、分享关系。[16](P27)陆氏为迁移苗族,他们通过马援救命之恩的神话把马援和陆九渊两个不同时代的人巧妙结合,进行文化加工,形成记忆,并把这一内容写入族谱,代代相传,构建了家族认同所需的文化因子。陆氏结合伏波信仰与伏波菩萨所特有的神灵特质找到了他们心灵空间的释放与祖先寄托。家神祭祀的目的是将民众的血缘和地缘结合在同一秩序中。[17](P40)陆氏以"伏波菩萨"为对象的祭祀活动,凝聚了族人,整合了家族结构,实现了血缘关系与地缘关系的有效结合,推动了家族社会的构建。

笔者在调查访谈中得知,与陆家有姻亲关系的滕家虽然也曾经去伏波庙祭拜"伏波菩萨",但历史记忆并没有陆氏强烈,更没有陆氏对伏波信仰的虔诚。官坝苗寨其他姓氏的民众也认为伏波庙是陆家的家庙,"马伏波"是陆氏祖先的救命恩人,这与陆氏有一个明显的社会群体性区分,从侧面上强化了陆氏的家族观念。陆氏也通过修族谱、建伏波庙并开展祭祀活动进一步强化家族观念。通过前文的论述已知祭拜"伏波菩萨"是陆氏生活中的重要事务,也是他们区别于其他家族的重要特征。伏波庙是他们进一步加强族人联系的纽带。祭拜伏波菩萨的祭祀活动强化了陆氏人之间的血缘关系与文化感知,重塑了他们的地缘认同,经过历史岁月的"冲洗"与"积淀",凝聚、团结了他们的家族成员,使他们日益成为一个不可分割的整体。

(二) 影响家族院落建造与维护

陆氏于清雍正三年迁移到官坝时,官坝正处于土司社会、卫所社会等各方面交互影响的时期。但不久之后土司、卫所建制被撤销,官坝区域社会结构面临重组。原有的地方社会格局的解除需要新的社会组织去填补空缺,客观上为陆氏构建家族社会创造了条件。"移民脱离同乡村落之后的总体趋势是向以单个家族为中心的家族村落发展。家族村落出现的具体体现就是以移民家族姓氏命名的院落出现。"[18](P151)陆氏经过多次迁移,最终落户咸丰官坝,选择在官坝建造自己的家族庭院,称"陆家院子"。伏波庙建于陆氏院落附近,

供陆氏祭拜,伏波庙是他们认同的中心。陆家院子随着陆氏家族成员的增加与资源的获取,家族院落越来越大,颇具规模。陆氏院落依山而建,呈扇形展开,均匀分布。但陆氏家族成员的房屋不会距离伏波庙太远,更不会超出伏波庙的地理辐射范围。陆家院子的扩展也以伏波庙地理位置为参照。而且,陆家院子与其他诸如滕家院子、张家院子最显著的差别就是信仰"马伏波",建有家族祭祀场所——供奉伏波菩萨的伏波庙。

(三)维持家族的发展与家族成员的教化

伏波信仰在官坝苗寨的地方化过程中所包含的神灵隐喻,一方面可以沟通家族内外,凝聚家族,构建家族成员的共同心理,维系家族的团结与发展,利于区域的地方社会秩序的构建,促进区域社会的稳定。另一方面,"地方秩序建构过程中,前代有功于地方的官员被塑造成人物神,升格为英雄神灵,其与地方上的一般的'乡贤祠'、'名宦祠'不同"[2],其神灵特质对家族成员的行为与道德伦理起到了一定的导向性和精神约束。这些,一方面是伏波菩萨祭祀的彰显,伏波信仰在地方化过程的文化效应,另一方面也是陆氏以家族形式的自我管理与控制。

伏波信仰在地方化的过程中,强化了陆氏的家族认同,伏波信仰、伏波庙也成为陆氏所特有的家族元素,是陆氏与其他周边姓氏区分的重要依据。陆氏借助伏波信仰来对族人进行心理教化与行为约束,伏波庙作为凝聚陆氏成员、增强家族成员关系的重要场所,发挥了不可替代的作用。伏波信仰促进了陆氏家族社会的构建与发展。家族社会的构建既是家族认同发展的结果,也是家族利益结合的表达,它拓展、整合了地方社会空间,调整了地方社会结构,有利于地方社会的和谐交往与经济文化的有序发展。

三、反思

新中国成立后,在"清匪反霸"和"文化大革命"等政治运动和意识形态影响下,伏波信仰与伏波庙一度归入了"封建迷信"的范畴。官坝苗寨伏波庙被捣毁,伏波菩萨的祭祀活动也逐渐陷入低潮。同时,社区中青壮年人士均在外出上班或求学。笔者调查期间正是农忙季节,但我们没有看到一位年轻男士,村中全是老人、小孩及少量村妇。社区中伏波信仰意识显得更加淡薄。伏波信仰地方化过程中所产生的效应日益减弱,使陆氏自身缺乏合理的心理调适,祖先认同缺失;也造成了家族社会道德体系的空缺,给一些邪教组织思想的渗透提供了温床,破坏了地方的文化结构与社会秩序。

乡土是民间信仰的沃土,是中国的传统文化之根。"乡村的生活模式和文化传统,从更深层次上代表了中国历史传统"[19],伏波信仰需要重回乡土,进行地方化传承。从个人层面来说,民间信仰所涵盖的宗教象征体系可以提高民众的"分析能力"(analytic capacities)、"忍耐能力"(powers of endurance)、"道德见解"(moral insight)[17](P122),能够填补人们精神生活的某些缺失,丰富他们的内心情感;从社会层面来说,中国有众多像官坝这样的多民族聚集区,构建一个良好的信仰环境或者信仰体系,对于化解社会矛盾、维护区域社会的稳定、促进区域社会的整合都具有重要的意义。少数民族地区的民间信仰是中国民间信仰的重要组成部分,规范和发展少数民族地区民间信仰的重要性不言而喻。"少数民族民间信仰及其仪式具有整合社区、教化民众、心理抚慰、文化传承等功能。科学认识这些功能并加以调适，有利于发挥民间信仰在少数民族地区和谐社会构建中的积极作用。"[20]在官坝陆氏看来，重修伏波庙可以增强当地苗寨的旅游开发，发扬苗族的文化底蕴，表达他们对祖先的敬意之情，凝聚家族成员。当然，伏波信仰重回乡土不是单纯的伏波庙的再造，而应该是民众内心情感的回归与道德体系的完善。

参考文献

[1] 滕兰花. 边疆安全与伏波菩萨崇拜的结盟——以清代广西左江流域伏波庙为视野[J]. 广西社会科学，2009（5）.

[2] 麦思杰. 神明信仰与边疆秩序——宋明时期广西伏波信仰研究[J]. 柳州师专学报，2008（3）.

[3] 王元林. 国家祭祀与地方秩序构建中的互动——以唐宋元伏波菩萨信仰地理为例[J]. 暨南学报（哲学社会科学版），2011（2）.

[4] 杨洪林. 从国神到家神：武陵地区伏波信仰变迁研究[J]. 广西民族研究，2012（3）.

[5] 范晔. 后汉书（卷八六）[M]. 李贤，注. 北京：中华书局，1965.

[6] 范致明. 岳阳风土记[M]. 北京：中华书局，1985.

[7] 王明珂. 历史事实、历史记忆与历史心性[J]. 历史研究，2001（5）.

[8] 脱脱，等. 宋史（卷四百三十四）[M]. 北京：中华书局，1965.

[9] 陆承业. 陆氏族谱[Z]. 1994.

[10] 林继富. 记忆场域的重建：从白虎垄到廪君陵[Z]. 2013.

[11] 高源. 历史记忆与族群认同[J]. 青海民族研究，2007（3）.

[12] 陈心林. 社会记忆与族群认同——潭溪社区的实证研究[J]. 贵州民族学院学报，2010（3）.

[13] 宋蜀华，白振声. 民族学理论与方法[M]. 北京：中央民族大学出版社，1998.

[14] 列维·斯特劳斯. 结构人类学——巫术·宗教·艺术·神话[M]. 北京：文化艺术出版社，1989.

[15] 格尔兹. 文化的解释[M]. 韩莉，译. 南京：译林出版社，1999.

[16] 王明珂. 华夏边缘——历史记忆与族群认同[M]. 北京：社会科学文献出版社，2006.

[17] 王明珂. 羌在汉藏之间——川西羌族的历史人类学研究[M]. 北京：中华书局，2008.

[18] 杨洪林. 明清移民与鄂西南少数民族地区乡村社会变迁研究[M]. 北京：中国社会科学出版社，2013.

[19] 王先民. 中国近代乡村史研究及展望[J]. 近代史研究，2002（2）.

[20] 谭志满. 少数民族民间信仰的功能及调适研究——以武陵民族地区为例[J]. 西南民族大学学报（人文社会科学版），2014（7）.

（原载于《黔南民族师范学院学报》2015年第6期）

壮族民间信仰文化在旅游开发中的表达
——以来宾鳌山庙为例

王佳果 曹宏丽

一、引言

民间信仰是民族文化的重要表现形式,是在长期的历史发展过程中,在民众中自发产生的一套神灵崇拜观念、行为习惯和相应的仪式制度。[1]民间信仰文化内涵深厚、内容形式多样、习俗活动丰富,并表现出独特的地域性、差异性、外显性和参与性,有很多内容可以为旅游开发所用,具有重要的旅游开发价值。[2]民间信仰中的神话传说能激起旅游者的文化想象和旅游动机,祭祀仪式和相关的民间艺术和娱乐活动具有较强的旅游体验价值,祭祀场所和建筑也具有强力的旅游视觉吸引力。[2,3]参与体验民间信仰文化活动已经成为现代人在旅游活动中心灵追求、文化体验、休闲娱乐的重要途径。开发得当的旅游产业在一定程度上能促进传统文化的复兴、传承和保护[4],提高东道主的文化自信和认同感[5],通过旅游开发使民间信仰文化在旅游发展中实现新的文化表达形式,使民间信仰在现代化的背景下实现价值功能和表现形式方面的扩展延伸或转换创新,从而保护和传承民间信仰文化。

壮族民间宗教信仰形态丰富,种类多样,既有原始宗教阶段的巫信仰、自然崇拜、图腾崇拜、祖先崇拜,又有原生型的民族民间宗教如麽教、师公教、道公和僧公信仰等等。[6]布伢崇拜是壮族最具代表性的民间信仰之一,来宾境内的布伢信仰是壮族布伢信仰氛围最浓厚、物质遗存最多的地区之一,尤以境内的鳌山为盛。本文以鳌山布伢文化为例,就民间信仰文化在旅游开发中的表达进行探讨。

二、来宾鳌山布伢民间信仰的传统文化形态

布伢是壮族人民信仰的生育神,在壮语中"布"的含义是"人","伢"指"老婆婆",在壮族民间又称"花婆",也有"花林圣母"、"花王圣母"的说法。壮学界一般认为,花婆信仰起源于原始时代的花崇拜,后演变为姆六甲崇拜,到现存的布伢崇拜。[7-9]鳌山庙位于兴宾区寺山乡陈王新村(又名鳌山村)东1.5千米,始建于明朝万历年间,是广西中部

创建最早、香火最盛、影响范围最广、专门祭祀花婆的庙宇之一，当地民间素有"广东佛山，来宾鳌山"之美誉。以鳌山庙为核心的区域性布伢信仰体系，其传统文化表现主要体现在观念形态、仪式活动和物质形态三大方面①。[10]

（一）布伢信仰的观念形态

布伢信仰的观念形态主要体现在布伢神话传说、师公经文、山歌等方面。有关布伢的神话传说在壮族地区广为流传，作为布伢原型的姆六甲被描述成人类的始祖母，开辟了天地、创造了人类、培育了稻米和耕牛。[11,12]当地人将布伢敬奉为司管人类生育之神和儿童保护神，布伢掌管生育繁衍人类的百花园，为妇女们赐花送子，布伢赐白花生男孩，赐红花则生女孩。师公是布伢信仰中沟通人神的重要媒介，在祭拜花婆、求花架桥等仪式活动中具有重要职能。师公经文是赞唱神祇身世和功德、颂唱民间故事的文本，如《花林圣母》是祭祀布伢祈求赐福的经文。在求花、接花、架桥等仪式中，还有《求花经》、《接花过桥经》、《接花王经》等经文，这类经文的内容多为祈求花婆保佑早生贵子、人丁兴旺、子女健康。此外，师公戏②中也有大量的相关内容，如《鳌山三奶婆王唱本》。山歌在当地分为两种，即"山歌"和"壮欢"③，有关花婆的山歌也很多，如山歌有《求花山歌》、《求得白花还福山歌》，壮欢有《土欢师唱鳌山》、《拜鳌山婆师唱》、《求花咒语歌》、《祈福欢歌》④，内容多赞美鳌山和花婆，祈福的内容也更加宽泛，不仅有求子的愿望，还有祈求子女健康、学业有成的内容，甚至庄稼收成、牲畜养殖、生意钱财、人生事业等生活的方方面面都囊括其中。由此可看出花婆信仰在当地有着强烈的功利性且功能不断泛化，花婆由单一的生育神变成了全能的保护神。

（二）布伢信仰的仪式活动

布伢信仰的仪式活动主要体现在两大方面，一类在家庭和日常生活空间中展开，另一类在专门的祭祀空间场所进行。前一类活动包括问花、求花、送花、剪花、安花、架桥、还愿等一系列仪式性活动。即青年男女新婚之后，由家婆（男方母亲）到花婆庙祭拜求签，卜问花婆儿媳能否生养儿女，这叫"问花"，如果有生育，就祈求花婆赐予"五男二女"，这是"求花"。有时，久婚不孕的夫妇还要请师公到家举行专门的"求花"仪式。民间还流行在妇女卧室和床头安置花婆神位，供奉花婆。安立花婆神位要经过复杂的仪式，在家中原有的神位上新立花婆神位，要经过"冲花"仪式，新婚夫妇初次在卧室内安奉神位要经过"立花"仪式。家中的花婆祭拜也是日常重要的仪式性活动，每逢节日或小孩生日，都要祭拜花婆，农历初一和十五早上，也要专门祭拜祈福，小孩生病或遇到灾祸，还要专门祭拜或做法事。久婚不孕的妇女会被认为是"花路"受阻，需要请师公举行"架桥"仪式求花，求孕一旦成功，还要举行"还愿"活动。后一类活动主要在花婆庙进行，鳌山庙的花婆祭拜活动主要分为两种，一类是日常性的个体祭拜活动，另一种是定期的集

---

① 本文对当地布伢文化内容体系的划分，主要参照覃彩銮的相关研究并有所调整，具体见参考文献。
② 师公戏是来宾民间常见的剧种，也称壮师戏，由宗教性质的师公歌舞演变而来。
③ 山歌一般为七言四句体，而壮欢则多为五言四句体，且多用壮语演唱。
④ 相关内容参见来宾市兴宾区《广西鳌山志》编纂委员会：《广西鳌山志》（内部出版物）。

体性祭拜活动，即俗称的"庙会"。鳌山庙每年举办两次庙会，农历三月三是"花王节"，农历六月六是"花婆诞日"。民国二十四年（1935）《来宾县志》载："其赛会游神在每岁夏历六月六日，龙洞、鳌山亦各祀花林圣母，鳌山香火最盛，其赛会游神，远乡毕至。"新中国成立后，鳌山庙于1952年被毁后祭祀活动仍未禁绝。1956年12月至1957年8月，来宾县境内城厢、大湾、凤凰、良江、三五、蒙村、寺脚、迁江等11个区约有3万余人次到鳌山参加求神拜庙活动。"文化大革命"开始后，公开的民间祭祀活动趋于绝迹。改革开放后，鳌山庙的祭拜重建开始复苏并在1984年庙宇重建后日趋例行化。2009年以后，当地开始举办布伢文化节，除了传统的祭拜活动外又增加了祈福活动、山歌大赛、烟花表演、师公戏、彩调戏、抢花炮等更加世俗化、娱乐性的活动，各种伴生的商贸活动、旅游活动也更趋活跃，每次参加活动的群众都在数万人以上。

（三）布伢信仰的物质形态

布伢信仰的物质形态主要体现在鳌山景观、鳌山庙和布伢神像等方面。鳌山是布伢信仰的环境空间，鳌山庙是物质载体，布伢神像则是崇拜偶像。鳌山庙所处的鳌山，海拔458米，因其山形神似神庙屋脊安放的鳌鱼而得名，登高望远，远处群峰奔拥，如万山朝拜。鳌山景观独特，民间素来认为其是风水宝地。鳌山庙旧址位于山腰，山体呈半圆形环抱庙宇，庙旁有一眼清泉常流不断，当地民众视为圣水，每逢祭拜都会汲取饮用，或祈生育或求康寿。明万历年间（1573—1620），南二里勒马村张斗、韦妙典主事开始建造鳌山庙。至清朝乾隆二十四年（1759），城厢人贡生蓝揖青募捐重建鳌山庙，此后百余年间，又多次重修、重建。抗战末期1945年被日军纵火烧毁，次年乡民重建。鳌山庙在明清至民国时期，一直是来宾八景之首，久负盛名。新中国成立后，1952年鳌山庙再次被毁。改革开放后，民间信仰活动和鳌山庙重建开始复苏。1984年，陈王村人罗家陪等倡议募捐修复鳌山庙，蒙村街人陈新华兄弟二人受聘雕刻布伢神像。经过多年的恢复和发展，布伢信仰在当地成为重要的文化活动。2004年，鳌山庙被列为来宾市第一批市级文物保护单位，布伢信仰被列为市级非物质文化遗产。虽然历史上鳌山庙多次被毁并重建，但当地民众的布伢信仰，对鳌山庙的组织管理也保持着一贯的延续性，从建庙伊始，当地就成立了鳌山庙理事会，延续至今已至第十二代。鳌山庙主祭花婆，旧庙的祭祀神位共有八位地方神，大婆（即花婆）居中，二婆、三婆依次居右[①]，均是小型木雕式样，呈蹲坐状。除花婆外，北山大帝、雷王等神祇也列在受拜之列。2010年后，又在山下新建了花婆大殿，新庙供奉的花婆神像则颇具现代、外来风格，已经演绎为怀抱娃娃的中年妇女形象，身材高大丰腴，呈站立状，神似一般寺庙中的"送子观音"。

三、布伢文化在旅游开发中的文化表达

文化是旅游的灵魂，灵魂须有承载的实体和必要的表现形式，传统文化必须在旅游开

---

① 概是受外来宗教的影响，壮族师公对布伢进行功能性分工，花婆遂演变为一神三体的格局，即民间俗称的"三楼圣母"，不同地区对这三个布伢的叫法不一样。根据《鳌山三奶婆》壮师唱本，鳌山布伢的大婆叫"洪州婆王"，是上楼花婆；二婆叫"赵州婆王"，是中楼花婆；三婆叫"孤独婆王"，是下楼花婆。

发过程中转化、表达，才能被旅游市场和旅游者所接受。文化旅游资源是旅游发展的基础，根据前文对布伢民间信仰文化的梳理并在此基础上进行拓展和延伸，针对旅游市场消费特点和趋势，进行创意策划和规划开发，开发有文化内涵、有市场竞争力的旅游产品。具体而言，在旅游开发过程中，布伢文化可以通过以下三个方面得以展示和表达。

（一）布伢文化在旅游主题和形象中的表达

旅游区的主题和形象是旅游开发的核心问题之一，主题和形象定位决定着旅游区的战略发展方向、旅游产品和项目的开发方向、旅游目标市场的开拓方向。主题和形象主要由两方面因素来决定——旅游区的资源禀赋和文化特色是基础，旅游市场的消费偏好和趋势是方向。布伢信仰的观念形态和文化内涵，在根本上决定了鳌山文化旅游区主题和形象的可能性方向。布伢信仰的最根本基础是生殖信仰，反映了人类对个体生命乃至群体文化延续的渴望。在鳌山的传统信仰实践中，求子求育只是基础性的愿望表达，对生命健康、对美好生活的祈求、对生活价值和生命意义的最高追问则是升华，布伢已由单一的生育神朝全能神转化。布伢信仰的精神追求和旅游者在旅游活动中放松身心、追求健康、追寻幸福的愿望是相似相通的。特别是在现今城镇化、工业化快速推进的背景下，工作压力、环境污染、食品安全成为突出的社会问题，以追求自然、体验文化、享受健康为目的的乡村旅游、民族旅游、养生旅游是发展较快的专项旅游市场，这些应成为鳌山布伢文化旅游区的主要市场和发展目标。由此，可将鳌山布伢文化旅游区的形象定位为"鳌山布伢·祈福天下"，主题功能以布伢祈福朝圣为核心，以壮族文化体验、花文化体验、养生文化体验为重点，打造成集朝圣、观光、休闲、度假于一体的综合性旅游区。

（二）布伢文化在旅游空间和景观中的表达

旅游区的空间格局亦能传达文化内涵及其意象。布伢是花的化身，而木棉是壮族人心中的图腾和神树[13]，也是来宾当地的常见树种，木棉花美丽娇艳、寓意美好，结合旅游区的场地特点和项目主题，可将整个旅游空间分区表达为"木棉花开"的文化意象，一心即"花心"：位于旅游区中心的花图腾广场；一轴即"花柱"：图腾广场—布伢大殿—姆六甲大殿形成的朝拜建筑中轴线；五区即五片"花瓣"：布伢祈福朝圣区、壮族文化体验区、健康养生体验区、花海文化体验区、生态休闲观光区。景观是文化视觉表达的主要途径，布伢文化可以在建筑景观、植物景观等方面进行表达呈现。建筑景观方面，以壮族传统干栏建筑为主要风格，如窗户装饰可采用葫芦形的棂条式，屋顶和屋脊装饰运用牛角、葫芦、云雷纹等图案，挑手和檐部选用如意云雷纹莲花头挑手、鱼头衔象鼻形挑手等壮族传统式样，柱头选用绣球型、瓜瓣型等，柱础选用灯笼形、绣球形、蜂鼓形等。部分现代风格的度假设施和建筑小品可以考虑融合花的形状和意象。植物景观方面，突出布伢百花园的文化意象空间，打造花海、花境、花道、花廊、花桥、花世界的景观格局。

（三）布伢文化在旅游产品和项目中的表达

旅游者的旅游体验主要是通过对产品和项目的参与而获得的，产品和项目在旅游开发过程中的设计决定了旅游者对旅游区文化传统的认知程度。观念形态的布伢文化，是决定旅游主题和旅游空间布局的关键因素，并能提升旅游产品项目的文化内涵和体验意义。人们常说的文化旅游项目要有听头、有看头、有说头,有没有说头主要取决于当地文化在观念形态方面的丰富性。有关布伢、姆六甲等的神话传说可以整理成富有想象、内容丰富的旅游解说词,也可提升策划成大型的旅游实景表演项目,师公经文、山歌壮欢也可以和民俗表演结合策划成参与体验性的旅游表演或活动项目。仪式活动可以开发为体验性旅游项目和旅游节庆。在原有"三月三"、"六月六"活动的基础上,策划成布伢文化旅游节,提升品牌度和影响力。围绕健康养生的主题,结合壮医养生疗法、壮族竞技活动、壮族健康膳食策划健康养生旅游产品。以布伢文化纵向延伸至姆六甲文化和花文化,可以策划系列的姆六甲壮族寻根祭祀活动和文化展示体验项目。以花为主题的旅游产品也颇受旅游市场的热捧,可以策划花文化博物馆、DIY花艺馆和花艺展示馆、花文化主题度假酒店、花卉迷宫、香薰花疗、花膳食、花海景观等项目,通过场景化体验使旅游者赏花景、闻花香、祭花王、过花节、喝花茶、吃花食、住花房、沐花浴、唱花歌、结花缘,从视觉、听觉、触觉、嗅觉、味觉全方位体验壮族花王文化。物质形态的布伢建筑使游客获得布伢文化最直观的视觉感受和心灵震撼,可根据布伢信仰的渊源和鳌山原有建筑的布局,恢复重建并扩大原有庙宇,打造布伢祈福朝圣系列项目,设置花图腾广场、布伢大殿、姆六甲大殿、布伢文化博物馆和布伢文化艺术长廊。此外,壮族文化的物质形态也是本旅游区旅游表达的重要内容,主要包括壮族传统建筑、饮食、服饰、工艺品等方面,此处不再赘述。

四、结语

民间信仰是民族文化的重要组成部分,在传统社会中,民间信仰具有心理调适、文化认同、社会整合等诸多功能,随着中国社会激烈的现代化转型,民间信仰面临着巨大的传承保护危机,旅游使民间信仰彰显其文化经济价值、文化娱乐价值和文化交流价值,使民间信仰获得新时期得以传承和延续的新的功能基础。以鳌山布伢信仰的思想观念、仪式活动、物质载体等内容为基础,结合旅游市场需求,规划开发旅游主题鲜明、吸引力强、体验方式丰富的旅游项目,民间信仰文化实现了传统表达到现代旅游表达的转化。在今后的旅游开发实践过程中,还应处理好以下几个方面的问题:(1)神圣与世俗的界线问题,不是民间信仰的所有方面都可以进行旅游开发,特别是有神圣性、私密性的内容不宜直接展示或让游客参与其中。壮族人民对于布伢的认知具有神圣性和情感性,对其相关内容的旅游开发不能随意扭曲其文化内涵,某些在家庭和日常生活空间的仪式活动具有私密性,不宜作为旅游项目开发。(2)商品化与真实性的问题,旅游开发过度会导致文化商品化和文化失真,最终影响旅游吸引力。(3)社区参与问题,社区是文化的主体,没有文化主体参与的文化旅游没有本真性可言,没有社区支持的旅游区在发展过程中将矛盾困难重重,不具备可持续性。不管是当地政府还是外来的开发商,必须将鳌山周边社区作为旅游发展的文化主体、发展主体和受益对象,发挥传统组织鳌山理事会和当地村民在旅游开发和经营管理的作用。

参考文献

[1] 钟敬文. 民俗学概论 [M]. 上海:上海文艺出版社,1998.
[2] 李萌. 论旅游与中国民间信仰之间的关系 [J]. 中南民族大学学报(人文社会科学版),2005(1):

243-245.

[3] 孙天胜,李颖.民间信仰资源旅游开发问题研究[J].民间文化论坛,2006(3):82-86.

[4] 徐赣丽.非物质文化遗产的开发式保护框架[J].广西民族研究,2005(4):173-180.

[5] 孙九霞.旅游作为文化遗产保护的一种选择[J].旅游学刊,2010(5):10-11.

[6] 黄桂秋.壮族民间宗教信仰研究与壮学体系构建[J].广西民族研究,2015(1):86-92.

[7] 蓝鸿恩.广西民间文学散论[M].南宁:广西人民出版社,1981.

[8] 过伟.壮族创世大神米洛甲的立体性特征与南方民族"花文化圈"[J].广西民族研究,1999(2):62-68.

[9] 邵志忠.生殖崇拜与壮族女神文化[J].广西民族研究,1997(1):119-123.

[10] 覃彩銮,卢运福.多维视野中的来宾壮族文化[M].南宁:广西民族出版社,2005.

[11] 过伟.南方稻作民族壮族女性人文始祖[J].文山师范高等专科学校学报,2006,19(3):6-7.

[12] 翟鹏玉.花婆神话与壮族生态伦理的缔结范式[J].南京林业大学学报(人文社会科学版),2007(4):39-47.

[13] 丘振声.壮族图腾考[M].南宁:广西教育出版社,1996.

(原载于《黔南民族师范学院学报》2017年第2期)

论布依族雷神信仰

彭建兵

一、中国古代雷神信仰

雷神是中国最早形成的原始自然崇拜之一，其信仰起源于古代先民对于雷电的崇拜，是在万物有灵观念基础上产生的。远古时代，气候变化异常，晴朗的天空有时候会突然乌云密布，雷声隆隆，电光闪闪。雷电有时会击毁树木，伤害人畜。于是人们认为雷神在发怒、在惩罚人类，由此产生了对雷电的恐惧之感，对之膜拜礼敬。

随着社会的发展，雷神形象从单纯的自然神灵逐渐转变为具有复杂社会职能的人格神灵。在天神信仰没有出现之前，雷神是人类关于上天的最主要的信仰之神。"天神或者天帝观念产生之后，雷神成为天帝的下属神。"[1]雷神的神权地位尽管看上去降低了，但在人类心目中，其地位仍然非常之高。雷神，在古代就衍化为水神的附属神，具有司雨水的神职。在民间信仰里，它又具有驱邪辟鬼、祛病除灾的神威。这些神职，是人类赋予雷神的，也是对雷神的期望，希望得到其佑护，从而生活越来越美好。

雷神，或称"雷公"。"雷公"之名称在战国时期就已经出现了。屈原《楚辞》卷六"远游"中说，"左雨师使径侍兮，右雷公以为卫"[2]。之后，无论在历史时期的信仰生活中，还是在文学作品中，对雷神的称呼就世俗化地称为"雷公"了。

关于雷神的形象。《山海经》卷十三"海内东经"说，"雷泽中有雷神，龙身人头，鼓其腹则雷"[3]。《史记》卷一"五帝本纪"引证此经说："雷泽有雷神，龙身人头，鼓其腹则雷也。"[4]《淮南子》卷四"地形训"说："雷泽有神，龙身人头，鼓其腹而熙。"[5]可见，早期的雷神形象是人首龙身的。

雷神的形象后来向人格化神灵方向发展，这说明了雷神被世俗信仰所接受的情况。远古时代的伏羲，传说是其母华胥在雷泽感雷神而生，所以他是雷神的儿子。[6](P1-2)

据说黄帝也是雷神之子，其母附宝"见大电光绕北斗枢星"而感生之[6](P5)。而有的传说认为黄帝就是雷神。《河图帝纪通》中说，黄帝是"雷精"。黄帝又名"轩辕"，而"轩辕，主雷雨之神"[7]。东汉时期，雷神已经是力士形象了。东汉王充《论衡》卷六"雷虚篇"第二三中描述了雷神的力士形象。他认为，雷神是画匠根据打雷之声势和力士的形象而创造出来的：

> 图画之工，图雷之状，累累如连鼓之形。又图一人，若力士之容，谓之雷公，使之左手引连鼓，右手推椎，若击之状。其意以为：雷声隆隆者，连鼓相扣击之意也；其魄然若敝裂者，椎所击之声也；其杀人也，引连鼓相椎并击之矣。[8]

这虽然是作为唯物主义者的王充对雷神信仰的批判之词，但他没有想到，其对雷神的描述竟成为之后中国传统雷神的典型形象了。可见，汉代雷神已经是驾雷车、推雷椎、击连鼓的力士形象了。东汉之后，雷神的形象开始由人兽合体向纯粹的人神形象转变，其形象经历了猴形、猪形、鸡形、鸟形的变化。

鸟嘴、鸟翅、鸟爪的鸟形雷神形象的出现与佛教有关，不早于唐宋时期。鸟形雷神形象在明清时期十分流行[3]。鸟形雷神是影响中国一千多年的雷神形象。在佛教中，有一种叫金翅鸟的护法神。据佛经记载，金翅鸟又称"迦楼罗"，是属于天龙八部之一的护法神。它是神鸟修婆那族的首领，为众鸟之王，以龙为食。迦楼罗的形象多为人面、鸟嘴、羽冠，腰部以上为人身，以下为鸟身。中国最早的迦楼罗形象出现于敦煌壁画中。天津博物馆收藏的白玉迦楼罗圆雕头戴羽冠，人面鸟嘴，眼睛镶嵌蓝色宝石，嘴呈空洞状，背生羽翅，身披飘带，站于云头之上，雕工精细。金翅鸟与中国传统的雷神形象何其相似。唐宋时期，正是佛教在中国发展的黄金时期，也是佛教真正中国化的时期，佛教在中国不但立足了，而且得到了空前的发展，其佛教思想不可能没有对中国传统文化产生影响。

道教中的九天应元雷声普化天尊是雷部的最高神，其麾下有三十六雷公，分天、地、人三类，每类十二名。另有邓元帅、辛元帅、庞乔天君、雷精、立化慈济真君等雷部诸神。雷神还有《封神演义》中的一位人物雷震子，他是周文王的第一百子，其突出特征是鸟嘴，面如青靛，发似朱砂，眼睛暴露，牙齿横生，肋生双翅，身躯长二丈有余，使用一条黄金棍，是云中子的弟子，为武王伐纣立下赫赫战功。雷震子的雷神形象对汉族雷神信仰影响较大。现今民间雷神庙中的雷神形象多为雷震子的模样。

二、布依族雷神信仰

（一）布依族雷神信仰的产生

在古代科学技术不甚发达、文明处于相对落后的历史时期，布依族对自然现象无法理解与解释，于是将其视为神灵、鬼怪来敬仰，通过举行祭祀、祝祷的仪式，希望能得到其佑护。在万物有灵的观念之下，布依族对大自然正常的雷电现象无法理解。一般情况下，春天第一次下雨伴随着雷声。夏天、秋天时的大雨经常伴随着雷电火闪。天上雷电轰鸣，雷公火闪，而与雷电相应的则正是大雨倾泻，可能引起洪涝灾害。

雨水是布依族生产、生活的必需品，而雷电又常与雨水紧密联系。布依族对农业丰收的期望寄托在充沛的雨量之上。但有的时候，雷电却给布依族带来灾害，它可以引起洪涝灾害，击毁房屋、大树，伤害人畜。其对布依族好与坏的两面性，导致布依族对之既爱又怕，由此产生了崇敬与畏惧的文化心理，并在此基础上产生了雷神信仰。布依族称"雷公"为"duezbyac"，雷公即雷神。布依族神话《洪水潮天》中提及了雷神：雷神在天上发威，下着大雨，在房屋顶上叫嚷。这是人们对自然界的雷雨气象无法正确理解的文艺创作。电闪雷鸣,威力巨大,甚是吓人。偶尔有房屋、动物、植物及其他物体遭受雷击,包括人也有遭雷击而伤亡的情况,给人们造成了巨大的心理压力。因此对之产生崇拜心理是自然而然的。

布依族十分敬畏雷神,与中国封建政权的推崇不无关系,也与中原文化的长期浸润密切相关。布依族的雷神信仰应该渊源于汉民族的雷神信仰。在官府的祭祀中,有雷神与风云雨神一起受祭祀的情形,目的是祈求风调雨顺,保佑五谷丰登。布依族神物铜鼓上有云、雷纹饰。在神圣之物上铸刻纹饰,是具有特定含义的,表达了一种祈福除邪的宗教意愿。

(二) 布依族文艺作品中的雷神信仰

布依族的雷神信仰对布依族文学艺术产生了影响。我们可以在其神话传说、经典古歌、民间故事、山歌等方面找到雷神(即雷公)信仰的历史痕迹。

1. 布依族认为雷神(雷公)的本性是凶恶的

在布依族创世神话中,有较多关于布依族与洪水的故事。这些故事讲述了布依族起源的历史问题。在《洪水潮天》、《伏哥细妹》、《十二层天十二层海》等布依族神话故事或者民间传说、民间故事中,"几乎都是讲洪水灾害是由雷神与人类矛盾冲突,雷神对人间施行报复所导致"[9]。但雷神也可以变为布依族的好朋友。据布依族神话传说《洪水潮天》叙述,由于雷神的懈怠,严重失职,造成人间严重的干旱。于是,布依族祖先布杰就去天上把雷神捉住了,关在笼子里,不让它出来。而雷神趁布杰外出之时,取得了布杰幼小的儿女伏哥与细妹的信任而逃出了囚笼。后来,雷神在玉帝等天神支持下,大发雷霆,使人间洪水泛滥。顷刻之间,美好的人间恶浪滔天,人类遭受到灭顶之灾。而伏哥和细妹则依靠雷神当初送给他们的葫芦种,坐在葫芦里逃过了死亡劫难。后来,伏哥与细妹兄妹成婚,才又有了布依族的繁衍。布依族古歌《射日·洪水》讲述了天干地旱、雷公降雨的神威。文信捉得了雷公,把雷公关在笼子里,准备烧雷公。而后来雷公打破铁笼跑出来了,为了惩罚文信等人而大发神威,降下大雨,但同时雷公又保护了救它出铁笼的伟荣和伟莹两兄妹。[10](P146-158) 这里的雷公是爱憎分明的。尽管此处救雷公的是伟荣和伟莹,与《洪水潮天》中提到的伏哥与细妹在姓名上并不一致,但救雷公的都是布依族两兄妹,且故事的结局差不多。姓名上的差异是各地对布依族创世神话的本地理解与改造,其目的都是把雷公与布依族祖先造世神话联系在一起。

以上材料说明:(1) 雷神是司雨水之神。天上的雨水是由雷神掌管的。(2) 要与雷神为善。布依族与雷神交友,才能得到其佑护,才不会遭受干旱、水涝和灭亡之灾。(3) 要崇敬雷神。雷神虽然本性是凶恶的,但通过布依族对它的崇敬、恭敬,它可以变成善神,成为布依族的好朋友。

2. 布依族认为雷神是自己的祖先

布依族古歌《祖王与安王》说,布依族祖先盘果是雷公的儿子,也是天上星宿的儿子。盘果娶了龙王的女儿"龙王姑娘"而生下安王。[10](P113-144) 布依族把雷公等降雨水神灵与自己的祖先扯上亲属关系,说明布依族的生产、生活与雷神等神灵存在着很密切的历史渊源关系,更是为了表达对雷神的亲近。布依族认为的与雷神之间的密切关系,是在长期的生产、生活的基础上,受历史实践中的雷神信仰的影响,从而形成的一种超自然的信仰文化在民间文学中的叙事表达。

3. 布依族对歌文化中的"雷公"概念

布依族对歌文化中有"雷公"的概念,是利用雷公的威严形象表达愤怒的心理。古代由贵州都匀、福泉、贵定等地迁移到云南河口的布依族有时候在对歌中出现了不愉快的场面。主方唱了若干首歌,客方都不唱还,主方便认为是客方看不起他们。在这种情况下有的主方就会唱骂人歌。客方受到打击就会唱歌对骂。客方唱:"唱歌罢唱骂人歌,雷公手拿大铁砣。骂着一句扯火闪,骂着两句打脑壳。"[11](P12) 布依族一般情况下是讲究礼仪的,客方的回骂很有艺术,借雷公的威武谴责主方骂人者,意思是你们这样做是天理不容的,是要受到雷公的惩罚的。由此可见,雷公在布依族心目中的威严地位,它担当了处理事端的执法者的角色。我们暂且不讨论雷公在对歌文化中站在哪一边,也不论它的执法是否公正,但他们抓住了雷公这个表达"天谴"的执法角色,展示了对歌者的机智,也表现了他们无非是借雷公之名表达自己的愤懑。在云南河口一带布依族中流传的神话故事《念佛经敲木鱼的来历》叙述了伍利仲的不孝导致母亲丧命后雷公托梦给他的事情,表达了雷公威严惩恶的形象及性格。"有一天,伍利仲用大簸箕晒稻谷,将母亲的雕像置于旁边吆鸡,就到田里干活。到了下午未时,突然乌云滚滚刮大风,他立即赶回家里收回母亲的雕像和稻谷。当天晚上睡觉做梦,梦见雷公严厉地说:'如果今天你不先收母亲雕像,我就劈了你。原来你向母亲扇耳光时我就想劈你了,但是我一直等待你的回心转意。'"[11](P133) 这里不但讲了雷公的威严,而且渗入了儒教的孝道思想。在这里使布依族明白一个道理,即不孝敬父母长辈,就要遭到"天打雷劈"的因果报应,能起到良好的教化作用。

4. 布依族雷神形象

中国其他民族中,雷神的形象一般是男性,称为"雷公",是如李逵式的性格火爆的人物。但布依族的雷神除有男性雷神外,也有女性雷神的形象,这是很特别的。

很多布依族古歌中,雷公是男性。布依族古歌《谦逊歌》提到,雷公是布依族的"雷公大哥"[12]。

布依族古歌《洪水潮天》中说,要使人间暴发洪水,可以"拿蛟龙儿子来杀,拿雷公儿子来砍,抓蛟龙儿子来关,这样才能发洪水"[13](P93)。雷公与雨水有关。如果人们惹怒了它,它就会电闪雷鸣,下起大雨,发起洪水,使人们遭灾。得知雷公能发洪水,为惩罚那些忘恩负义的人们,于是"王姜上天唤雷公",希望雷公能"发洪水淹地,淹世间百姓"[13](P101)。王姜的犁田方式很特别,别人牵牛犁田,他却牵狗犁田,以五棓子树作耙梁,纸蛇作耙藤。这样的结果是导致云层聚集,是下大雨的前奏。

狗嘴朝上方(北方)叫,

上方(北方)就闪电,

狗嘴朝下方(南方)叫,

下方(南方)就下雨。

四月到卯日,

发洪水淹天,

狗嘴朝上方(北方)叫,

上方（北方）就闪电，
它在天上面，
下雨又闪电，
狗嘴朝下方（南方）叫，
下方（南方）就下雨。
四月到初八，
雷吼起狂飙，
雨点大如鼓，
……
雷叫隆呀隆，
雨落滴哒哒，
四月到初八，
雷吼起狂飙。[13](P105-112)

这里充分说明了，在布依族的信仰意识中，雷神、雷公是司雨水之神。以狗为媒介祈求雷公、蛟龙降大雨，这是一种祭祀雷公、蛟龙的方式。自古至今的布依族祭祀山神、龙神等神灵的仪式中，存在以狗祭祀的文化遗存现象，即是很好的证明。

雷公不但能降雨水，而且能收回雨水，将洪水导引到溪流湖泊之中，使布依族不遭受洪灾之苦难。布依族古歌《兄妹结婚》中就提到了祭祀雷公、天曹、庙神、玉王等神灵，以狗祭祀，方能使洪水消退。"叫狗作壬癸"一句说明了狗的作用在于沟通了布依族与玉王、雷公等神灵之间的联系，是布依族实现祈愿目的的祭祀牺牲。

关于西南诸民族创世神话中的雷公，闻一多认为是汉籍文献中所见的水神共工[14]。王孝廉不同意上述观点，认为西南诸族洪水神话所出现的雷神、雷公，都只是超自然神威中的水神，与共工，除了水神的神话性格相同以外，没有什么直接的关系。[15]笔者赞成后者的观点，因为在布依族目前关于雷公、洪水的创世神话中，并没有发现其形象的具体描述，也没有说明雷公具有如共工般人首蛇身的形容。即使具有似共公的形容描述，也不能充分说明它就是汉籍中记载的水神共工。它只是在行使其降雨水的神职，所以布依族古歌中的雷神是原始自然崇拜意义上的水神。

在贵阳市南明区云关乡二戈村流传的布依族古歌《水淹歌》中，雷神则是一位温婉美丽的少女。她的身份是布依族的表哥龙王的女朋友，后来两人结成了"亲家"。这里的雷神是布依族的表嫂子。当然这只是布依族的一厢情愿与情感臆想。布依族之所以与雷神等攀上至亲的亲戚关系，是要表示与其亲近、友好的态度，而不致受其祸害，反倒受其佑护。雷神与龙王结为"亲家"，自然是布依族得到了好处。因为龙王是布依族的表哥，雷神就是布依族的表嫂了。雨量下得适当、及时，是农业丰收的保证。但有时候，雷电交加，大雨倾盆，大雨持续不断，在布依族所居住的高原喀斯特地区，很容易造成洪水之灾，使布依族遭受苦难。

在布依族的心目中，雷神与龙王都是天上主宰雨水的神灵。龙王下河入海都可能引得雨水而来，但雨水过量是不行的。下大雨的时候，雷鸣电闪，霹雳雷霆，威力巨大，使人毛骨悚然。雷神、龙王两位神灵成为布依族的亲戚后，亲戚之间的关系是友善、密切的，自然不会加害"亲戚"。这时候，雷神就成了布依族的保护神。据布依族古歌《安王与祖王》叙述，布依族祖先安王的母亲王母（鱼女）临终离别时嘱咐安王：

> 今后掉河就呼喊，
> 你若遇难就叫唤，
> 蛟龙啊我的娘舅！
> 鱼儿啊我的外婆！
> 蛟龙看见把你救下河，
> 雷公闻讯把你救上天。[16]

古代布依族对待雷神的有效办法，就是与雷神、龙公攀上亲戚关系。对于无法强力降服神威无比的神灵，很多民族采取的对策是恭而敬之的态度。而布依族在这方面似乎有创新之处，不但对雷神等神灵恭敬祭祀，而且还采取一种"怀柔政策"，与雷神、龙王等"和亲"，攀上至亲的亲戚关系。龙王是布依族的表哥，雷神是其表嫂，蛟龙又是布依族的娘舅。虽然这种亲戚关系有点复杂多变，但不论是哪种亲戚关系，都表达了布依族对雷神与龙王的敬畏心理，祈求自己在其保护下，风调雨顺，五谷丰收，平安幸福，且不再遭受洪水灾害之苦。

（三）布依族雷神祭祀

摩教是布依族的传统宗教，在摩经及祭祀活动中涉及了雷神。家中有人生病或者出现了不吉利的事情，要请布摩来考察、施法。如果发现是雷神菩萨来家捣乱，就要请尧舜和雷神一起来吃肉喝酒，把雷神送走。祭祀物品有女婿家拿来的猪头、狗和后家带来的鸡、鸭以及家中早就准备好了的刀头（祭祀亲人所用的猪肉或腊肉）、豆腐和粑粑等。布摩在堂屋设坛，装一升米，升子上插上雷神牌位，颂摩经《瓮劳经》之《沉晒经》后半部，请雷神等神灵吃肉喝酒，由尧舜把雷神菩萨送走。

在"扫屋"、"扫寨"仪式中，要请雷神。一家人办事总不顺利，就要请布摩来"扫屋"。布摩设坛，请雷神等就位，颂摩经，将雷神等送出屋。

一个布依族寨子，若有牛死马瘟，或有人病鸡死，都要请布摩来扫寨。布摩来看之后，认为是恶魔恶鬼在捣乱，就要想办法把它们送走。于是，布摩择日"扫寨"。先用桃木五块，画五方雷神，钉在寨子东、南、西、北各路口，用筛子设坛，在筛子里摆上装有米的升子一把，插上各种神灵牌位，点香，斟酒，摆上粑粑、豆腐、刀头等，用红布一条，写上女娲、姜太公神位，挂在竹竿上，用一只公狗祭祀。布摩颂摩经，请山神、土地等神灵就位。在布摩率领下，寨中男性十余人组成游行队伍。布摩在前面边走边颂摩经《少恋经》，其次是抬筛子的，第三是举着女娲、姜太公牌位的，最后是抬狗的。一行人到寨中各条道路游走，驱神赶鬼。寨中人在各路口设"水弹"，当游行队伍经过时，寨中人就用水泼他们，表示将恶神赶走。游行完毕，在寨口设坛，请诸神，领生、回熟祭品，聚餐之后各自回家。祭祀仪式后，用茅草为绳，上栓纸马，拦住寨口，三天内不准外人进寨。

布依族认为雷神是正义的化身。丧失伦理道德如不孝、不仁的人，就会遭天打雷劈。这里就是把雷神比作惩恶扬善的神灵了，如有的房屋或者人遭受了雷击，就会被认为是因为不孝顺父母或践踏粮食等恶迹而受到的上天的惩罚。遭难的人家要备办雄鸡、酒、肉、香、纸钱等，请布摩在院落中祭祀雷神（雷公）。

勤劳的布依族在过大年的时候包一个筛子般大的大糍粑，布依语叫"者把岩"，汉语译为雷神粑。传说此粑能避雷神，要等到第一声春雷响后才吃[17]。布依族人生病、出行、求财、功名等事要去敬雷神，占卜吉凶，求其指明出路。

（四）布依族雷神禁忌

罗甸、长顺一带的布依族忌雷。每年第一次打雷，忌耕种七天，要祈祷雷神保佑。打第二次雷后逐渐减少禁忌天数，直到水稻长到一寸高时为止。

布依族有些禁忌是关于雷神的。据说小孩吃饭时不能掉米粒，否则会遭雷击。春天听到第一声春雷要敲击锅等炊具，忌几日内动土，唯恐雷神发怒降下洪水，加害布依族。

河口的布依族在农历三月至八月禁止结婚，原因是防止结婚之日打雷[11](P29)。结婚之日打雷，被布依族认为是不吉利的。

三、结语

布依族雷神信仰属于原始自然崇拜的范畴，渊源于中国古代雷神信仰，但又与汉民族的雷神信仰存在一定的区别。布依族雷神信仰除了保持原始自然崇拜的一些特点外，还具有自身民族文化的一些特点。尽管在当今布依族社会生活中，我们已难以找到雷神崇拜的信仰实迹，但它在布依族古代文学艺术作品等方面有具体的表现。这说明雷神信仰在布依族精神生活中存在着历史阶段性，同时反映了布依族古代农耕社会的一些信仰文化事实。

参考文献

[1] 何星亮．中国自然崇拜 [M]．南京：江苏人民出版社，2008：221．
[2] 黄灵庚．楚辞章句疏证 [M]．北京：中华书局，2007：1826．
[3] 马昌仪．古本山海经图说 [M]．桂林：广西师范大学出版社，2007：945．
[4] [汉] 司马迁．史记 [M]．北京：中华书局，1963：33．
[5] 张双棣．淮南子校释 [M]．北京：北京大学出版社，1997：475．
[6] [晋] 皇甫谧．二十五别史·帝王世纪 [M]．刘晓东，等，点校．济南：齐鲁书社，2000．
[7] [宋] 李昉，等．太平御览（卷五），引《春秋合诚图》[Z]．
[8] 黄晖．论衡校释（一）[M]．北京：中华书局，1990：303．
[9] 王孝廉．水与水神 [M]．北京：学苑出版社，1994：133．
[10] 韦兴儒，周国茂，伍文义．布依族摩经文学 [M]．贵阳：贵州人民出版社，1997．
[11] 云南民族学会布依学研究委员会，河口瑶族自治县民族事务局．云南河口布依族文化 [M]．昆明：云南民族出版社，2007．
[12] 贵阳市南明区云关乡二戈村．布依族经典古歌 [M]．贵阳：贵州民族出版社，2009：176．
[13] 黎汝标，黄义仁．布依族古歌 [M]．贵阳：贵州民族出版社，1998．
[14] 闻一多．神话与诗 [M]．北京：中华书局，1956：48．
[15] 王孝廉．西南民族创世神话研究 [A] //马昌仪．中国神话学文论选萃（下编）[C]．北京：中国广播电视出版社，1994：421．

[16] 望谟县民族事务委员会.安王与祖王[M].贵阳:贵州民族出版社,1994:62-63.
[17] 黔西南州政协.黔西南布依族文史资料专辑(上)[Z].内部资料,2007:281.

(原载于《黔南民族师范学院学报》2016年第3期)

土家族灶神信仰探究*

覃金福

灶神，又称"灶王"、"灶君"、"灶王爷"、"灶公灶母"等，是旧俗中与百姓生活最密切的神祇之一，是我国各民族普遍信奉的神灵。土家族也信奉灶神，年节中的祭灶分为送灶神和接灶神。送灶神即把灶神送上天，大部分地区的土家族送灶神仪式是在腊月二十三过小年这一天晚上举行，也有部分地区的土家族腊月二十四过小年，他们则是在二十四晚上送灶神。接灶神即把灶神接下凡间，接灶神的时间是腊月三十的晚上。送、接灶神时每口锅中要用清油点一盏锅灯（清油灯）。俗话说"灶神去时食素，归时食荤"，送灶神上天时用素食祭品，大多是茶、粑粑、团徽、豆腐等，接灶神时则要用酒、肉等带荤的祭品。

一、灶神形象

早期的灶神以祖先神形象呈现，例如《论衡·祭意篇》曰："炎帝作火，死而为灶。"[1](P215)高诱注《淮南子·氾论训》曰："炎帝、神农，以火德天下，死托世于灶神。"孔颖达疏《礼记·礼器》曰："颛顼氏有子曰黎，为祝融，祀以为灶神。"从这些记录中可以看出，早期的灶神形象都是神圣的祖先神，对灶神的崇拜与原始的火的崇拜密切相关。

土家族地区信奉的灶神形象多为灶神公公和灶神婆婆。据湖北省来凤县舍米湖彭昌松老人讲述，灶神有张公子和李氏夫人两个。张公子和李氏夫人本来是一对夫妇，但因为张公子嫌弃李氏夫人出身于打鱼家庭，其衣服上有鱼腥味而休了李氏夫人。后来张公子家庭败落沦为乞丐，有一天讨米讨到李氏夫人家中，此时张公子已不认识李氏夫人了，而李氏夫人却还认识张公子。李氏夫人就收留了张公子，让他每天在灶边烧火。有一天李氏夫人就在灶后问张公子还记得她么？张公子抬头仔细一看认出李氏夫人就是自己以前休掉的妻子，觉得很羞愧，就爬进灶里烧死了，灶后的李氏夫人见状也就气死了。于是就有"灶前烧死张公子，灶后气死李氏夫人"这样的说法，他们两个死了就成了灶神菩萨。①

---

* 收稿日期：2012-12-12

作者简介：覃金福（1985—），男（土家族），湖北恩施来凤人，研究方向：民俗学。

① 访谈者，覃金福；受访者，彭昌松；访谈时间，2011年1月27日；访谈地点，湖北来凤县舍米湖村彭昌松家。

有的地区土家族信奉的灶神只有一个，且是一个女性。她是从天上下嫁到凡间的女神，一年只有一次回娘家的机会，即过小年晚上的送灶，在娘家过完年后三十晚上土家人再把她从娘家接回人间。宣恩县黑塘村马玉珍老人讲述道：灶神菩萨是女的，腊月二十三这一天晚上要把她送上天，送回娘家，让她在娘家过年，三十晚上再把她接下来。①

林继富教授在《灶神形象演化的历史轨迹及文化内涵》一文中阐述了灶神形象演化的脉络[2]：

分期	原始灶神			道教灶神	民间俗神
形象	自然神	动物神	女神、男神（半人半兽神）	女性小神	普通人
人的力量、人性的发展	自然力量	人性萌芽，人的自我觉醒	人性与兽性交织，人性成长，人自身力量壮大	脱离兽性变成完全的人，讴歌人的力量	以浪子、好吃、好色等为角色，灶神被奚落嘲讽，即对神的否定、对人自身价值的肯定

对比汉族信奉的灶神形象，土家族信奉的张公子和李氏妇人形象与汉族的张郎与其妻子形象极为相似，且他们由人演变成灶神的传说情节也与汉族的传说大同小异。土家族其他地区信奉的玉皇大帝女儿的灶神形象与汉族信奉的道教女性灶神也很相似，可见土家族信奉的灶神受汉族灶神信仰影响较深。

二、送灶

过去土家族送灶神是在半夜进行的，现在多是在天黑时举行送灶神仪式。送灶神要准备好粑粑、团徽、豆腐、糕点、茶等祭品，祭祀时将其摆在灶上，每口锅中点一盏锅灯，在灶上点一对蜡烛和三炷香，灶门口烧一叠纸钱，作三个揖后燃放鞭炮，这样就把灶神送上天了。如果有什么心愿，也可在灶前诉说，希望借由灶神转述给玉皇大帝，从而实现心愿。有的地方土家族送灶神时还将糖涂在灶神嘴的四周，涂完后将神像揭下焚化，意为用糖塞住灶神的嘴，让他上天后只说人间的好话而不讲人间罪恶的一面。送灶的仪式在土家族地区方志中多有记载。

《来凤县志》（清同治五年刻本）卷三十二载："十二月二十三，入夜祀灶神，曰'谢灶'，戒妄言。"[3](P447)《鹤峰州志续修》（清同治六年刻本）卷十四载："十二月二十三日夜，具饧果'祀灶'，窝（锅）中点灯，曰送灶神上天。"[3](P442)《长乐县志》（清同治九年补刻本）卷十六载："十二月二十四日，谓'过小年'。土著则于二十三日夜'祀灶神'，客户则在二十四日夜，谓送司命上天。"[3](P442)《彭水县志》（清光绪元年刻本）卷四载："十二月二十三、四诸日，曰'小年'，午夜，以茶果祀灶，曰'送灶'。"[4](P254)《黔江县志》（清光绪二十年刻本）卷五载："十二月二十三日夜，以茶果'送灶'。"[4](P252)《沿河

---

① 访谈者，覃金福；受访者，马玉珍；访谈时间，2011年1月30日；访谈地点，湖北宣恩县黑塘村李才佑家。

县志》（民国二十三年铅印本）卷十八载："二十四日为'小除夕'，俗谓灶神上天。陈糖果、焚楮香以祀，为'送灶'，亦有二十三日行之者。"[5](P461)《恩施县志》（民国二十六年铅印本）卷十二载："十二月二十三日，以饧'祀灶'。"[3](P436)

也有腊月二十四祭灶神的。《凤凰厅志》（清道光四年刻本）卷二十载："十二月二十四日'小年'，设斋供祀灶神，曰'谢灶'。"[3](P634)《施南府志》（清道光十四年刻本）卷三十载："'小除日'，以饧做饼'祀灶'，谓之'灶饼；亲友馈岁。"[3](P435)《宣恩县志》（清同治二年刻本）卷二十载："十二月二十四日曰小年，亦曰小除日。祀灶神戒妄言，谓之谢灶。"[3](P435)《长阳县志》（清同治五年刻本）卷七载："十二月二十四日，用饴糖成个，曰'灶糖'，盛以盘；杂粮、茶叶另一盘，为'马料'。将锅灶打扫洁净，排列各盘锅中，以杯盛油，彻夜长燃，烧香纸，鞭爆'祭灶神'，谓之'过小年'。"[3](P429)《武陵县志》（清同治七年刻本）卷三十二载："十二月二十四日，云'小年节'。家'祀灶神'，谓送司命上天。又，各备米滋、油馓、年糕相问遗，谓之'馈岁'。"[3](P655)《桑植县志》（清同治十一年刻本）卷八载："腊月二十四日为'小年'，扫舍宇，'祀灶'。"[3](P625)《龙山县志》（清光绪四年刻本）卷十六载："二十四日曰'小年'，亦曰'小除日'。'祀灶神'，扫除庭宇，杀猪鸡祀先祖，曰'祭小年'。"[3](P647)《巴东县志》（清光绪六年刻本）卷十六载："十二月二十四日，具香烛、酒饵'祀灶'，剪草和豆盛于旁，谓之'灶神马料'。"[3](P440)

从这些记载可以看出清代土家族地区送灶神仪式还普遍盛行。有的地区认为灶神是骑马上天的，祭祀时还要给马准备马料。目前土家族地区送灶神仪式仍旧盛行，但给灶神的马准备马料的习俗已不复存在。马玉珍老人向我讲述道：我们这里腊月二十三吃过晚饭以后，就用粑粑、茶、豆腐当供品摆在灶台上，烧上三炷香，点一对蜡烛，还要给灶神烧一叠纸钱，作三个揖，然后放炮火送灶神上天。①

2012年我在永顺县双凤村调查时，土家年俗传承人彭家齐老人向我讲述了该村腊月二十三送灶神的情况：二十三那天要敬灶神菩萨，二十三过小年，吃夜饭以前用粑粑、团馓、豆腐、香纸敬菩萨，香纸都烧了，就点锅灯，锅灯点了以后还要在堂屋里敬菩萨，这一天是先敬灶神菩萨。点锅灯要点到半夜，每口锅子都要点锅灯，你要是锅灯不点勒，那灶神菩萨上天就要讲你屋里的坏话嘛。②

三、接灶

腊月三十的晚上要举行接灶仪式，把灶神接回人间。过去没有钟表显示时间，土家族的接灶仪式是在三十半夜鸡叫第一声的时候举行的，用刀头肉、酒、鸡头、鸡脚等供品接灶神下凡间。接灶仪式在土家族地区方志中也有记载。

《鹤峰州志续修》（清同治六年刻本）卷十四载："夜深复祀灶神，谓灶神是夕下界。"[3](P442)《长乐县志》（清同治九年补刻本）卷十六载："夜深人静，祭祀祖先、灶神，而后掩门，谓之'烧关门纸'。"[3](P422)《彭水县志》（清光绪元年刻本）卷四载："夜以茶果迎灶，如送灶仪。"[4](P254)《黔江县志》（清光绪二十年刻本）卷五载："以酒馔接灶，俗谓'灶神去

---

① 访谈者，覃金福；受访者，马玉珍；访谈时间，2011年1月30日；访谈地点，湖北宣恩县黑塘村李才佑家。
② 访谈者，覃金福；受访者，彭家齐；访谈时间，2012年7月10日；访谈地点，湖南永顺县双凤村彭家齐家。

时食素,归时食荤'."[4](P252)《沿河县志》(民国二十三年铅印本)卷十八载:"二十四日为'小除夕',俗谓灶神上天。陈糖果、焚楮香以祀,为'送灶',亦有二十三日行之者。'除夕'复燃,为'迎灶'。"[5](P461)

现在土家族地区年三十晚上接灶神仪式的时间也有所变化,多在天黑时就举行仪式接灶神下凡间。据永顺县双凤村彭家齐老人介绍,以前没有表嘛,就是三十夜鸡第一次叫的时候接灶神菩萨下来,接灶神要用刀头肉,还要用鸡脚、鸡头啊,光用刀头肉不行啊。也要点锅灯敬菩萨嘛。现在三十晚上天黑的时候好多人家就在灶上摆上刀头肉、鸡肉这些来接灶神菩萨。

接灶神时祭品中要有荤,多为刀头肉、鸡头、鸡脚,摆在灶上,每口锅中点上清油锅灯,在灶上点一对蜡烛和三炷香,纸钱烧在灶门口,然后作三个揖,放鞭炮,即接灶神下凡间。

除了送、接灶神,土家族过年当天祭祀各种神灵时也要祭拜灶神,仪式和送、接灶神差不多,在灶上摆上猪头等供品,点上一对蜡烛和三炷香,于灶门前烧一叠纸钱,最后作三个揖。作揖时土家人往往会念:灶神菩萨保佑锅里年年都有煮的。过去土家族地区医疗不发达,如果哪一个人眼睛不舒服,就给灶神菩萨在锅中点一盏清油灯,即点锅灯,土家人认为给灶神点了锅灯以后眼睛就会变好。

四、 灶神信仰的功利性

"自然界起初是作为一种完全异己的、有无限威力的和不可制服的力量与人们对立的,人们同它的关系完全像动物同它的关系,人们就像牲畜一样服从它的权利,因而,这是对自然界的一种纯粹动物式的意识(自然宗教)。"人类最初的各种信仰崇拜就像早期人类与自然界的关系一样,具有强烈的功利依赖性,这些信仰与人类的生活紧密相关。

从早期文献中关于灶神形象的记载可以看出,对灶神的信仰与人类对火的信仰分不开。在原始社会时期,人类通过火可以驱赶野兽,可以温暖身体,更为重要的是火使人类吃上了熟食物,这是人类文明的一大进步。"正是火的强大功用效应,在以自然之火或火堆、火塘为核心的原始炉灶阶段,奉火为灶神在初民社会和当今我国较为落后的民族中广泛传承着。"[2]初民社会对灶神的崇拜与火在人类生活中的重要地位分不开,是早期人类对异己超自然力的崇拜。

随着人类认识的提升,对灶神的崇拜由超自然力的崇拜转化为一种俗性崇拜,土家人至今仍深信这种俗性崇拜。在过年祭祀灶神时,土家人往往会念叨:灶神菩萨保佑锅里年年都有煮的。这种念叨反映了土家人潜意识里认为供奉好了灶神,自己锅里年年都会有食物,家里人就不会挨饿,对灶神的信仰转化为一种对基本生活保障需求的祈盼。

送灶神之前,土家人要把家里打扫干净,特别是要扫除灶上的扬尘(即灰尘,下同),因为土家人认为一条条的扬尘就是一条条的罪状,如果不打扫干净,灶神上天就会向玉皇大帝告状。据来凤县舍米湖村彭昌松老人讲述,灶神二十三上天啊,他到天上告状去。灶上的扬尘就是一条一条的状,送灶神之前都要打扫干净啊,二十三之前不打扬尘,他就要去告状。①

  有些地方的土家族认为灶神上天是去向玉皇大帝报告凡间家庭情况的，平时不能得罪灶神，否则就会倒霉。据永顺县双凤村彭家齐老人讲述：灶神菩萨上天，标杆笔直，他就成了烟雾。灶神这个人很直爽，他就向玉帝汇报，哪些人坏，哪些人是好人。坏的你要把他折寿、短命。所以我们乡里人吵架骂人，你不要得罪灶神菩萨啊，你到人间做了坏事啊，他到天上给玉帝讲，坏就是坏，好就是好。你把他得罪了，你就要倒霉。②

  送灶神时要给灶神神像嘴上抹蜜糖的这一行为，就是为了让其上天后尽说人间好话，而不说人间的罪恶，这点也正是基于这样一种敬畏的心理。不管是原始超自然的崇拜还是现在的俗性崇拜，土家人对灶神的敬仰都带有强烈的功利性。

  虽然土家族地区的灶神祭祀在时间和祭祀方式上经历了一些变迁，但灶神信仰仍深深根植于土家人的心中，灶神信仰与土家人的生活密不可分，并且世代传承。

参考文献

[1] 王充. 论衡 [M]. 上海：上海人民出版社，1974.
[2] 林继富. 灶神形象演化的历史轨迹及文化内涵 [J]. 华中师范大学学报，1996（1）.
[3] 丁世良，赵放. 中国地方志民俗资料汇编·中南卷（上）[M]. 北京：书目文献出版社，1990.
[4] 丁世良，赵放. 中国地方志民俗资料汇编·西南卷（上）[M]. 北京：北京图书馆出版社，1991.
[5] 丁世良，赵放. 中国地方志民俗资料汇编·西南卷（下）[M]. 北京：北京图书馆出版社，1991.

（原载于《黔南民族师范学院学报》2013 年第 1 期）

---

 ① 访谈者，覃金福；受访者，彭昌松；访谈时间，2011 年 1 月 27 日；访谈地点，湖北来凤县舍米湖村彭昌松家。
 ② 访谈者，覃金福；受访者，彭家齐；访谈时间，2011 年 7 月 21 日；访谈地点，湖南永顺县双凤村彭振奎家。

论布依族传统价值观

李远祥

布依族是一个有着悠久历史的民族,布依族群众在长期的社会生活实践中形成了独具特色的传统价值观,规范和引导着布依族群众在生产和生活中的行为,维护了布依族地区的生产和生活秩序,既密切了布依族内部人与人之间的和睦友爱关系,又增强了布依族群众的民族凝聚力和向心力,增进了布依族群众与其他兄弟民族的团结与合作,促进了布依族地区的经济社会发展和布依族的繁荣与进步。但是,我们也应当看到,布依族的传统价值观产生于小农经济社会,既有积极因素,也有消极因素,必须在社会主义核心价值体系的指导下,在对布依族传统价值观进行批判继承的基础上,构建符合时代要求和社会进步的新型布依族价值观。只有这样,才能增强布依族群众的民族自豪感、自尊心和自信心,调动布依族群众建设社会主义价值体系的积极性,形成强大的民族凝聚力,推动布依族地区经济社会的发展。

一、布依族传统价值观中应当继承发扬的积极因素

(一)艰苦奋斗、自强不息的精神

布依族传统文化中高扬着艰苦奋斗、自强不息的民族精神。布依族古歌《十二个太阳》叙说:远古时候,天空出现十二个太阳,晒裂了岩石、曝死了草木。布依族先民们没有屈服于这种恶劣的自然环境,他们同大自然进行不屈不挠、艰苦卓绝的斗争,以年王为代表的布依族先民,接连射落了十个太阳,留下两个,一个成为太阳,另一个成为月亮,从而创造了适合人类生活的自然环境。类似的还有《卜丁射日》、《勒戛射日和葫芦救人》等古歌、神话。布依族的民间谚语也说"困难怕硬汉","好马在力气,好汉在志气","人穷志气在,马倒鞍不落"[1](P92),等等。正是在这种精神的鼓舞下,布依族人民经过世世代代的艰苦创业,改善了他们生活的自然环境,促进了布依族的繁荣与进步。

(二)高度重视人的作用的人本主义精神

在布依族的传统文化中,人是宇宙万物的中心。布依族民间有着丰富的关于天地日月

形成的神话传说,如流传在黔南和黔西南地区的《混沌王》、《盘古王》,叙说混沌王、盘古王创造世界以形成适合人类生存的自然环境的故事。这些神通广大、法力无边的神明是布依族人民征服自然、改造自然的代表,是布依族先民的化身。在古代社会生产力水平较低的条件下,布依族先民凭借自身的力量改造自然并通过这种幻想的艺术形式表达出他们征服自然的强烈愿望。

在长期的社会发展中,布依族先民不断探索自然的奥秘,以便战胜自然,让自然为人类服务。流行于黔西南地区的古歌《造千种万物》,叙述了布依族英雄翁夏因地制宜搬石头砌田埂、用衣兜撮泥建成了块块水田的故事。广泛流传于黔南各地的《造万物歌》,叙述布依族英雄翁杰、阿辉等以无穷的智慧、巨大的力量造就万物,改造自然,使之适合人类发展需要的故事。不少布依族古歌中还叙述了布依族先民怎样取来谷种、棉种、树种,怎样造犁、造耙、造刀以进行农耕活动等,都从不同侧面反映了布依族先民认识自然、利用自然、改造自然的丰富实践活动。

布依族重视人的作用,一切以人为中心的人本主义精神,在政治上则表现为鲜明的人为邦本的思想。布依族的民间谚语说:"百姓本是官之母,做官要为百姓苦";"没有谷种难出秧,没有百姓官难当"。[1](P93)

布依族人本主义的民族精神,长期以来塑造了布依族人民改造自然、发展生产、组织管理社会事务的主人翁意识,对于调动布依族群众关心社会事务并积极参与管理起着十分重要的作用。

(三)求是务实精神

布依族是农耕民族,从事农业生产必须遵循自然法则,要适时播种、管理、收获,按客观规律办事,这使布依族人形成了注重认识自然规律、按照客观规律办事的求是务实的精神。布依族民间谚语说:"刀有钢才快,人懂理才智";"人若不说理,鬼都看不起";"鱼能跃过龙门,人却不可越过"。[1](P95) 这里说的"理",即事物发展变化的规律。

求是务实精神必然反映在求是务实的态度上。布依族人历来反对不务实的空谈玄想,布依族民间谚语说:"从果实看树,从实践看人";"嘴讲百遍,不如办事一件";"无翅就想飞,空想事难成";"芳香的花不一定好看,能干的人不一定会说"。[1](P95) 布依族的求是务实精神,有利于布依族群众从本地区、本民族的实际出发,选择适合本地区、本民族特点的社会发展道路,加快布依族地区经济社会的发展。

(四)爱国主义精神

布依族在长期的历史发展和生产实践中,在与汉族及其他少数民族的长期交往、团结互助及反抗外侮内辱的斗争中,逐渐形成了重视民族内部、民族与民族之间的团结精神以及国家统一的爱国主义精神。布依族民间谚语说:"一支筷子易折断,十支筷子好铁棒";"一个背一提,万人凑成山";"世上空间大,人间祖国亲"。[1](P96)

布依族很早就与汉族和其他兄弟民族相互交往、互相依存、互相融合。早在战国时期,楚将庄蹻伐夜郎,就有其他民族的人民进入布依族地区。秦以后的历代也不断有汉族和其他民族的人口迁徙到布依族地区,布依族与他们密切交往,和睦相处,亲善往来,为开发祖国西南边疆、加强国内各民族的团结做出了重大贡献。

为了维护祖国的独立和统一，增进国内各民族的团结和进步，布依族人民进行了英勇的斗争。清嘉庆二年（1797），为反抗官府的残酷压迫剥削和强征布依族农民去镇压苗族人民起义，布依族妇女王阿崇（王囊仙）和韦朝元领导布依族人民在南笼府（今安龙县）起义，给清朝地方政府以沉重打击，有力地支援了苗族人民的反抗斗争。鸦片战争后，布依族人不堪帝国主义和封建主义的双重压迫与剥削，不断掀起反帝反封建斗争。咸丰四年（1854），受太平天国革命的影响，独山州布依族杨元保领导农民起义。咸丰五年（1855），又爆发了镇宁扁担山曾煜华等领导的布依族农民起义和上江布依族罗光明领导的布依族、水族、汉族等共同联合的起义。此后，布依族群众还多次掀起反抗外国传教士进行文化侵略的斗争。1932年，广西左右江革命根据地的红七军派人进入黔南进行革命活动，在布依族人民中播下了革命的种子；1935年，中国工农红军长征途经黔南和黔西南，得到布依族人民的广泛支持，不少布依族青年参加了红军队伍。解放战争时期，黔西南地区的布依族青年组成六马游击队和兴义游击队，配合解放军解放云贵高原，为布依族地区的解放做出了贡献。

布依族"人间祖国亲"的爱国主义精神，是布依族人民千百年来维护祖国的独立和统一、增进国内各民族的团结和进步、促进国家繁荣富强的坚实思想基础，它在调动布依族人民积极投身社会主义现代化建设，实现富强、民主、文明、和谐的社会主义共同理想中有着重大的现实意义。

（五）决策管理中的民主、平等思想

布依族在长期的历史发展过程中逐渐形成了独具特色的原始民主形式——"议榔"或"议各习"的群众组织形式。这种组织形式一般由同宗同寨的人们组成，也有由超越宗族或村寨范围的一定区域的人们组成，其职能是：对外，反对外来袭击、入侵；对内，维护社会秩序、生产秩序和生活秩序。"议榔"设有头人，布依族称为"卜板"。"卜板"由"议榔"组织成员——每户男性家长直接选举产生。"卜板"没有任何特权，其职责是主持制定榔规和按照榔规处理各类刑事、民事纠纷。如果他不称职，群众可以要求召开议榔会议将其撤换。这种议榔组织具有朴素的民主性质，即恩格斯所说的"自然长成的民主制"。[2](P94)

议榔这一具有悠久历史和民族特色的布依族村寨的自我管理形式，可以作为布依族地区当前的基层政权和基层社会生活的民主建设的借鉴和补充，促进布依族地区的民主政治建设。

（六）团结协作、互助互济、热心公益、先公后私的集体观念

布依族传统文化高度重视群体的协调、和谐与统一，强调个体归属群体、群体高于个体。布依族的生活习俗、道德规范、习惯法等都要求个体在思想和行动上按照群体的规范行事，以维护群体的和谐统一为重要原则。布依族民间谚语说："鱼打堆容易被捕，人合群才能生存"；"一人踩不倒地上草，众人踩出阳光道"；"和尚衣食靠个人，孤寡衣食靠寨邻"；"辛苦一个人，换来众人乐"。[1](P95)

布依族重视群体的和谐统一，主要表现为群体内的个体或家庭以至村寨之间的互助合作关系。"一家有事百家帮"[3](P249)的传统习惯，在布依村寨里沿袭不衰。人们在婚丧喜

庆、起房造屋等活动中,有无偿帮助的习惯,农忙生产时互助换工不计报酬。谁家有人重病或遭遇不幸,上村下寨、左邻右舍都会带着礼物前来探望问候。谁家遇到丧事或灾祸,大家不但出力,而且还要捐款捐粮相帮。对寨中的鳏寡孤独、老弱病残者,大家都非常体贴和同情,自觉捐钱捐粮给他们,并帮助他们干农活,使他们在衣食住行上有保障、精神上有安慰。布依族的民间谚语说:"树傍树成林,人帮人成才";"一个人不能养活全寨子人,全寨子人可以养活一个人"。[1](P95)因此,在历史上,较少有布依人沦为乞丐。在这个民族内部,人们团结和谐、互助友爱,时时处处表现出良好的道德风貌。

自古以来,布依族人就有自筹资金、出力动手修桥铺路、建凉亭、栽种风景树的优良风尚。人们尽力美化环境,自觉做各种有益于村民和子孙后代的公益事。这种朴素的集体主义道德观念深深渗透在布依族的民族意识之中,并体现在社会生活中。

(七)尊老爱幼、重视教育的伦常规范

布依族人民自古就具有尊敬长辈和关怀后代的传统美德。在家庭中,长辈倍受尊重和爱戴,吃饭时总是让老人坐上席,要先夹好菜给老人吃。在村中老人普遍受到尊重,那些经验丰富、德高望重、通情达理、见多识广的老人,自然而然成为村中的"寨老",由他们负责处理寨中的大事,调解村与村之间的纠纷,所以有"寨有三老,胜过一宝"[3](P250)的谚语。少年儿童同样受到关怀照顾,在布依族村寨,一般都有一块专供儿童玩耍的坝子。谁家父母、大人外出办事,同族人或邻里都争着帮助照看小孩。谁家有外出求学的年轻人,全村人都引以为荣,并尽力集资相助,鼓励其刻苦学习、努力成才。正是这种尊老爱幼的优良传统,使布依族能够做到幼有所养、老有所依,充分体现了布依族人民良好的精神境界和崇高的道德情操。

(八)热情待客、真诚待人的良好习俗

对来访的客人盛情款待,以客为重,是布依族待客的原则。凡是到布依山寨的,不管是本族人还是外族人,是来自本地还是外地,是亲朋好友还是素不相识的陌生人,群众都热情打招呼,"请到家里坐一坐",以客人临门而感到体面光彩,热情接待。邻居有客人来,也要请喝酒或带些酒菜去作陪。客人离去时要用方盘载满酒杯真诚相敬,并频频嘱咐客人要"再来作客"。[3](P248)这种热情好客、以诚待客之风,是布依族人美好心灵和善良品格的反映。

(九)言行文明、礼貌待人的谦恭风尚

布依族人很讲究谈吐文明,注意言行礼仪,相互尊重。民间流行着"好话一句三春暖,恶语伤人六月寒"[3](P249)的谚语。对那些讲礼貌有道德的人,大家常常加以称颂;对那些不克己谦让、粗言滥语者,舆论必定会给予谴责。在布依族人的日常生活中,人与人之间交谈时首先要尊称对方,否则会被视为不懂礼节。交谈中都习惯把"请"和"老"两个字放在话语的前面,以示谦虚和对对方的尊敬。与比自己岁数大的人讲话时,都要自称"唯"(布依语"奴"的意思),对陌生人或初认识的朋友讲话也多用"唯"。[3](P249)不懂称呼、说话粗俗的人,不受人们欢迎。

（十）讲文明讲卫生的生活观念

布依族村寨大多依山傍水，林木掩映，清静幽雅，风景宜人。布依族人平时很讲究环境卫生，逢年过节更是形成了大扫除的习惯，每年腊月二十五左右，家家户户都要彻底搞一次清洁卫生。每逢春秋两季来临的农历三月初、七月十五，要进行"扫寨"活动，各家各户的房前屋后都要打扫得干干净净，屋檐下的淤泥和杂草都要撮光铲尽。而且，在布依族村寨，历来都有集体清理街道、水井的良好习惯。

二、布依族传统价值观中需要扬弃的消极因素

（一）崇拜自然神灵的原始观念

布依族先民在生产力落后、认识能力低下的条件下，对自然现象无法理解，于是对自然力顶礼膜拜，认为万物有灵，把高大的树、奇形怪状的岩石、山泉、井水、深潭等都视为神灵，加以崇拜，其目的是祈求自然神灵保佑村寨风调雨顺、五谷丰登、人畜安康。他们所崇拜的对象都是与人们的生产、生活密切联系的自然物，反映了布依族群众对人与自然关系的初步认识，体现了"天地和谐"、"天人合一"的自然观和生态伦理观。应当说这种崇拜自然神灵的原始观念，有利于对自然环境的保护；但另一方面也应当看到，各种崇拜祭祀活动的进行，不但造成布依族群众在财力、物力上的巨大浪费，影响生产和生活，更重要的是它严重束缚了人们的思想，阻碍了新思想的传播和科学文化的发展，进而阻碍了布依族地区的发展和进步。

（二）原始共产主义和平均主义

布依族群众认为："大家都是同族同寨和亲戚，有东西不应分你我彼此，有酒大家喝，有肉大家吃，走到哪里就可以吃到哪里，为了族人谁花得起钱谁最光荣。"[4](P130)上山打猎时，得到的猎物除用其头部奖励捕获者之外，其余的按人头平均分配。这种原始共产主义和平均主义，体现了布依族群众平等参与、团结协作的传统，有利于增强民族内部的凝聚力，促进人际关系的和谐，但也严重影响了人们劳动致富，助长了不思进取、不愿竞争的心理意识。

（三）重农轻商的观念

布依族是农耕民族，自古以来即以农业生产和农业经济为基本的价值取向，铸就了他们重农轻商、重义轻利的文化心态，认为"种田是正道，经商是邪道"[4](P130)、经商是"不务正业"[5](P83)、"经商的人都不是好人"[6](P181)、"布依族做生意富不起来"[5](P83)。因而，他们大都重视农业生产，忽视商品生产和多种经营，致使经济结构单一、经济发展缓慢，与发达地区相比差距甚大。

三、以社会主义核心价值体系为指导，建设有利于促进布依族地区经济社会发展的价值观

胡锦涛同志指出："社会主义核心价值体系是社会主义意识形态的本质体现。要巩固马克思主义指导地位，坚持不懈地用马克思主义中国化最新成果武装全党、教育人民，用中国特色社会主义共同理想凝聚力量，用以爱国主义为核心的民族精神和以改革创新为核心的时代精神鼓舞斗志，用社会主义荣辱观引领风尚，巩固全党全国各族人民团结奋斗的共同思想基础。"[7](P26)因此，布依族当代价值体系的建设，必须在社会主义核心价值体系的引领下，对布依族传统价值观取其精华、弃其糟粕，使之健康发展。

1. 弘扬布依族"世上空间大，人间祖国亲"的爱国主义精神，为促进布依族地区的发展和实现中国特色社会主义共同理想凝聚力量。在当代中国，爱国主义和社会主义是紧密结合的。弘扬布依族"世上空间大，人间祖国亲"的精神，有利于增强布依族群众对中国特色社会主义共同理想的认同，调动布依族人民积极投身社会主义现代化建设，实现富强、民主、文明、和谐的社会主义共同理想的积极性；有利于加强布依族与汉族及其他兄弟民族在爱国主义旗帜下的相互理解、相互信任、相互依赖，建立平等、团结、互助、和谐的社会主义新型民族关系，促进各民族的共同进步和繁荣。

2. 弘扬布依族艰苦奋斗、自强不息、求是务实的精神，激发布依族群众建设家乡、建设祖国的决心和信心，塑造布依族群众艰苦朴素、勤俭办事的生活态度和精神风貌，使布依族地区的干部和群众从实际出发，以改革创新的时代精神，积极探索适合布依族地区和布依族民族特点的经济社会发展道路，实现布依族地区的科学发展、和谐发展、跨越发展。

3. 弘扬布依族重视人的作用的人本主义精神和决策管理中的民主、平等思想，树立布依族群众的主人翁意识，增强布依族群众关心国家和社会事务的积极性，促进布依族地区的民主政治建设和基层群众自治建设，使布依族党员和群众在农村基层组织——村"两委"（村支委和村委会）的选举中，选出那些有真才实学、真抓实干、作风民主、办事公道、不谋私利的能人担任村干部，带领广大布依族群众走共同富裕的道路。同时对选出的村"两委"和村干部进行监督，使村"两委"和村干部认真履行工作职责，在进行决策、组织管理、办理重大公共事务和公益事业时，充分听取布依族群众的意见、建议，体现布依族群众的利益和要求，牢固树立发展为了人民、发展依靠人民、发展成果由人民共享的公仆意识，更好地为布依族群众办好事、办实事，实现布依族地区又好又快的发展。

4. 弘扬布依族的集体观念和优良道德风尚，不断充实反映社会主义和谐社会要求的新风尚、新要求，牢固树立社会主义荣辱观，增强布依族家庭成员之间、村民之间、村寨之间及布依族与其他民族之间的团结、合作、互助和友爱，使布依族地区的干部和群众相互信任、增进理解、加强团结，密切党群关系、干群关系。充分调动布依族群众建设和谐社会的积极性、主动性，促进布依族地区团结互助、充满活力、安定有序的和谐社会的建立。

5. 辩证对待布依族传统价值观，"取其精华，去其糟粕"，发挥其积极作用，剔除其消极因素，促进布依族地区经济社会又好又快、更好更快地发展：

（1）布依族群众对自然神灵的崇拜，反映了布依族群众对人与自然关系的初步认识，体现了"天地和谐"、"天人合一"的自然观和生态伦理观。通过对布依族群众进行科学知识、自然知识和人口、资源、环境相互关系的宣传教育，使布依族群众正确认识自然及其规律，正确认识人与环境的关系，树立正确的自然观和生态观，尊重自然，合理开发自然，有效保护自然，实现生产发展、生活富裕、生态良好，人与自然和谐发展的社会主义和谐社会。

（2）布依族传统文化中的"轻商"观念已不符合社会发展的需要，应予以抛弃。但农业是国民经济的基础，"重农"是发展经济、保障人民生活的根本，因此，布依族长期生产实践中形成的农业文化，仍然需要传承，并需要根据市场经济的要求，树立商品意识和市场意识，根据布依族地区的特点和优势，调整农业产业结构，发展特色优势产业，提高生产效率和竞争力，促进布依族地区的发展，实现布依族地区的农业现代化。

（3）布依族传统文化中的原始共产主义和平均主义观念，体现了布依族群众平等、参与、团结、协作、共享的传统。通过贯彻按劳分配与按生产要素的贡献参与分配的原则和效率公平兼顾的原则，充分利用市场经济的效率取向，引导布依族群众树立市场意识、竞争意识，激发他们勇于开拓、积极进取的精神，创造一个充满活力的社会环境，实现社会的公平正义。

总之，布依族传统价值观中既蕴含着积极因素，也有一些应当剔除的消极因素，通过对布依族传统价值观批判地传承和不断地创新，建立符合现代社会发展要求的新的价值观念，有利于增强布依族的民族自豪感和自信心，调动布依族群众建设现代化的积极性，促进布依族地区的经济发展和社会进步。

参考文献

[1] 韦启光. 布依族的民族精神 [J]. 贵州民族研究，1995（3）.

[2] 恩格斯. 家庭私有制和国家的起源 [M] //马克思恩格斯全集. 北京：人民出版社，1965.

[3] 杨宗丽. 从布依族的良风美俗看其伦理道德观 [A] //贵州省布依学会，安顺地区民委. 布依学研究：第六卷 [C]. 贵阳：贵州民族出版社，1998.

[4] 金安江. 布依族传统精神文化与精神文明建设 [A] //贵州省布依学会，安顺地区民委. 布依学研究：第六卷 [C]. 贵阳：贵州民族出版社，1989.

[5] 敖行雄. 织金布依族与市场经济 [A] //贵州省布依学会，安顺地区民委. 布依学研究：第六卷 [C]. 贵阳：贵州民族出版社，1998.

[6] 杨昌儒. 试论贵州少数民族发展中的制约因素 [A] //贵州省布依学会，安顺地区民委. 布依学研究：第六卷 [C]. 贵阳：贵州民族出版社，1989.

[7] 胡锦涛. 高举中国特色社会主义伟大旗帜，为夺取全面建设小康社会新胜利而奋斗 [A] //十七大以来重要文献汇编（上）[C]. 北京：中央文献出版社，2009.

（原载于《黔南民族师范学院学报》2013年第4期）

论苗族家谱《龙氏迪光录》的社会功能

王 波 胡展耀

中国是一个历史悠久的、多民族互融共生的国家，各民族在各自独特的生产生活实践历程中，创造并积淀传承下来了独具本民族特色的民族文化，并成为中华民族文化不可分割的重要组成部分。异彩纷呈的民族文献，无疑是记录各民族文化及其形成和演变过程的重要载体。不仅如此，民族文献本身也是文化的重要组成部分。而在各类民族文献中，家谱是记载家族历史最重要的方式，它记述着一个家族乃至一个民族的发展历史，是中国特有的文化现象。[1]中国少数民族家谱历史悠久、种类繁多，虽受到汉族家谱的影响，但却始终保持着自己的民族特色。异彩纷呈的少数民族家谱，不仅极大地丰富了我国家谱的内容，更为我们研究少数民族的历史和文化提供了十分难得的参考资料。近年来发现于贵州省黔东南苗族侗族自治州锦屏县亮司苗寨龙氏家族的家谱《龙氏迪光录》，堪称少数民族家谱中的奇葩。该谱采用家谱与地方志合而为一的方式进行纂修，其中除了一般家谱中常见的家族谱系之外，更有大量诸如朝廷文书（第一卷《君恩第一》）、地方风物（第二卷《地灵第三》、《人杰第四》）以及文学作品（第四卷《遗文第六》）等弥足珍贵的文献资料。可以说，《龙氏迪光录》名为一部少数民族家谱，但其意义实则远远超出普通家谱之外。本文试从民族文献学的视角，深刻分析和阐释《龙氏迪光录》在教化、审美以及认同这三个方面的独特功能，以期促进这部珍贵民族文献遗产得到充分的认识和挖掘利用，使其更好地造福于原创社区。

一、教化功能

对我国家谱稍加梳理便不难发现，《龙氏迪光录》仅从谱名上就显示出与一般家谱的极大不同。我国家谱文化历史悠久，有关家谱文献的名称也纷繁复杂。有学者曾做过统计，自产生以来，我国家谱的名称大概不低于80种，常见的如：谱、谱牒、族谱、族志、祖谱、宗谱、宗簿、宗系谱、家乘、家牒、世谱、世家谱、家传簿、宗世谱、玉牒、系谱、图谱、源流考、房谱、祠谱、谱录等等。[2]而《龙氏迪光录》与其他家谱相比，在谱名上的最大特点就在于"迪光"二字。"迪光"指的是龙氏先祖的宏伟业绩之光，以此启迪后世，激励后人，使龙氏家族"本培而末盛"、"源睿而流长"。[3]不言而喻，龙氏家族之所以纂修《龙氏迪光录》,最重要的宗旨之一就是要大力弘扬家族先辈的丰功伟绩,从而启迪和教育后人。

《龙氏迪光录》的教化功能,首先体现在对龙氏家族后人的道德伦理教化方面。在《龙氏迪光录》第一卷《祖德第二》中,收录了"三世祖训"、"庆爵公九戒"、"杜纂篇"、"卑镌训言"和"约齐家训"等五篇先辈训言戒律,其中所蕴含的内容十分深刻和丰富,涉及名利、是非、孝悌、诚信、勤懒等现实生活的方方面面。譬如,庆爵公的"九戒":一戒纵闺门,二戒索饮食,三戒忘恩德,四戒恃富豪,五戒行刁唆,六戒欺孤弱,七戒好游戏,八戒侵田园,九戒重货财。再如,华国公碑镌训言:一明伦理,二崇厚道,三正体统,四尚直道,五戒用势,六戒生事。这些内涵丰富的训言和戒律,归根结底,就是龙氏家族先辈们在生产生活实践中长期积累形成的对人与人、人与社会、人与自然和谐相处的生存性智慧的高度总结和概括,通过言传和身教,对后人伦理道德的培育具有重要的影响。党的十八大提出,倡导富强、民主、文明、和谐,倡导自由、平等、公正、法治,倡导爱国、敬业、诚信、友善,积极培育和践行社会主义核心价值观。社会主义核心价值观,毫无疑问是与《龙氏迪光录》中所弘扬的伦理道德观念是高度契合的,在本质上都是中国传统道德的精髓。因此,我们在培育和践行社会主义核心价值观的过程中,需要进一步总结并吸纳少数民族的传统智慧。

除了伦理道德的教化之外,《龙氏迪光录》还承担着对后世进行家族和地方传统知识的教化功能。如前文所述,《龙氏迪光录》除了记载龙氏家族的世系之外,更重要的是收录了数量庞大、内涵丰富的文献资料,这些文献资料无不蕴含着龙氏家族先辈对人、社会、自然的认知和理解,对后人具有重要的教化作用。其中最典型的当属第二卷的《地灵第三》,该部分记录了大量亮司及其周边区域的名物,深刻反映了龙氏先祖对自然和地理风水的认知特征。对于名物的记载,在我国文献史上可谓由来已久。"名物"一词首见于《周礼·天官·庖人》:"掌共六畜、六兽、六禽,辨其名物。"所谓名物,是关于具体的特定物体的名称,根据物体的特征、颜色等进行划分。刘兴均在《〈周礼〉名物词研究》一书中对名物进行了较为详尽的解释:"名物是古代人们对具体特定之物加以辨识、分类的结果,是关于具体特定之物的名称,它体现了先民对现实世界的感知领悟以及对万物类别属性的把握。"[4]譬如,在《地灵第三·邱墓》中,记载有一个叫作"虎掌形"的地名,编纂者注释认为,该坟山是在龙李司下属的文斗寨后面,形如伏虎,所以叫作"虎掌形",这是龙氏家族按照形状对坟山进行命名的分类认知习惯。编纂者还进一步注释指出,这是明朝时期先祖妣安人朱氏,因为丈夫的死亡而到文斗寨痛哭,死后就被安葬在"虎掌形"。除了这些之外,在第四卷《遗文第六》中还记载了大量有关名胜古迹和动植物的名物词,对龙氏家族后人都具有重要的教化作用。

二、审美功能

在厚达1650页的《龙氏迪光录》中,着墨最多、内容最丰富的莫过于第四卷——《遗文第六》。此部分独立成卷,收录了序、记、碑记、碑文、上梁文、寿文、帐文、祭文、启、禀呈、引、书后、论、考、书、墓志铭、纪、传、跋、寓言、诗、赋、地课、冢图等二十余种体裁的文学作品,共计135篇。当地的文人用诗性思维,诗化地书写当地的风土人情。

孔子早在2500多年前就精确提出文学作品"可以兴，可以观，可以群，可以怨"的社会作用，其中排在第一位的就是"兴"。也就是说，包括诗歌在内的文学作品，可以激起人们的情感，引发人们的想象，使人们在无限遐想中获得审美享受。在《龙氏迪光录》第四卷《遗文第六》的一开篇，编纂者就开宗明义地指出："家乘纪实何取乎文？然文亦所以文，其实也。流连光景之篇，君子所不录，若乃前人著作，卓然可传。网罗散失固子孙事也。至如后人诗古文辞苟能表扬？祖烈及先代所建祠庙，有记序吟咏。可以感人心，厚风俗者往往一唱三叹绰有余音。是何？可不录也。夫事无所激，则其情不动，而其入不深。凡在本支捡阅家乘载考，艺文知必有缠绵。感发油然而不能自己者，试思观陈琳草檄而头，风忽愈观公孙舞剑而草书顿进。况其为历代之嘉言懿行乎，以遗文殿盖有深意存焉。"在编纂者看来，该部分收录的文献，都是对包括"祠庙"在内的当地风物的真实描绘，但又不仅仅是一般的描绘，而是文学作品，是当地文人"流连光景"、"一唱三叹"的吟咏。

在这一部分谱文中，《文昌阁序》、《吉寨庵序》、《万园阁序》等文，文辞华丽，虚实结合，生动描绘了亮司周边的名胜古迹及其历史背景；《亮川风土论》等文，观点鲜明，论而有据，全面阐述了以亮司为中心的亮江中游平地的风土人情；《龙姓分合源流杂考》、《土司建置考》、《十二司沿革分属考》等文，文风严谨，措辞周密，详细考证了龙氏家族以及亮寨蛮夷长官司的渊源及发展演变历史；《蕨粉赋》、《黄瓜菜赋》等文，笔触细腻，内容详尽，系统介绍了亮司当地盛产的蕨菜、黄瓜菜等野生植物的外观、品性及食用价值。这些体裁多样、内容丰富的文学作品，通过诗化的语言，营造了一种朦胧的意境和含蓄的气氛，从而使得后人在无尽的审美体验中增强了对家乡风物的情感。

三、认同功能

人类赖以生存的这个纷繁复杂的社会，之所以能够有秩序地运转，重要原因就是人类对自身以及社会世界的分类认知。就人自身而言，可以有多种不同的分类方式：按照性别，可以将人分为男人和女人；按照肤色，可以将人分为黄种人、白种人、黑种人等；按照年龄，可以分为老年、中年、青年、少年和童年等；此外还可以按照党派、职业、性格、亲属关系、宗教信仰等不同的标准划分为不同的类别。社会也是如此，人们总是按照不同的标准——如族群、政治制度等——对其进行分类。在分类的同时，人类却又无时无刻不在寻求自己的类别归属。正如美国当代著名政治学家塞缪尔·亨廷顿（Samuel P. Huntington）在其经典著作《文明的冲突与世界秩序的重建》一书中所指出的，人民和民族所面临的最基本的问题就是"我是谁"。他还进一步认为，回答这一问题最有意义的事物就是祖先、宗教、语言、历史、价值观、习俗和体制等，也就是文化认同。[5]简言之，就是人们对赖以生活的某一特定民族或地域内最具本民族或本地域特色的事物的一种肯定性认知。"当社会组织从家庭扩大到氏族和部落，成员的联系纽带从血亲扩大到姻亲观念认同时，氏族成员的认同便已经初步具备文化的内涵。"[6]作为家族记忆的家谱，无疑是增强家族后代对家族认同的重要媒介。

有学者认为，家谱最初是"是适应于人类社会防止近亲通婚、私有财产继承和祭祀的发展需要而逐步产生和发展的",它的原生功能就是"明血统,辨昭穆"。[7]作为家族记忆的《龙氏迪光录》,记载了自明代洪武四年（1371）始祖龙政忠因征白岩塘、铜关等地有功而受封亮寨蛮夷长官司正长官至今六百余年完整的家族谱系。更为值得关注的是,迄今为止,亮司龙氏家族仍然保持着定期修订家谱的传统,并且每次修订都由专人撰写序言,说明修订的目的和过程。在不断续修的《龙氏迪光录》中,龙氏家族每一位成员由字辈而确定其在整个家族谱系中的位置,关系一目了然。如果说谱系的记载可以维系后人对家族客观的或者可以说是机械性的认同的话,那么在《龙氏迪光录》前四卷中收录的大量文献资料,无疑会极大地增强龙氏家族后人对家族的主观心理认同。尤其是在第一卷《君恩第一》中,收录了4篇记载中央王朝加封亮司龙氏家族的敕令,在封邦建国的时代,这对一个家族可谓是至高无上的荣耀,从而激发后人对家族的自豪感和心理上的认同感。除此之外,第二、三、四卷中,大量有关龙氏家族的杰出人物、名胜古迹的描述,同样会从心理上增强后人对家族的认同感和向心力。

正如前文所述,就内涵而言,《龙氏迪光录》已远远超出一部家谱的价值,而应当被视为珍贵的地方史志。除了上述特殊的社会功能外,它还具有宝贵的史料价值。首先,就龙氏家族的家族史而言,《龙氏迪光录》毫无疑问是最全面、最详细地记述了龙氏家族的起源、迁徙、发展演变以及家族荣耀的文献,是了解和研究龙氏家族史最可靠的史料之一。其次,就亮江乃至清水江流域的社会史而言,《龙氏迪光录》比较详尽地记载了自明代洪武四年以来该区域的自然、物产、政治、社会、文化等方面的内容,对了解和研究清水江流域的社会史具有不可替代的参考作用。最后,就苗族的民族史而言,亮司苗族是整个苗族大家庭中的一分子,《龙氏迪光录》中所记载了龙氏家族从江西几经征战逐步迁徙至亮司的过程,对亮司苗族迁徙历史的记载,对我们研究整个苗族的迁徙史同样具有重要的史料参考价值。

参考文献

[1] 王华北. 中国少数民族家谱研究 [M]. 北京：新华出版社,2013.
[2] 徐建华. 家谱的地方性特色及价值 [J]. 福建论坛（人文社会科学版）,2005（9）.
[3] 单洪根. 黔东第一苗寨——亮寨 [M]. 贵阳：贵州人民出版社,2003.
[4] 刘兴均.《周礼》名物词研究 [M]. 成都：巴蜀社,2001.
[5] [美] 塞缪尔·亨廷顿. 文明的冲突与世界秩序的重建 [M]. 周琪,等,译. 北京：新华出版社,2010.
[6] 钱雪梅. 论文化认同的形成和民族意识的特性 [J]. 世界民族,2002（3）.
[7] 方荣. 家谱的起源、价值、作用和内容 [J]. 档案,2014（7）.

（原载于《黔南民族师范学院学报》2015年第5期）

贵州蚩尤文化资源的特色分析

龙叶先

2012年，贵州省发展改革委员会向时任省长赵克志同志提交了《打造"蚩尤文化"品牌的请示》，赵省长在《请示》上批示指出，要尽快推进"蚩尤文化品牌"打造的相关工作。自此，"蚩尤文化品牌"打造成为贵州省政府工作的重要议题。在文化成为竞争资源的现时代，蚩尤文化已成为相关各方争夺的对象。山东、河北、湖南等其他省市、地区多年前就已着手对"蚩尤文化"资源进行了挖掘整理和开发利用。我国周边一些国家也意欲对蚩尤文化进行争夺。可以说，在激烈的蚩尤文化争夺战中，贵州目前提出的"蚩尤文化品牌"打造，在一定程度上已失去了先机。那么，贵州在这样的形势下如何才能打造出"蚩尤文化品牌"？笔者认为，贵州"蚩尤文化品牌"的打造，务必剑走偏锋，着力突出贵州自身的地域特色。而要打造成具有贵州区域特色的"蚩尤文化品牌"，前提就是要了解贵州蚩尤文化资源的特色。本文尝试对贵州蚩尤文化资源的特色进行分析，以期为贵州蚩尤文化品牌的打造提供理论基础和智力支持。

一、蚩尤文化的起源：丘陵稻作文化

目前，对于蚩尤是人名或是氏族名、酋长名的争论仍然较为激烈[1](P274-276)，但蚩尤文化当属蚩尤部落及其后裔在历史长河中所创制的文化事象应无疑义。在一般意义上，任何人类所创造的文化事象都是人类对其环境适应的成果。世界各处的地理环境与生活条件差异显著，因而生活于其中的不同族群的适应策略和适应成果也具有了明显的不同性。可以说，人类文化事象所呈现出的丰富性和多样性，很大程度上是地理环境与生活条件的差异性使然。

考古证据表明，中华文明应起源于中国中原的丘陵地带。其中，蚩尤文化或蚩尤文明应起源于江南丘陵带。[2](P163) 如果这个观点可以接受的话，那么可以认为，是江南丘陵带的地理地貌、气候状况、生植物条件孕育了蚩尤文化。亚热带季风气候位于地球北纬25°～35°之间，中原江南丘陵带正处于这个地带上。典型的亚热带季风气候具有如下特征：夏季高温多雨，冬季温和少雨，年平均气温介于13℃～20℃之间，平均年降水量一般在800 mm～1600 mm范围内，水、热、物产资源都相当丰富，十分适宜人类的生存和居住。

中国江南平原带也属于亚热带季风气候，为什么蚩尤文化不起源于此？一方面可能是因为平原带没有可供古人类栖居之处。在古代，人类属于自然界中的弱小群体，为躲避其他凶猛动物的猎食，必须寻找基本能够躲避甚至对抗凶禽猛兽的栖居之所。在远古时代人类尚未有建造房屋的能力时，洞居、穴居、树居就成了他们躲避、对抗凶禽猛兽的重要栖所。但在平原中，天然的洞穴几乎没有，同时适宜在其上栖居的树也不多。因此，如果古人类在平原中生存，则根本无法应对食肉动物的捕食。另一方面，在自然而然的条件下，平原地区的物产通常相对单一，从而无法给人类提供丰富多样的食物来源，而这些丰富多样的食物则是人类营养所必需的。人类的营养需要，既有动物蛋白需要，也有植物蛋白、植物纤维的需要。动物蛋白主要通过猎取动物而获得，植物蛋白则主要依赖野生植物及野生植物果实的采集来满足。但在平原中，动物通常都是大型动物或凶猛动物，温顺的小型动物较少，古人类因技术问题要猎获这些大型或凶猛动物的难度相当大。可见，平原地区通常不能满足人类对动物蛋白的需要。在植物方面，平原地区生长的通常是草本植物，树木较少，这使得野生果实也较少。因此，在植物蛋白方面，平原地区也不能满足人类的需要与需求。此外，平原地区因地势平坦，又处于河流的下游地区，因而很容易发生洪涝灾害，在远古低技术阶段，人类显然无法规避和对抗洪涝灾害。

　　人类不起源于平原，那么山地呢？山地地带同样也不可能成为人类首选的栖居之地。虽然山地地区通常树茂林密、动植物都很丰富，在居所安全性、营养丰富性方面都可以满足人类的需要，但山地地带的山高沟深、落差巨大、林木过茂、毒虫横行、瘴气弥漫等恶劣条件，显然不适宜人类的生存和栖居。再者，人类是由猿猴演变而来的。如果人类仍然居住在山地林木茂盛之处，那么，现在人类则可能仍然仅是猴群中的某一种群，而不可能变成人类。恩格斯在《劳动在猿变成人中的作用》中指出，人手的解放是猿猴变成人的前提。而人手的解放首先必须是双脚能够站立，而双脚站立的前提，则要求树林稀疏，因为只有树林稀疏才产生站立的必要。此外，林木茂密，为争取光照以进行光合作用，各种树木都努力向上延展，从而使这些树木的果实距离地面很高，也不利于人类采集（但这对猿猴不构成制约性）。加上海拔较高，即使气候类型属于亚热带、温带，山上与谷底、白天与黑夜的温差也很大，在人类还没有发明御寒物质材料的条件下，人类不可能将这些地区选择为栖居地。可见，山地也不可能成为人类文化的初孕之地。

　　而在丘陵地带，由于丘陵是陆地上起伏和缓、连绵不断的高地，海拔一般在200米以上、500米以下，在地貌演变过程中，又是高原、山地向平原过渡的中间阶段，因此，丘陵气候适当、光照充足、土地肥沃、资源丰富，很适宜人类的生存栖居。比如，丘陵带的林木密度通常较为适宜、高矮也比较适当，植物类型丰富，野生果实众多，山坡平缓，大、小型动物种类繁多，不仅能够为人类提供生存所必需的营养，而且还很适宜人类进行狩猎与采集活动。可见，人类起源于丘陵带是有道理的。

　　目前，蚩尤文化的遗存甚为丰富。除史料记载外，大多则遗存于民间村野之中。但遗存在各地区的蚩尤文化中，唯独江南丘陵带湖南安化一带保存有蚩尤屋和蚩尤村。民间习俗通常表现了历史的记忆，因此，蚩尤文化起源于湖南丘陵应无多少疑问。

　　文化是人类对环境适应的结果。湖南丘陵带物产相当丰富，蚩尤部落在与湖南丘陵带环境互动中又形成了什么样的文化呢？

　　湖南素有"鱼米之乡"之美誉。一方面说明水稻在湖南的普遍性，另一方面也表明湖南水稻的高产性。湖南丘陵带的气候、土壤、降水、光照都有利于水稻的生长。据此推测，湖南最有可能是远古时候野生稻产最为丰富的地区之一。人类取食植物很可能是向动物学习的。而水稻的果实——稻谷，则是鸟群、食草动物喜爱的食物。因此，起源于水稻丰富区的蚩尤部落，也最有可能是最先以水稻为其主要食物的人群。尽管水稻目前已遍及地球所有适宜栽种的地区，但考古发现，湖南应是目前发现水稻遗迹年份最古老的地方。虽然浙江余姚河姆渡文化遗址出土了7000余年的稻种标本，但相对于1986年湖南北部澧县大坪乡平彭头山出土的9000多年的稻种，还是落后了2000多年。此外，湖南考古还发现了更古老的人工稻。1995年，中美合作的"中国水稻起源考古学研究"课题组，就在湖南永州道县玉蟾岩遗址里发现了四粒金黄色的稻谷。经鉴定，这四粒稻谷虽然是人工栽培稻谷，但是仍然保留有野生稻、籼稻及粳稻的综合特征。[3](P62-72、P105)据碳测定，该四粒稻谷的年代约为距今12000年至14000年间，比平彭头稻种又提前了几千年。据了解，这可能是世界上最早的人工稻谷。这些地方正是蚩尤部落的起源之处，表明蚩尤部落可能是世界上最早发现稻作农业的部落。

一种文明首先根植于实物之上。江南丘陵带水稻的普遍丰富性和易得易采性，成为蚩尤部落进行生产实践活动的初始条件。当水稻成为蚩尤部落的主要食物之后，随着人口的增加，驯化、人工栽培水稻等围绕水稻的生产实践活动就成了他们的主要实践活动。随着这种实践活动主导性的进一步加强，其他实践活动都以水稻栽种为中心而展开，因而，稻作文化逐渐成形并不断地得到丰富发展。因此，在一定程度上可以说，蚩尤文化是起源于丘陵的稻作文化。目前，蚩尤部落主体后裔（苗族）社会中，一年四季仍然存在多种与水稻栽种有关的祭祀活动，如祭田、祭种、祭稻、祭谷、祭仓等。

二、蚩尤文化的历史发展：由丘陵经平原返山地高原的迁徙

蚩尤稻作文化不像其他文化那样，起源于一地之后，然后就一直在该地继续丰富发展，而是经历了从丘陵向平原迁徙，然后又向山地、高原迁徙的过程。稻作文明是极其活跃的文明。英国认知考古学家斯卡在其著作《人类往昔》中特地叙述了水稻在中国湖南诞生后如何逐步向四面八方传播的情节，并排出了行程的时间表。[2](P289)暂且不论斯卡的叙述是否正确，但他无疑传递了一个信息：活跃的水稻文明必然向四方传播。

在古代，蚩尤稻作文化传播的稻作之路与其他文明的传播之路可能不太一致。其他文明的传播通常是通过接触借用，但蚩尤稻作文化却是由蚩尤后代顺着江河而下，通过开辟新地而得以传播的。这一方面可能是因为水稻本身离不开水；另一方面是水稻本身的娇柔性及水稻栽种技术的复杂烦琐性，使水稻文明的传播需要掌握这种技术的人的流动来实现。因此，蚩尤稻作文化的传播，实质上就是蚩尤部落民众不断迁徙的结果。这与其他文明依赖接触借用而传播的路径具有鲜明的区别。

为什么蚩尤稻作文化要顺江河而往低处平原迁徙？钱定平先生认为，一方面是由于稻作文化产生之后，其自身的自组织机制驱动的结果，另一方面是受蚩尤族喜欢冒险、酷爱迁徙的本性使然。[2](P291)钱先生认为，古人喜欢迁徙，蚩尤部落也像古人那样热衷迁徙、冒险。虽然钱先生的观点颇有启发意义，但这种观点有将蚩尤稻作文化的迁徙做神秘性解释之嫌。很多研究表明，人类的迁徙很大程度上主要是基于生存的压力。处于狩猎和采集

时期的古人，其食物来源基本是野生动物和野生果实。在同一个地区进行野生动物的猎取和野生果实的采集，野生动物和野生果实势必会随着时间的推移而越来越少。因而，不断迁徙成为依赖狩猎采集为生的古人的生存之道，而不是所谓的天生爱冒险使然。蚩尤族创造了稻作文化，表明水稻已被他们所驯养，这意味着人工栽种的水稻已成为他们主要的食物来源。此时，蚩尤部落应该定居而不是迁徙将更有利于生存，因为迁徙到陌生之地遭遇到的困难总比熟悉之地要多得多和复杂得多。可见，钱先生的观点是一种缺乏依据的推断。

如果蚩尤稻作文化的传播不是由于什么神秘的自组织机制和族群冒险本性使然，那么又是什么原因导致其传播呢？笔者认为，蚩尤稻作文化之所以顺流而下向平原地区迁徙，人口增长应该是其中的最为主要的原因。因为随着水稻被蚩尤族所驯服，水稻的人工栽种势必为他们提供了丰富的食物，食物的丰富必然将导致人口的增加，随着人口的进一步增加，食物的需要量也将不断增加。由于古代稻作技术落后、低下，水稻产量可能无法跟上增长人口的食物需要量，从而在人口增长的压力下，向外迁徙就成了蚩尤族不得不为之的选择。蚩尤部族之所以向平原迁徙，而不向山地迁徙，首先可能是由于平原地区本身就具有野生稻生长的条件；其次，河流流向平原，顺水而下要比逆流而上容易得多；再次，蚩尤部族已经发明了定居技能，能够在平原地区建造防止凶禽猛兽的居所；最后，山地条件更不利于人的生存。

在蚩尤部族向平原迁徙之时，平原地带应该尚未有人居住。因为，如果没有发明防止凶禽猛兽的定居技术，那就不可能在平原生存。而要发明这样的定居技术，进入人工农业阶段应该是其必要的前提和条件。因为只有进入了人工农业阶段，人类才有充足的时间和精力发明并不断积累、改进和完善定居技术。由于蚩尤部族是最早发明金属器的部落，加上平原地区尚未有人居住，不存在部落冲突的问题，因此，蚩尤部族开发平原带应该相对较为顺利。较为顺利的平原开发，加上平原气候的适宜性、土壤更加肥沃、面积更加广大，水稻产量也就更高，水稻产量高也就可能导致更快的人口增加，人口更快增加的结果就是人口的压力也就越大。随着人口压力的不断增大，蚩尤部族不断地向平原推进，最后迁徙推进到了山东丘陵一带。

丘陵带是孕育文明之所。当江南丘陵孕育蚩尤部落时，山东丘陵则孕育了东夷集团。由于山东丘陵带盛产粟类作物，因而，东夷集团创建的文化可以称为粟作文化。可能由于稻类比粟类的适应性更强，因此，粟作文化南移、西移的情况不多见，而稻作文化则一直迁徙到了中原地区和山东丘陵一带。蚩尤族迁徙到中原和山东丘陵后，与太昊、少昊的东夷集团联合而组成了东夷部族联盟。可能由于蚩尤部族的生产水平相对较高，实力较强，从而被选为东夷部族联盟的首领。

与此同时，陕南及豫西南丘陵带也孕育了炎黄部落。起源于陕南和豫西南的炎黄部落，虽然也栽种少量的粟类作物，但其生产活动主要以游牧为主。因此，炎黄部落所创建的文明可以称为游牧文化。炎黄部落一方面可能由于与蚩尤族部落面临着同样问题的原因，即人口压力，另一方面也可能由于平原的水草丰美和利于放牧，炎黄部落也不断地顺着河流而下，向东部平原迁徙、推进。当炎黄部落迁徙到中原平原一带时，就与以蚩尤部族为首领的东夷部族发生了碰撞。为了争夺生存空间，炎黄部落与东夷部族之间发生了激烈的冲突。冲突的结果是东夷部族联盟败落，联盟及酋长首领被杀。部族联盟中的蚩尤族向南回迁，太昊、少昊族则大部融入炎黄部落（蚩尤族可能也有部分融入了炎黄族）。随着炎黄族的进一步发展壮大，人口压力也进一步增大，炎黄族又不断地向南迁徙，从而逐渐把蚩尤族挤出了平原带。蚩尤族被挤出平原带之后，不断地向西部迁徙，最后落脚于贵州、云南、湘西山地和高原一带。蚩尤族在被挤出平原带时，之所以不继续向南部迁徙，一方面可能是由于南部也属于山地、丘陵带，不便于迁徙；更有可能的则是，蚩尤族本身就是由西部丘陵向东部平原再向北部平原迁徙的，当他们被挤出平原时，原路返回应该是最为便利的方式。当炎黄部落进一步向退居丘陵带的蚩尤部落施压、驱逐时，蚩尤部落又逐渐向西部山区、高原迁徙，从而形成了目前蚩尤部落后裔（苗族为主体）的分布与居住格局。

几千年来，蚩尤部落及其后裔经历了从丘陵向东部平原再向北部平原和山东丘陵的迁徙并定居的过程。当蚩尤族成为东夷部族首领时，蚩尤族达到了鼎盛时期。在与炎黄部族冲突中败落之后，蚩尤族由北部平原和山东丘陵逐渐向南再向西迁徙。文化与文明作为人与环境互动的结果与产物，虽然离不开人，但其存在通常超越了具体的、现实的个人。在此意义上，蚩尤部族迁徙所经之处，尽管已没有了蚩尤部族后裔民的存在，但其在迁徙途中所遗留下来的与环境互动的族性痕迹，仍然属于蚩尤文化在该地的留存证明。据此理解，蚩尤文化就不仅仅是蚩尤部族后裔所继承与创造的文化，而且应包括蚩尤族在历史上所留存下来的文化事象。由此可知，西部山地、江南丘陵、中原平原、山东丘陵带等广阔地区都有蚩尤文化的分布。这些文化，既包括蚩尤族在远古迁徙过程中、在途经地所遗留的文化，也包括蚩尤族后裔所承继并创新的文化。历史迁徙途经地所遗留的文化有如湖南的蚩尤屋、蚩尤场、蚩尤坪，中部内陆的河姆渡文化、良渚文化，中原平原山东丘陵带的蚩尤冢、蚩尤陵、蚩尤城、蚩尤泉、蚩尤池等。由于苗族是蚩尤族的主体后裔，因此，蚩尤族后裔所承继并创新的文化就是现今苗族传统社会中的所有文化事象。

三、贵州蚩尤文化资源的特色：活态存在的综合性地缘特色

如果苗族是蚩尤部族后裔的话，那么就可以从苗族目前的分布来推测蚩尤部族在战败之后不断向西部山地迁徙的最后落脚点。经过上千年迁徙，苗族目前已分散在世界各地。但尤以现今的武陵山脉南部和苗岭山脉一带最为集中。这一带正属于贵州的界域之内，因而可以说，贵州就是蚩尤族后裔的大本营。人是文化的重要载体之一，有人存在就会有文化的存在。以此意义来说，蚩尤文化在贵州的存在就是苗族文化。蚩尤文化就其在贵州的存在与其在异地他区的存在而言，其独特性在两个方面凸显出来：其一是以活态方式存在，并且还不断地得到发展和创新；其二是综合了丘陵、平原、山地、高原的地缘特色。[4]

文化是人的生活方式及生活痕迹。如前所述，蚩尤部族的足迹遍布了大江南北，因而广泛分布是蚩尤文化必然具有的特征。虽然蚩尤文化分布广泛，但蚩尤后裔的迁徙性而非扩展性，从而除苗族群体仍然是其活性载体而对其进行传承之外，其他地区的蚩尤文化存在，因蚩尤族后裔的迁徙离去，而实质上仅是蚩尤族曾经的生活痕迹而已。这些曾经的生活痕迹只能通过考古才能获知，而通过考古获知的文化，实质上就是一种已经没有了生命的文化。所以，分布在湖南的蚩尤屋、蚩尤场、蚩尤坪等的蚩尤文化，当地人除了要依赖其带来旅游收入之外，不会再有人感觉到这些场所的神圣性。实际上，这些所谓的蚩尤文

化仅仅是一种物质性存在而已,而物质性的存在之所以具有文化意义,主要的是这些物质性背后的情感因素。当物质性存在背后的情感因素消失了,那么这些物质性存在也就失去了文化的意义。同样的道理,长江中下游的良渚文化、河姆渡文化(应该也属于蚩尤文化)以及中原平原区、山东丘陵带等地区的蚩尤文化事象,如蚩尤泉、蚩尤城、蚩尤陵、蚩尤冢等,实际上也只是一些失去活性的文化事象而已,因为当地人对这些文化事象已经没有多少感情了。

  蚩尤文化在贵州的境遇如何?苗族自认为是蚩尤族后裔的主体,而苗族又以贵州为居住中心和大本营。在这个意义上,蚩尤文化在贵州因存在苗族这个活的载体而使其表现出与其他地区不一样的存在状态。问题是苗族是不是蚩尤族的后裔?我们知道,蚩尤部落联盟在与炎黄部族冲突中战败,部落联盟首领蚩尤被砍掉了脑袋,做了断头鬼。我们也知道,蚩尤在汉文献和正史中一直以邪恶或怪物形象而存在。但是,在苗族民间资料中,蚩尤却一直保持着心直口快、刚正不阿、和善待人的正人君子形象,而炎帝、黄帝则成为精于诡计、善于阴谋、言而无信的龌龊小人。在胜王败寇的思维认识中,属于"寇"的人是邪恶的、丑陋的,应该是要被清除的。"非我族类,其心必异","异心者"则应当消灭。尽管断头鬼蚩尤被当作"寇"而被丑化,然而,苗族却不仅将他当作先祖来褒扬、尊崇、祭拜,而且还情愿即使被追剿、灭杀,放弃故地流落到蚊虫肆虐、瘴气弥漫、不宜人居的高巅、深谷,也不改初衷。如果仅从生存策略上来说,只要蚩尤部族的后裔放弃把蚩尤当作先祖祭拜而转向炎黄先祖认同,那么,他们就将成为炎黄族的"同族类",而不是"非族类",那么他们也就不属于"异心者"了。只要不属于"异心者",也就不太可能成为被不断追剿和戮杀的对象。从这个角度上看,现在的苗族毫无疑问与蚩尤族存在着很深的渊源关系。

  从辩证法角度看,也正是苗族的固执与坚持,才使蚩尤文化传统在无意中不仅得到了较好的保存保护,而且还得到了不断的发展创新。[5](P22-26)作为亚洲最早发明稻作文明的族群(这个观点尚待商榷),与土地打交道的生产实践,使蚩尤族成为一个不是很有攻击性的民族。蚩尤族后裔——苗族逃到苗岭山脉、武陵山区时,这些地区中的易耕宜种之处已多为其他族群所占据,苗族不是与他们发生战争而是落草于山巅和深谷之中。高山之巅、深谷之沟的生存条件和环境,用苗族著名学者石启贵先生的话来说就是"山高马踏云,地瘠人耕石"。然而,也正是这种"踏云"、"耕石"的生存环境和生活条件,使苗族与其他族群的联系得以割裂。这样,苗族的生活就较少受其他族群的影响,从而使蚩尤文化的本源性和本真性得到了较好的保存和传承。此外,历史不是一成不变的文物遗存,而是人的实践活动的不断展开的过程,而人的实践活动的不断展开的过程,不但受原有实践活动所积累的经验的影响,同时也受到活动之时所处的环境以及所拥有的条件的制约。从这个角度来说,蚩尤文化正是凭借着苗族这个活的载体而不断地在迁徙中保存了自身的本源性、本真性,同时也在不断地迁徙中得以丰富、创新和发展。由此来看,正是具有了苗族这个活的载体,贵州的蚩尤文化才成为一种动态活性的传统文化。换而言之,就是一种以活态方式存在的传统文化,其活态性通过苗族族体成员而得以展示。

  文化是一种积累、积淀。蚩尤文化经历了从丘陵、平原,最后迁徙到贵州山地、高原的历程,从而综合了丘陵、平原与山地和高原的地域性特色,成为蚩尤文化在贵州不同于其在其他地区的另一个表现。这种特色主要从衣、食、住、行及信仰精神方面体现出来。

衣饰既反映了人们对环境的适应，也反映了人们的经历传统。贵州界域内的东、中、西部地区都有苗族分布。由于居住环境和条件存在着差异，因而分居各地区的苗族的衣饰也有所不同。但是，无论是哪个地区的苗族衣饰，它们的装饰图形与图案，几乎都记录了蚩尤族在历史过程中迁徙的经历。其中，牵牛过江图案、河流图案、马蹄图案等最为核心。苗族衣饰被称为"穿在身上的史诗"正是缘于这个原因。苗族衣饰的类型、装饰在一定程度上也反映了这个族群在不同地域生存经历的累积和沉淀。最为典型的是，无论分居在东部，还是分居在中部、西部，苗族都存在着超短裙衣着的记忆，尽管现在不少地区已不再制作和穿着。我们知道，苗族现在不是高山就是深沟的生存条件和环境，不仅气温低，而且荆棘密布。仅就实用功能来看，短裙衣着一点作用也没有。由此看来，短裙衣饰只能是苗族群体对曾经在温暖平原生活过的经历的一种记忆而已。再如，苗族衣饰中的绑腿习俗。苗族不论分居何处，也无论男女，在衣饰上都有绑腿的习惯。苗族绑腿不是将裤子与脚包在一起，而是直接绑在腿上。苗族的绑腿是在寒冬季节才绑的，御寒取向十分明显，因而苗族的绑腿习俗，显然是苗族迁徙到山地、高原之后，为适应新的生存环境和生活条件而发明的。苗族的绑腿习俗同时也与苗族在丘陵和平原生存时形成的衣饰——宽松异常的裤子或裙子相匹配。

苗族饮食习俗上也表现了综合性地缘经历的沉淀。"喜酸"、"爱鱼"、"好糯"，是苗族丰富厚重文化中为众人所称道的饮食习俗。所谓的喜酸，就是指苗族群体无论分居何处（主要是指国内）都喜欢酸味饮食（国外苗族已没有这个习俗）。苗族的酸味饮食种类很多，包括酸菜、酸鱼、酸肉等。酸味饮食在苗族社会中十分普遍，在某种程度上可以说，凡是可以作为菜类的东西，苗族通常都能做出酸味来。有观点认为，苗族之所以喜酸，是因为苗族迁徙到山地高原之后缺盐之故（这个观点尚待深入分析和考证）。钱定平先生认为，蚩尤族原有居处并不缺盐，他甚至认为蚩尤族之所以兴盛很大程度上正是得益于其占有产盐地之故。根据钱先生的推断，苗族的酸味饮食文化习俗当是苗族迁徙至山地高原之后的产物。

苗族爱鱼在少数民族中也是比较出名的。苗族的爱鱼习俗，不仅表现为爱养鱼、爱吃鱼、爱吃酸汤鱼，更表现为在祭祀中必须要有鱼（此现象现在已逐渐改变）。在不少民族看来，在年夜饭中的鱼意味着"年年有余（鱼）"，但在苗族看来，"鱼"是告慰逝去的先人的：你的子孙仍然同鱼一样自由地繁殖、生活。鱼的象征意义在苗族社会中具有十分独特的性质，它象征的是生命而不是财富。比如，苗族父母通过在井里或河流深渊处放几条鱼，以将身体较弱的小孩寄托给井神、河神看护。苗族的爱鱼习俗在某种意义上是丘陵、平原文化经历的延续。

苗族的祭祀活动也几乎不能缺少糯米糍粑。只要对苗族文化有较深了解的人都知道，苗族招待客人的最高级别不是酒、肉，也不是歌舞，而是专门为来客制作糯米糍粑。糯米在苗族社会中是一种普遍性粮食，从稀缺性来说不如酒、肉，但制作糯米糍粑却是一种繁杂、繁重的工作，因而糯米糍粑是不轻易制作的。糯稻这种植物环境适应性很强，不管是丘陵、平原，还是山地、高原，它都能够生长。像爱鱼习俗一样，苗族的好糯习俗也当属于丘陵、平原文化的遗存。蚩尤族是最早发明稻作文化的民族之一。稻、鱼、糯这三种事物具有很强的关联性：稻的生存需要水，鱼就生活在水中，稻生长的地方通常也生长着鱼，而糯是稻类作物中的一种。语言是人类对世界认识的载体，在苗族语言中，稻、鱼、糯这三种事物同音别调。从人对认识事物的发生学来看，人类应该是先认识稻，然后才认识生活在稻下的鱼，最后才逐渐对不同种类的稻进行区别。蚩尤族认识稻应该是生活在丘陵之时。因此，和爱鱼习俗一样，苗族的好糯习俗也应属于丘陵、平原文化的遗存。由于平原地区温暖湿润，糍粑不易保存，因此，便于携带、保存时间较长、随时可以食用的糯米糍粑，应该是苗族适应迁徙和山地、高原环境的结果。

  苗族住居建造也十分显著地体现了综合性地缘特色。吊脚楼是我国西南地区最为显著的建筑风格。从起源论来说，这种建筑风格可能是由蚩尤族所发明和创制的。苗族作为蚩尤族的后裔主体，不仅继承了蚩尤文化传统中饮食文化喜稻好鱼的习惯，而且还将守稻护鱼的生产习惯延伸到住居房屋的建造上来。蚩尤族在驯稻之后，稻成了他们的主要粮食，但稻的生长需要平地蓄水，从而就形成了爱田、惜水的风俗习惯。这种习惯使蚩尤族即便迁徙到山地、高原之后仍然对其生产生活产生影响。比如，为了获得耕田农地，他们往往十分珍惜地势平缓之处，将平地缓坡保留下来，修建为能够蓄水的水田，以便种植水稻。这样，住所就只能建在山上，山上由于平地不足，为了拓展居住空间，以吊脚方式扩建居所面积和空间成为最佳方法。通过吊脚楼方式拓展居住空间很大程度上则是守稻护鱼技术的延伸与迁移的结果。稻谷的储存是不能直接放在地面的，必须要与地面保持一定的距离，否则会因为受潮而很容易就腐坏烂掉。此外，远古时代飞鸟兽群糟稻捕鱼十分普遍，为了守稻护鱼，远古人类也可能会在稻田边或稻田上建造看护场所。看护场所与地面保持一定的距离具有一定的防止蚊虫野兽袭扰的作用。因而，建造与地面保持一定距离的处所显然与稻作生产存在着密切的联系。目前，在苗族某些地区仍然盛行着的"水上粮仓"以及仍偶尔可见的稻田上边或稻田上的简易茅屋，其功能就是存稻、护稻、护鱼。蚩尤族将他们在丘陵和平原地区所探索出的存守稻谷、看护鱼的技术，运用到山地的住所建造上来而演变成为吊脚建造技术，具有逻辑上的一致性。目前，吊脚楼住所建造还常用到石块、石板，这些是山地、高原中常有的建筑材料，但在丘陵、平原中则较少。由此可见，吊脚楼实际上就是多种地缘适应性的结果。

  贵州蚩尤文化传统的综合地缘性在信仰、精神方面更具特色，这有待于我们进一步深入挖掘和整理。

参考文献

[1] 王万荣. 蚩尤名称考辨 [A] //贵州省苗学会. 苗族文化产业发展 [C]. 北京：中国戏剧出版社，2013.
[2] 钱定平. 蚩尤猜想 [M]. 上海：上海古籍出版社，2011.
[3] 笪浩波. 中国稻作起源的动因 [J]. 江汉考古，2009（1）.
[4] 龙叶先. 贵州蚩尤文化资源的特色 [N]. 贵州民族报，2014-06-26（4）.
[5] 龙叶先. 蚩尤文化与贵州文化身份构建 [J]. 贵阳学报（社会科学版），2013（1）.

（原载于《黔南民族师范学院学报》2015年第3期）

民族节日研究

贵州控抗苗寨鼓藏节:"非遗"概念实践的地方性文本

杨杰宏

改革开放以来,传统文化的复兴与变迁成为国家现代性建构的重要资源及动力,而发轫于20世纪90年代中期延续至今的"非遗"运动为这一现代性建构进程注入了新的动力。这场至今仍处于深化进程中的"非遗"运动对于传统文化的再认识及现代性启蒙产生了积极的作用,然而,"非遗"作为基于西方文化背景及学术概念体系的产物,在中国这样一个历史悠久、传统沉淀深厚、民族文化多样性突出的多元一体国家中的运动式实践,会不会带来水土不服、"淮桔成枳"的文化排斥反应,甚至文化冲突?毋庸讳言,当下"非遗"运动中出现的文化遗产政绩化、展演化、商品化、同质化,以及文化遗产的地属、族属之争成为当下学术界所诟病的问题,如何对这些"非遗后遗症"提出有效的疗方也成为当下学界关注的焦点。

"鼓藏节"在苗族当地称为"弄略"或"哝略",皆源于苗语"nongx niel",是苗族的传承久远的祭祖民俗。鼓藏节每十三年举行一次,以家庭、宗族祭祖仪式与村寨内的吹芦笙、拉牛旋塘、跳芦笙舞等集体活动相结合,其中以杀牯牛祭祖为重要内容。举行活动期间,邀请邻寨亲友参加,成为深化地方、族群认同的标志性文化传统。贵州雷山县的鼓藏节于2006年列入国家级"非遗"名录,由此成为贵州民族文化的一张名片。笔者于2013年11月8日至16日参与观察了贵州省三都县控抗苗寨的鼓藏节活动①,基于参与—观察—体验的民族志深描,对"非遗"语境下的地方民俗的现状及困境做了一些思考,希望能够对当下的"非遗"运动的辩证认识提供一个地方性视角。

一、"藏在深山里的苗寨":控抗村的村落背景

控抗村位于黔南州三都县都江镇东南隅,从贵阳到三都县城有230千米,从三都县城到控抗村有40多千米。都江镇到村口是一段近6千米的山地土路。三百余户苗家集中居住在一个缓坡上,传统建筑保存完好,加上周边一直保护良好的自然生态,使控抗村宛若

---

① 本次调查受中国社科院民族文学所委派,在调查过程中,得到姚学明、姚登明、吴晓东、吴正彪、吴秋林、祖明、文静、马秋晨、刘忠培等人的协助与支持,在此谨致谢忱!

一个世外桃源：干栏式瓦木房鳞次栉比，错落有致，寨内古巷纵横，鸡犬相闻；村背后云雾缭绕，森林茂密，枫林尽染；村边梯田逐级而下，从村头到河谷落差近千余米，气势非凡。

控抗村下辖六个村民小组，共315户，寨内以苗族为主体，其间杂居着汉族、水族，苗汉主要居住在一、二、三组中；汉族8户，通苗语，家内说汉话，仍秉承着传统的汉文化礼制，春节、元宵、清明、端午等传统节日仍在此延续；水族近30户集中在第四组，水族服饰、语言、传统习俗仍得到有效保存。村中主要姓氏有王氏、姚氏、潘氏、李氏、颜氏、杨氏、徐氏、白氏等宗族，人口以姚氏居多，姚氏同姓不同宗，分为三个不同宗族，同姓但不同家族间禁止通婚。王氏是最早原住居民，这也是鼓藏头以王氏宗族世袭的缘由。颜氏、白氏为汉族，民国时迁入。从调查中得知，过鼓藏节时，汉族、水族不杀牛，汉族提前杀了黄牛作为待客之用；水族不过鼓藏节，但作为一个村集体成员，主动承担了节日期间的做饭、接待外客等事务。从村寨族群构成可看出不同民族文化之间的融而不合的特点，另外，因地处偏僻，受外来文化冲击较小，从而保留了较为完整的地方传统文化。可以说控抗村的村落格局集中体现了高原山地生态与多民族的人文相依存、现代性文化与传统文化相共生的特征。

二、狂欢与展演：控抗村鼓藏节仪式深描

（一）杀猪祭祖

2013年12月8日，我们抵达控抗村时已是傍晚5点多，整个村子洋溢着浓郁的节日氛围。村口拉着宣传布标："欢迎各地朋友欢度神秘、古老的苗族鼓藏节。"我们到达田野联系人——姚学明家时，他正忙着杀猪，准备用来作祭祖用的祭牲。姚学明出生于1966年，今年47岁，身材不高，精神矍铄，性格温和，我们都叫他姚叔。他自幼跟随父亲学习传统祭祖礼仪，掌握一定程度的传统祭词，成为村里为数不多的巫师。姚学明的大儿子姚登明在中南民族大学读书，小儿子在三都县读初中，家庭负担沉重，这些年的学费及生活费基本上由到福建打工及靠贷款来维持。为这次过鼓藏节，他家买了一头1.8万元的牡牛，加上一头猪、两头黄牛，这些大牲就花费了3万多元，可见这个节日的重要意义。

姚学明的父亲叫姚老高，今年78岁，是村内为数不多的祭师。祭祀仪式在家门口一小块空地上举行，老人朝家门口东向而坐，前方置一簸箕，里面陈放有锤打过的糯米团、两条油炸过的干鱼，旁边有一碗酒。老人念诵了将近6分钟，仪式也就结束了。老人解释说祭词主要内容是迎请祖先神灵回家来过节，并说明祭牲猪从小没有得过病，健壮肥硕，是最好的献牲，祈望祖先神灵享用并保佑家人平安有福。

（二）拢客

"拢客"是当地的方言，意为收拢客人，即邀请亲朋好友到家中做客。"拢客"日为阴历冬月初七（12月9日）举行的。按传统，鼓藏节一般要过13天，以亥日（狗）始，终于亥日。以前寨子未通公路时接客点是在寨子东、西方向上的两条山路。自2007年修通

公路后,外来客人大部分从村头公路进入寨子。早上9点多,寨子路口已经车水马龙,人声鼎沸,热闹非凡。来客所乘车辆主要有货车、摩托车、小轿车、面包车、微型车。客人在此整理好衣物、礼物后下山进入寨子内的东道主家里。礼品以礼钱与礼物为主,礼物是传统的一扁担糯米稻穗、公鸡、鸭子。

从客人来源情况来看,主要分为村内、村外的亲戚朋友,村外以小脑、高盘、丹寨等邻近村寨为主。作为东道主的主人家皆以来客多为荣,其中一个判断因素是听门口鞭炮声的次数。据调查,姚叔家客人大致来了近200人次,当天晚上住宿于他家的客人多达21人。节日期间从早到晚,随时有来自不同地方的客人。每一拨客人进来,姚登明家人都要忙着准备酒肉。待客宴席一律为肉炖青菜火锅,青菜是寨子里自产的,肉类为猪肉与牛肉,火锅汤料以大蒜、青辣子、香菜为主,并配备有辣椒蘸水。鼓藏节期间不能吃豆腐,相传很久以前过鼓藏节时,村里流行一种病叫鬼屎豆,又称为豆屎病,是吃豆腐导致的,所以此后过节时不能吃豆腐。①

整个鼓藏节期间的拢客分为两次,中间隔了两天,第一次是请客人到家做客,吃肉喝酒,欣赏芦笙舞;第二次是参与砍牛仪式,第二天早上分完牛肉回去。这说明了鼓藏节的两个阶段是以芦笙舞、分牛肉作为标志的。

(三) 芦笙舞展演

1. 鼓藏头家请神

12月10日一早,我们吃过饭后就去了村头山顶上的鼓藏头家。鼓藏头名叫王有辉,41岁,身高1.6米左右,忠厚敦实。与其他地方的选举制不同,控抗村的鼓藏头是世袭的。榕江、台江等地的鼓藏头夫妻扮演老祖宗角色,不能随意活动,而控抗村的鼓藏头显然自由得多,可以在村里随意出行。

9:22,开始祭祖仪式。王有辉把祭品一一陈放于主屋的正北方,祭品为:一个铁盆里放着切过的猪肠、猪心、猪肺等内脏,铁盆中间摆放着一个碗,里面有一块猪肉;旁边一个盘子里放着炒过的小干鱼;铁盆后面为三碗白酒,其上各置一双筷子;酒后为一碗泡汤米饭及一碗猪肉(里面有三片煮熟的猪内脏);米饭后为一铁口缸,里面陈放有生米及一截三寸长的竹管,竹管是划开为两半后合成的。摆放好祭品后,王氏宗族的长老——83岁的王治坤开始念诵祭词,大致内容为迎请族中历代祖先神灵前来享用祭品,交代祭品的来历及种类,并告之今天举行活动的主要内容,祈求祖先神灵庇佑年成丰收,子孙平安吉祥。念诵祭词时,王治坤把口缸内的米粒撒在地上,然后用竹筷蘸了酒水滴在地上,又分别夹了些干鱼、米饭、肉放入口中尝一下,以示为祖先准备了好酒好肉。祭毕,参与仪式的族人过来抓小干鱼片吃。

2. 穿百鸟衣

9:35,鼓藏头家陆陆续续来了不少村民,男女都穿了苗族传统服饰——百鸟衣。百鸟衣装饰繁复,底裙都系着白色的鸡毛。百鸟衣只有在盛大节日才穿。做这样一件衣服,耗工费时极多,布及图案皆手工纺织、刺绣而成。鼓藏头家内亲吃过饭后开始穿戴百鸟

---

① 这一传说由三峡大学研究生刘忠培搜集而得。

衣,女眷在内屋,男子在正屋里。男女都先穿上黑色衣裤,再穿戴百鸟衣,在帽子头饰上系上一根麻绳。百鸟衣男女有别,男的为长袍形制,上身与下身衣服垂条羽毛相连,女的则分开,且在上衣与裙子中间系一块四周绣有黑白方块图案的小围裙。

3. 巡舞出行

等鼓藏头一家穿戴整齐走出来时,族中长老示意鸣炮,一个后生拿着三个高两寸的小铁筒走到正屋走廊右侧点燃了引线,铁筒里装了炸药及雷管,声响巨大。三响过后,众人一齐欢呼。这标志着这一天的芦笙舞活动正式开始。

鼓藏头王有辉吹着芦笙走在队伍前面,两个吹芦笙的中青年男子相随,他们后面是由25个身着盛装的中青年男子、妇女组成的方队。王氏宗族舞队作为全村领舞者,须走在整个舞队的前方,其后为姚氏、徐氏、杨氏、潘氏、颜氏等宗族方队。整个舞队的巡舞方式及线路为:首先在鼓藏头家前方的上月亮坪前舞三周,再巡舞至姚登明家前方的中月亮坪舞三周,至村尾的下月亮坪舞三周,最后集中在小学操场上,由全村舞队在场内舞三周,舞毕退出操场,在场边等候吃午饭。头轮午饭先招待远道而来的官员及外地记者、学者,村委会专门组织了接待队,引客上座、上菜、添饭、敬酒都有条不紊。饭后进行芦笙舞活动,不再分宗族方队,为集体娱乐形式,一直到深夜两点多才结束。

(四) 村寨集体拉牛旋塘

12月11日为旋塘日。旋塘因牵牛旋绕圆塘而名,即以寨内各个宗族方队为单位,跳着芦笙舞,牵着牯牛到村下方的圆塘中旋转一周。我们于8:15赶到鼓藏头家时,家中院子里已人满为患,其中记者、摄影者及外来的参观者近20人,这些外来者或隐或显地影响、改变着传统节日的形式与内涵。鼓藏节已经不只是传统的村寨内部的祭祀仪式了。

1. 请神祭祖

与昨天芦笙舞仪式相同,鼓藏头吃过早饭后举行请神祭祖仪式。今天仪式由鼓藏头王有辉一人主持,祭品少了炒干鱼,其他则与昨天一样:一盆切过的新鲜猪内脏,中有放着一片肉的一个碗,后分别为酒水、泡汤米饭、熟肉、盛放有小竹管及米粒的铁口缸。王有辉一边念诵迎请祖先神的祭词,一边把米粒撒在地上,并用竹子沾了酒水滴在地上,并分别尝了下米饭及熟肉片。祭毕,家人收拾祭品,然后开始穿戴百鸟衣。

2. 竖立旌幡

8:45,开始制作旌幡。旌幡是在一根长约12米的竹竿上系上三条宽约60厘米、长约10米的麻布织锦,一条为黑色,无图案,与男子黑衣颜色相同,另两条为黑白相间的条纹,图案以方形、菱形、网形为主。每个家族的旌幡数依人数而定,家族人口多的一般为9竿,少者也不能少于3竿。村内至今还保留着传统的旌幡制作工艺,这一工艺费时费力:先把麻纱织成麻布,再把麻布用蓝靛菜煮泡成靛黑色,然后在石灰沸水里煮泡三道,最后用清水漂洗,加上打磨、刺绣,整个工序近20多道。拴系旌幡时旌幡不能着地,一直由旁人抬着,旌幡每隔半米用白布条拴系。旌幡系好后,王有辉从牛棚里牵出牯牛,众人给牛披上一块粉底绣有红、黄花及双喜图案的绸布,牛头上挂了一条黑白条纹刺绣的布条,两个牛角各套了一个银圈。竖立旌幡时,两个记者因争抢拍摄位置而争吵起来,寨老与王有辉赶紧上前予以制止,声明节日期间绝对不能发生此类不吉利事件。

3. 巡舞出行

近 10 点时，王氏宗族的旋塘方队开始巡舞出行，出行方式与昨天的芦笙舞队出场相同，也是由鼓藏头率队，吹芦笙者及跳舞者跟随其后，不同的是前行队伍中多了几个挑着象征祖先遗物的老者，牵牛者走在舞队最后。前面的引路者、寨老及压阵的执旌幡者皆不穿百鸟衣，一律穿着黑衣，身披黑白织锦披风，只有中间的演奏者、舞者穿着百鸟衣。整个方队人数多达 66 人，规模超过了昨日的方阵。寨老担任了祭师角色，走在队伍最前头，他头戴插有翎毛的竹笠，手持砍刀，一边挥舞一边念念有词，带领队伍在前面开路；鼓藏头在后面挑着棕绳、酒桶相随，一路上喝着牛角酒，然后把酒喷洒到路边观众身上，以作祈福；后面相随的五个挑酒的中年人，前两人也是边喝边喷洒向路人，后三人则把酒倒入牛角后敬给路人；敬酒者后面为两个寨的人各持一根中间划开到末端的竹管，边行边弹竹管；在弹竹管者两旁，另两个老者则手持一根木棍，朝地上做刺杀状，然后扔到地上再捡起来反复刚才的动作；其后为演奏者，有敲锣者，吹芒筒、芦笙者，一路乐声相随，舞者边行边舞，舞蹈动作为双手在胸前上下晃动，身体左右摇摆。巡舞方队先在鼓藏头家的月亮坪跳芦笙舞三周，然后向山下寨子进发。王氏宗族方队行至村道岔路口，已有其他宗族方队在旁边迎候，旌幡林立，过道两边观者如堵。等王氏方队巡舞过去，依照传统次序其他宗族方队也跟随而进，迤逦巡行于寨中小道。至寨中、寨尾的月亮坪皆绕舞三周，因两个月亮坪场地狭小，跳舞时分成了里外几圈，内圈以祭师、鼓藏头、寨老为主，演奏者在其外，最外围为舞者，执旗者站立于场地中间。在两个月亮坪中跳完三周后，方队浩浩荡荡地往寨子下方的圆塘进发。

4. 拉牛旋塘

抵达村子下方的圆塘前时，先鸣炮三响，再燃放鞭炮。鞭炮声过后，王氏方队从东北入口处进入场内，牵牛者从东南角入场，皆绕塘舞一周，绕完后牯牛从东北方向牵出塘外，方队退至塘内东边迎候其他宗族方队入场。其后，姚氏、徐氏、李氏以及由潘氏、颜氏、吴氏杂姓组成的四个方队陆续入场表演，入场式整整举行了近两个小时。村内各个宗族方队全部到位后，由王氏方队领舞，各个方队依次而进，团旋而舞，集体旋塘三周后举行斗牛活动。在这个方圆 70 平方米的圆塘内，近两百个身着百鸟衣的男子绕着场子翩翩起舞，中间是 50 多面猎猎飘扬的旌幡，圆塘周边的山坡上、道路边、楼房上站满了观众。整个过程芦笙不断，铁炮轰响，鞭炮齐鸣，铜锣喧天，气氛热烈壮观，从中可以感受到悠远沧桑的苗族历史以及神秘寥廓的民族心灵史，给人以强烈的视觉冲击及文化震撼。

（五）宗族拉牛旋塘

12 月 12 日为以家族为单位的拉牛旋塘日。参与宗族拉牛旋塘者由每家派出的代表组成，由族中长老带队，妇女在队伍后面，皆不穿百鸟衣，男子穿黑衣，妇女穿传统服装。抵达圆塘前先燃放鞭炮，从东南入口进场，在塘内绕行一周，到塘内东北角时，由长老抓一把黄土放在牛后背上，以祈求土地肥沃、五谷丰登。绕完后从东北处出来。到家后主人把牯牛关入圈内，喂上青草，然后再去参加第二家的旋塘活动。

整个寨子有近两百头牯牛需要旋塘，旋塘时禁止多头牛同时进行，只能单头进行，而且第二天为牛日,属忌日,不得再举行旋塘活动,所以这一天的宗族拉牛旋塘活动从早上7点多开始,一直持续到晚上10点多,但还是因牛太多而没有全部完成旋塘仪式,没完成的只能等到牛日的后一天举行了。

(六)砍伐杀牛架

砍伐杀牛架木料必须在砍牛仪式前两天内完成,具体时间不定,有的一大早就去砍伐,有的到了傍晚才出发。12月13日傍晚5点多,我们跟随姚叔到都江畔砍伐杀牛架,砍木者共有五人,从控抗村坐车近半个小时到达公路边的都江畔。江面宽近50米,大家脱了裤子后依次涉江而过。一个杀牛架需要三根圆木,粗约一个大碗口,长约3米。选木也有讲究:必须是树枝分叉较多的枫香木,意喻着多子多福、多进钱财。找到要砍伐的枫木后,姚叔取出祭品(米、鱼、河水)放在树边,然后念念有词,大意为向山神求木,并请祖先神灵下凡保佑砍伐过程顺利平安。这只能算是一个小仪式,祭词只念了短短的两分钟。木料砍好后,大伙扛着木料,依次涉江回到停车处。木料放在路边后,砍木者五人围成一圈分享带来的祭品。姚叔说祭品不能带回去,必须在回家前吃完,意喻着与祖先共享福泽。砍回来的枫木放在家门口畜圈边,并在上面放了一些"藿木"枝,门上也插着"藿木"枝,主要是防止外来鬼魂作祟。①

(七)安土地公仪式

安土地公也就是土地神祭祀活动,以家庭为单位举行。在砍牛前举行这一仪式,主要有三个仪式功能:一是祈求土地老爷保佑砍牛仪式顺利圆满,二是希望今年土地肥沃、五谷丰登,三是保佑全家健康平安有福。耕牛与土地有内在联系,旋塘仪式中把土擦于牛背就有土地增殖、庄稼丰收的祈望。从控抗村的安土地公仪式来看,时间集中在砍牛前的两天内,姚叔家是在14日傍晚举行的,祭品为糯米、三条干鱼、一碗酒水。姚叔把酒瓶里的酒倒入碗中,然后开始念诵祭词,大意是向土地神说明给他供献的祭品种类,包括了糯米面、干鱼、酒水、鸡鸭等,对土地神一直对家人的保佑表示感激之情,并祈福砍牛仪式顺利圆满、土地增殖肥沃、五谷丰登、六畜兴旺、家庭和顺美满等。念完祭词后,从糯米面、干鱼中用筷子各取小许,放入酒水里,然后倒在瓢里洒到地上,仪式结束。

(八)砍牛仪式

12月15日这一天并不砍牛,砍牛仪式在子夜一点多,但村民观念中仍视为同一天的活动内容,因为整个仪式过程是连在一起的,砍牛仪式前不能睡觉,一直要守到鼓藏头家通知砍牛的炮声。砍牛仪式程序有以下几个部分:

1. 献牲(鸭子)

鸭子献牲是在砍牛前一天的午后举行。12月15日下午14:40,姚学明手里提着一只鸭子,站在牛圈前念诵祭词,大意是向祖先神灵禀告作为献牲的鸭子的来历,祈求祖先神灵享用,并保佑砍牛仪式顺利圆满、家人平安幸福等。念毕,主人举起鸭子使劲地朝牛头

---

① 当地苗语称为"Hong^{35} mu^{31}"(藿木),为常绿乔木,苗民认为有辟邪趋吉之效,在仪式中经常使用。据吴晓东调查,榕江乌略寨称其为推牛旋枝。

上砸，直至将鸭子砸死为止。整个仪式近5分钟。村民说道行高深的巫师在念诵祭词时可以让牛流泪，可惜我们未看到这一场景。

2. 编篾绳

篾绳用来拴杀牛架，从砍伐枫香木制作杀牛架到砍伐青竹编篾绳，都严格秉承了传统手工艺。篾绳由篾条编织而成，其制作过程为：先把青竹划分成八根细篾条，由一人把八根篾条的头端紧握在手中，另两人各拿两边的四根篾条，像编发辫一样地把篾条相互穿插，编成了结实牢固的篾绳；篾绳编好后，还要使劲往两边拉扯，以增强篾绳的韧性。

3. 安杀牛架

安杀牛架都在午后进行。先用铁锥子在地上凿洞，洞口宽25厘米，深约半米，以能够插入枫木为原则，两个洞口相距近半米，为了使两根插木相互交叉，两个洞口都是对斜方向挖的。洞挖好后，把两根粗20多厘米、高2米多的枫木插入洞中，中间交叉处用篾条紧紧拴固，然后在左、右边木桩上方做了两个篾绳套口，再拿一根枫木横穿在两个套口中，成为一个三角形叉口，此叉口是用来卡压牛头。安好杀牛架后，横木从左边叉口中抽出，砍牛前把牛头按在叉口内后再穿插固定。每个杀牛架上都放着藿木树枝，一则起辟邪作用，二则剖牛时垫在地上，防止泥巴沾到肉上。

4. 砍牛仪式

砍牛者必须由舅舅来担任。姚叔家的砍牛者是姚登明的小舅子，名叫江老大，不到三十岁，之前没有砍过牛。所有砍牛仪式必须在鼓藏头家发出第一声炮令后才能举行，而炮令往往是听到凌晨第一声鸡鸣后发出。如果哪一家违反了规矩，以后村里发生其他不祥灾难，全由这家人来承担，实际上也从没有人违反过这一祖制。说来也怪，我们到村寨的七天时间里，一直晴空万里，但这天下午突然下起了大雨，雨势到晚上更大，没有停止的迹象。所有杀牛架上方都搭上了简易雨棚。快到子夜一点时，大家听到了从鼓藏头家发出的炮令，等候着的人们起来开始准备砍牛仪式。姚学明从牛棚中牵出牯牛，把牛头按到杀牛架上，再插上横杆，把牛头固定在里面，牯牛没有任何反抗举动。江老大先把斧头在杀牛架上沾了下，拿开后在半空中比画了三下，然后朝着牛脑中间猛砍数次，整个过程不到3分钟，整头牛就瘫软在地。牛头朝着东边的姚叔家，此为吉兆。族中一老者拿了一根竹签插在牛舌头上，以防牛魂到阴间告状。① 其后江老大又拿了一把短刀捅牛喉咙处，鲜血喷涌而出，旁人用大盆接住，接满后用藿木枝覆盖其上。同一场地上的五头牛几乎在5分钟内被砍死，而整个村寨的近300头牯牛也在这一时刻被砍死！整个仪式过程中，外来的记者、摄影师们在场内来回穿梭，现场一直闪烁着照相机的闪光灯，有的记者还打着强光灯，以保证影像质量的高清晰度。

(九) 送牛魂仪式

砍牛仪式结束时已是凌晨1：30，雨依然下个不停，围观者大都回屋睡觉。2：30开

---

① 牛魂告状传说有两种：一种是到阴间阎罗王处告状，阎罗王认为人类虐待牛类，就会惩罚人类。另一种是牛被砍死后，牛魂就会到祖先神灵处。祖先神灵见到一下子来了这么多牛魂，就问它们是什么原因。牛魂回答说是来作祖先神灵的祭牲。祖先神灵听了很高兴，要求人类每年都祭献牛牲，人类不堪其苦。牛舌被穿插了竹签后就说不出话，即使到了阎罗王、祖先神灵处也不能告状了。

始举行送牛魂仪式，族人把藿木枝垫在地上开始对牛体剖膛切割。男主人从牛肚中取出肝、脏、肺、脾等内脏，用一根麻绳拴系在一块交给族中一个年长者，长者一手提着内脏，一手持一根竹棍，念诵送牛魂祭词，其大意是把牛魂送达祖先魂居地，向祖先禀告献牲情况。姚叔家族的长者念诵了近6分钟。月亮坪中的另外四户同时举行送牛魂仪式，有一老者念诵祭词长达16分钟，他说时间拖长的原因是里面提及的地名、祖先谱系名称较多。祭毕，大家返回屋内共飨牯牛内脏，有些学者认为"吃牯脏"的名词源于此。

（十）分牛肉

切割好的牛肉被搬回楼下，放入一个大簸箕内。清晨8点多开始分牛肉，内亲以家族中的爷爷、父亲、伯父、叔父为大，外亲以舅舅、女婿、姑父、姑妈、姨妈为大，可以优先分到好肉，以牛腿、瘦肉、牛头肉为贵。从早上到上午，姚学明家热闹非凡，既有客人分到肉后辞谢而去，也有村中亲戚过来送牛肉的。村道上也四处是挑着牛肉的村民，整个村里洋溢着一种欢乐、祥和的气氛。

（十一）封寨

封寨习俗是鼓藏节的一个传统，听村民介绍，封寨之俗是因为牛魂还没有抵达祖先神灵处，有些还在寨内游荡，所以通过封寨防止牛魂外出，同时防止外面邪气进入寨内。传统的封寨习俗是从分完牛肉后的中午开始，一直到第二天中午，现在已经把时间压缩到下午4点到5点的1个小时，封寨时间内村内的人不准外出，外边的人不能进来，即使是村民到山上砍柴也不能入村。

（十二）捕鱼祭祖

封寨并不是鼓藏节的最后环节，听村民介绍，最后一个节日程序是后面两天的捕鱼祭祖仪式。那两天，村民各家带上渔网、网兜、鱼篓等渔具到都江里捕鱼，把鱼拿回家后再举行祭祖仪式。仪式结束才宣告鼓藏节落下帷幕。鼓藏节从12月8日的杀猪祭祖始，以12月18日的捕鱼祭祖结束，共10天。因时间关系，我们没有参加封寨及捕鱼祭祖仪式。外来参观者也在封寨前离开了村子。

三、探讨与思考：控抗苗寨鼓藏节——"非遗"概念实践的地方性文本

（一）"非遗"的名实之争：鼓藏节的多元表述

关于"牯脏节"的名称存在多种表述，比较常见的有"牯藏节"、"鼓藏节"、"牯脏节"、"吃牯脏"、"鼓社祭"、"祭鼓节"等。2009年黔西南苗族自治州雷山县以"鼓藏节"之名申报国家"非遗"项目获得成功，所以在官方的表述中以"鼓藏节"为主。

"鼓藏节"名称表述的多元化原因主要在于对"鼓"、"牯"的不同理解——是以"鼓"而名，还是因"牯"而名？对此民间与学术界都存在不同的解释。如在互动百科中对"鼓藏节"的定义为：鼓藏节又叫祭鼓节，是苗族属一鼓（即一个支系）的支族祭祀本支列祖

列宗神灵的大典,俗称吃鼓藏。阿土认为,鼓藏节,苗语称为"牯哝江略",意为鼓社节,即以血缘宗族为单位的祭鼓活动。鼓藏节是祭祀神枫树和蝴蝶妈妈的。鼓藏节每12年举办一次。"鼓"是祖先神灵的象征,所以鼓藏节仪式活动都以"鼓"为核心来进行。鼓藏节的仪式由鼓社组织的领导"鼓藏头""操办","鼓藏头"经由群众选举产生。我们在控抗村调查时发现,村民认为"鼓藏节"的名称与"鼓"没有关系,而是与砍牛仪式结束后的吃牯牛内脏相关的,准确名称应为"牯脏节"或"吃牯脏"。但这里也存在一个问题,即"牯牛"是汉语,在汉语还未传进来时不可能称为"吃鼓藏",是传入汉语"牯牛"后才有此名?还是原先就有不同于此的名称?

"鼓藏节"的名实之争也与这一传统文化的不同时期、不同地域间的文化差异及文化变迁有内在关系。黔南、黔东南、黔西南及桂西北等不同区域的鼓藏节存在着较大的差异,如台江县巫脚乡的鼓藏节中鼓贯穿了整个节日活动:求鼓、制鼓、醒鼓、打鼓、送鼓、藏鼓[2],而我们调查的控抗村的鼓藏节中只有在拢客时才敲铜鼓,其他仪式中并未使用铜鼓;鼓藏节期间的禁忌也有不同,吴晓东在榕江县乌略寨调查中发现,节日期间不能吃蔬菜[3],而在控抗村则不禁蔬菜,禁吃豆腐;节日期间的传统苗服、芦笙舞、对歌、拉牛旋塘、做杀牛架、杀牛仪式、分肉等方面也存在不同程度的差异;鼓藏头的产生有些区域是世袭的,有些是选举产生的,选举产生的鼓藏头也存在宗族内选举及村寨中选举的差异;鼓藏头的活动禁忌也有地域差异,如在榕江、台江等地的鼓藏头夫妻不能随意活动,只能在家中被当作老祖宗受到村民侍候,而控抗村的鼓藏头可以在村里随意出行。控抗村的鼓藏头王有辉说:"十里不同天,每个地方的鼓藏节都有不同的过法,哪儿的正宗不好说。"

"鼓藏节"的名实之争及多元表述不只是一个孤立的个案,它折射出"非遗"概念在地方实践中的表述困境,如怒族的"仙女节"与"鲜花节",纳西族的"丽江洞经音乐"与"纳西古乐"、"东巴"与"达巴",青海藏族的"热贡艺术"与"吉喆"等同样存在类似问题。对于以口头传统为主的民族文化遗产而言,"非遗"项目名称的界定经历了一个从口头表述到书写表述、地方表述到官方表述的演变过程,在这个过程中,因音义翻译与文化翻译不统一而导致了名称表述的困境。"非遗"如何表述?笔者以为应秉持"名从其主"、"名从其实"两个原则,充分尊重地方文化的主体性与真实性及完整性。作为"非遗"项目名称的"鼓藏节"既成事实,但在其名称后应标上苗语名称:鼓藏节(nongx niel)或鼓藏节(哝略);鼓藏节在不同苗族地区存在着同源异流的变异特征,这些不同区域的鼓藏节构成了这一苗族传统文化的完整性,未列入的其他地域的鼓藏节应通过后期扩张项目形式列入"非遗"项目,以利于可持续地保护、传承好这一地方传统文化。

(二)现代性语境中的"非遗"困境

中国自鸦片战争以来发生了"千年未有之大变局",建构现代性国家成为从上到下的国民的集体意识及行为,在这百年多的现代性进程中,传统文化几度作为建构现代性国家的阻碍因素而备受污名化批判及摧残。改革开放以来,多元文化价值观逐渐成为主流话语,以及在重视传统与现代性相结合而实现经济腾飞的亚洲"四小龙"的榜示作用下,传统文化被视为促进国家现代化进程的有利因素而受到保护及利用,"非遗"概念的引入及自上而下的国家实践也是基于这样一个宏大的时代背景。但我们也不能不看到这样一个令人奇特的"非遗"悖论:传统受到"保护"是以其具有建构现代性的可利用的因素作为前提条件的,而非反之;"非遗"的可利用因素往往蕴涵于它自身的地方性、独特性、多元性等文化特质中,而这些文化特质在现代性冲击下呈现同质化、展演化、商品化趋势。

"深山不能避世。"我们在控抗苗寨的鼓藏节调查期间,就身临其境地见证了现代性语境中的"非遗"困境:寨子里的巫师已经所剩无几,会唱《苗族古歌》的老人寥寥无几;仪式及祭词已大为简化,仪式的神圣性逐渐消淡;"鼓藏节"的鼓声难闻,《鼓藏节歌》、情歌对唱成为应景展演,不再是自发生成的民俗行为;寨子里的石板路已被水泥覆盖,钢混建筑正在增多;广播里很少听到传统民歌,更多的是流行歌曲,连小学生们也在哼唱王菲的《因为爱情》;年轻人已经远离传统苗装,手机不离手,电视、手机、麻将、电子游戏正在取代传统的歌舞娱乐方式……如果说上述文化变迁是大势所趋,只能顺应其变,更让人担心的是一些自以为是的破坏性指导,我们在节日期间就见到有些记者嫌祭师的开路舞不"唯美",亲自上阵设计动作;有些摄影师让行进中的舞队停住,以便定格住那理想的画面;村里专门组织了专供对外宣传的"苗服模特"展示,记者们忙着指导"模特"摆出镜头需要的各种造型;有人把现场录像制作成 DVD 在当地高价销售;有些"专家"向村民"兜售"加大宣传、开发旅游的"脱贫妙方",只是不知这种"良方妙药"果真是村民的真实需求吗?把寨子宣传、开发成千村一面的旅游地,最后剩下一地鸡毛谁来买单?

让我们纠结的点也在这儿:控抗苗寨作为一个传统村寨,从研究意义而言,无疑具有活化石般的价值;但身处这样一个现代性转型的时代语境下,发展是硬道理,我们不能把这些活态传统变相地沦为博物馆里的"古董",成为现代性的廉价展品。关键是如何在保护传承好这条地方性文脉的同时,结合传统中的创新因子,激活主体能动性,尊重文化持有者的文化主权,探索出一条可持续发展的路径。

(三)"非遗"语境下传统的现代性重构与传统再生

我们一直在想,整个控抗村经济状况不甚宽裕,为什么要不计成本地过这个节日?据粗略统计,过这样一个节日,全村花销不下于 2000 多万元。答案可能是在传统根基中,对于一个经历了漫长而艰难的迁徙历程的民族而言,惨烈的历史记忆有时需要这种惨烈的仪式来激活,由此而言,仪式的意义绝非可以用经济学来衡量。

在看似传统危机重重的表象下,我们也深刻感受到了传统在现代性境遇中艰难突围的韧性与力量:远在沿海地区打工的村民,在外地求学的青年不远万里、不计成本地赶回村里参加这一传统节日;即使贷款也在所不惜地买牯牛,杀猪宰牛,盛情款待客人;村民对犯了节日禁忌的外来者予以规劝、斥责;寨老们坚拒了记者提出的把 290 多个牛头统一摆放到学校操场的"宏大设计";村委会由观望转向参与、支持,其实也是传统这只无形的手在产生作用,邻近苗寨曾发生过因村委会对鼓藏节持观望态度、支持不力而在下届选举中全部落选的事件;外来者作为"他者"有干扰、破坏传统文化生态的负面作用,但客观上通过"他者"的宣传、欣赏、评价深化了民众对地方及族群的"我者"认同,同时通过省内外媒体的大力宣传报道,证实了"鼓藏节"这一传统苗俗在控抗村仍"活着"的文化事实,为以后争取自己的"非遗"利益奠定了舆论基础。

"谁是鼓藏头?"成为参与者的一个新话题,鼓藏头不再是这一传统节日的操办者,血缘性宗族也不再是唯一的主导力量,控抗村鼓藏节的文化空间已经超出了村落边界,它实际上演变成为一场国际、国家、地方以及官方、民众、学者、记者等多元力量共谋的"非遗"展演;"非遗"概念的提出是基于"保护人类文化多样性"的共识,由此成为"国际公约"。而这一概念引入国内后,成为"融入国际社会"、"与国际接轨"、"软实力"、"实现民族复兴"的重要文化表征,同时也构成了国家建构现代性的优质资源;从地方层面而言,"非遗"成为提升地方名声、满足政绩诉求的重要工具;而地方政府的这些功利诉求与民众的地方认同有着共性的一面,毕竟作为地方利益共同体,"非遗"项目"花落谁家",不只是名实之争的问题,更深层的是关系到地方的整体利益,我们在控抗村就听到不少民众对"鼓藏节"的国家级"非遗"项目名号旁落邻县而愤愤不平的评论,其中就有对当地政府办事不力的怨言,他们举出诸多"铁证"来佐证只有这里的"鼓藏节"才是最古老、最正宗的。我们在控抗村调查期间,见到了来自国内外的记者、学者、游客,还有州内不同部门的官员,他们作为在场者,或隐或显地参与、影响、改变着这一传统民俗的内在构成及运作机制,而作为东道主的村民通过利用、迎合这些国际、国家、地方的有利因素使这一传统民俗活动的顺利举行,借此提升村落声望,维系村落秩序,协调族际、人际关系,深化族群及地方认同。

综上可察,在"现代性"及"非遗"的双重语境下,控抗村鼓藏节一方面呈现出传统信仰根基逐渐淡化、节日的展演与狂欢功能不断强化的趋势,另一方面又显现出传统文化强健的再生能力:它不断利用、吸纳时代的合理性因素得以重构与再生。传统本身构成了现代性的有机构成,它不仅为现实的生存发展提供了丰富的经验,同时为未来的可持续发展注入了动力。可以说,控抗苗寨鼓藏节为考察当下"非遗"概念实践提供了一个鲜活生动的地方性文本。

参考文献

[1] 阿土. 国家级非物质文化遗产名录:苗族鼓藏节 [J]. 贵州民族研究,2010(6).
[2] 贵州省编辑组. 台江县巫脚乡苗族的吃鼓藏 [A] //苗族社会历史调查(一)[M]. 贵阳:贵州人民出版社,1986.
[3] 吴晓东. 神秘的祭典:贵州榕江县乌略寨吃鼓藏纪实 [M]. 北京:中国文联出版社,2007.

(原载于《黔南民族师范学院学报》2014年第4期)

卯节
——水族女性崇拜的节日

梁光华 蒙耀远

水族有两个重大而喜庆的节日：一是端节，一是卯节。今试对水族卯节的由来和卯节所蕴含的文化内涵及其重大价值进行研究解说。

一、卯节概说

卯节，水语称"tsje¹³ ma：u³⁵"，谐"借卯"音，意为吃卯、过卯。水族过卯节时间为水历九月、十月（即农历五月、六月）内的卯日，通常选择辛卯日，避开丁卯日。水族地区过卯群体分四个批次：第一卯时间在水历九月的第一个卯日，地点和范围主要是今荔波县水利水族乡的水利、水岩、水串等村约20余个自然寨；第二卯时间在水历九月的第二个卯日，地点和范围主要是今荔波县水利水族乡洞托、水丙等村10个自然村寨；第三卯时间在水历九月底或十月上旬的第三个卯日，地点和范围主要是今荔波县玉屏镇水扒寨、水甫老寨、板闷、板安、水江等10个自然寨；第四卯时间在水历十月的第四个卯日，地点和范围主要是今三都水族自治县九阡镇、周覃镇的水备村和荔波县的水尧、永康水族乡、佳荣镇、茂兰镇、洞塘乡的水族村寨。在上述四个批次中，以第四卯的范围最广，人数最多，大约近200个水族村寨隆重地过第四卯，因此三都水族自治县九阡一带是过卯群体的中心地带，水各卯坡最具有代表性。

水族卯节举行重大祭祀活动时有固定的活动地点——卯坡。节日期间要在卯坡祭台上隆重供奉"◁▷（卯）"字图腾，祭祀祖先，妇女到田坝进行祭稻活动，水族人过卯还要进行戏猪活动。水族青年男女要到卯坡对唱情歌，谈情说爱，自由择偶。整个卯坡人山人海，场面壮观，因而水族卯节被喻为古老东方情人节。

二、水族卯节的文化内涵解读

（一）"卯"字供奉

为隆重庆祝卯节，水族人会在卯坡上竖立石刻水书"◁▷（卯）"雕塑（见图1），供人瞻仰；每年过卯节，水族人都要在卯坡祭台中隆重悬挂巨大的彩色水书"◁▷"字图腾（见图2）。水族人如此重视"◁▷"字，有什么特别的讲究？"◁▷"字有什么特别的文化内涵值得水族人在卯坡上竖立石刻雕塑呢？在卯节卯坡祭台中央隆重悬挂巨大的彩色"◁▷"字图腾供人朝拜瞻仰的内涵是什么？

图1　三都水族自治县九阡镇水各卯坡上的"卯"字雕塑

图2　荔波县玉屏镇水族卯坡卯节供奉的"卯"字图腾

查阅水族百科全书——水书，水书中的"◁▷"字是象形图画水字，此字的取象造型是女性生殖器官的写征。女性生殖器官能孕育生命，繁衍后代。水族企盼族群繁衍壮大而在苏宁喜节供奉女神牙花善、牙劳、牙的，又把孕育生命、繁衍后代的生殖器官取象造型创制象形图画水字"◁▷"字，在卯坡上祭台中央悬挂巨大的彩色"◁▷"字图腾供人朝拜瞻仰，这正好体现了水族卯节对女性生殖繁衍崇拜的深层文化内涵。

(二) 民间传说

水族卯节的由来,有一个悠久而动人的民间故事在水族地区广泛流传。祖岱年、周隆渊收集编写的《水族民间故事选》[1],石尚彬等编写的《水韵天书》[2]均记录:在远古时代,水族老祖公拱恒带领族人来到龙江上游的九阡水各一带,撵走野兽,开荒造田,繁衍生息。水族先民辛勤劳作,丰衣足食。田里的水稻长得像一棵棵小树,收割时需要用斧头砍;地里的南瓜,一根藤牵过九道岭,结出的瓜果多得像河里的鹅卵石一样,数也数不清。每当水稻抽穗扬花和南瓜牵藤结瓜的时候,姑娘和小伙子们成群结队地上山采花椒,下水拣田螺,在坡上对唱欢快歌曲。然而有一年在水稻扬花的季节,蝗虫铺天盖地而来,啃吃田里的水稻,灾情越来越严重,水族先民忧虑恐慌,老祖公拱恒也束手无策。面对蝗灾肆虐、水稻被残的局面,老祖公拱恒的女儿水仙花姑娘接连几天到稻田边唱起忧伤的歌,这如泣如诉的忧伤之歌声感动了天帝。天帝便派了六鸭道人下凡帮助,指导水族先民打扫房屋,清扫灰尘,烧制草木灰,将灰尘和草木灰撒到稻田中杀死蝗虫。蝗虫沾到灰尘和草木灰后,成片成片地死去。凶恶的蝗虫被消灭了,水族先民喜获了丰收,又过上了幸福的生活。为了感谢、纪念、崇拜给水族先民带来幸福生活的水仙花姑娘,水族此后每年都会在水历九月、十月的辛卯日,在水稻茂盛扬花的时候,一是由妇女祭稻,将清扫房屋所集之灰尘与草木灰撒到稻田中杀虫;二是青年男女自发地聚集到卯坡对唱欢快感恩的民歌,希望天堂里的水仙花姑娘能听到水族后代欢快感恩的歌声,能分享和保佑水族后代永远过上幸福的生活。水族的这一习俗,逐渐地演化、固定为一个重大而喜庆的节日——卯节。水族青年男女在卯坡上所唱的欢快感恩的民歌也逐渐演变、固定为对唱情歌,以便自由择偶。

水族卯节由来的民间故事,其主要人物为女性——水仙花姑娘。水仙花姑娘如泣如诉的忧伤之歌感动了天帝,天帝才派六鸭道人来帮助、指导水族先民战胜蝗灾,喜获水稻丰收,过上幸福生活。后来水族人每年在水稻茂盛扬花之时必须由妇女清扫房屋,将灰尘和草木灰撒到稻田中祭稻(见图3),青年男女在卯节到卯坡对唱欢快感恩的民歌,进而演化为对唱倾吐爱慕的情歌,以便自由择偶(见图4、图5),其实质是感谢、纪念、崇拜水仙花姑娘;感谢、纪念、崇拜水仙花姑娘就是感谢、纪念、崇拜水族女性,因而水族卯节是为感谢、纪念、崇拜水族女性而演化成的重大而喜庆的节日。

卯节由感谢、纪念、崇拜水仙花姑娘演化为水族崇拜女性的重大节日,还可以从水族特别敬重崇拜女性的习俗生活及语言文字诸方面来得到印证。

(三) 妇女崇拜

水族是极其敬重、崇拜女性的民族。水族从古到今都企盼族群繁衍壮大,子孙香火昌盛,因而在水历四月丑日有一个"苏宁喜(su^{33} $njen^{31}$ εi^{35})"节。过苏宁喜节,祈求妇女怀孕生子,水族人要用丰厚的祭品供奉祭祀"牙花善(ja^{53} fa^{33} $sa:n^{13}$)"。牙花善是水族对祖神婆婆,即对最尊贵的女神的敬称。牙花善能保佑水族妇女怀孕生子,繁衍族群,所以祖神婆婆、女神牙花善在水族社会中享有至高无上的地位。在祭祀女神牙花善的同时,水族还要供奉"牙劳(ja^{53} $la:u^{53}$)"、"牙的(ja^{53} ti^{33})"。"牙劳"、"牙的"指的是已婚妇女的女性祖宗,水族人认为牙劳、牙的在世时德高望重,而作古后均已成为女神仙。苏宁

图 3　三都水族自治县九阡镇水族妇女卯节祭稻

图 4　水族卯节卯坡对唱情歌之一

图 5　水族卯节卯坡对唱情歌之二

喜节供奉祭祀女神牙花善、牙劳、牙的的鱼肉祭品，供奉之后只能供妇女们享用，而男人们则是丝毫不能享用的。水族妇女的这一特权，充分表明水族是何等的敬重和崇拜女性。

(四)丧葬习俗

水族是注重厚葬的民族,水族从古到今的丧葬仪式都相当隆重。水族家庭男女老人去世,须砍牛砍马、杀鱼宰鸡祭奠老人。女性老人病重,子女必须请老人外家前来探视慰问。女性老人寿终去世,子女必须在第一时间向老人外家报丧,且须等外家亲戚到达与亡故女性老人告别后方能入殓。举行葬礼时,迎接去世女性老人外家的吊唁队伍,孝男、孝女、孝媳着素装到村口跪地迎接(见图6)。男性老人去世,孝男、孝女、孝媳只需站立恭迎吊唁队伍。在为女性举行隆重的开控悼念活动中,专门有"敬外家"仪式,即在孝堂摆设长桌宴,请德高望重的三老作陪,通过诵唱"诘俄牙"的方式褒奖女性老人一生哺儿育女、操持家务、传承良好家风等功德,席间孝子多次向亡故母亲外家的老人和亲友跪拜叩谢。在水族丧葬仪式中,水族人对女性老人寿终亡故而前来吊唁的外家亲友的特别敬重的礼仪,明显优于男性老人,这充分体现了水族对女性的敬重和崇拜。

图6 都匀市阳和水族乡为母亲开控时,孝男、孝女跪迎母亲外家的吊唁队伍

(五)女性特权

水族卯节被誉为古老东方情人节。水族青年男女过卯节时是最为开心愉快的,男女青年可以在卯坡上对唱情歌,倾吐爱慕之心,充分交流感情,自由择偶订终身,父母不加干涉。在平时生活中,水族青年男女的婚配,传统的方式依然主要是通过"父母之命,媒妁之言"来确定的。唯有在过卯节期间,水族青年男女才可以在卯坡上对唱情歌,自由择偶订终身,这是为什么呢?这一自由婚配特权从何而来呢?这是因为卯节是对给水族先民带来幸福生活的水仙花姑娘的感谢、纪念和崇拜,进而演化为对女性的敬重崇拜,所以在卯节期间水族赋予女性青年在卯坡对唱情歌、自由择偶的特权,父母对此给予尊重和认可。如果卯节不是对女性敬重崇拜的节日,水族女青年也不会有卯坡对歌择偶的自由。

(六)女性称谓构词

水族是笃信敬奉神仙的民族,在长期的语言积淀过程中,水语正好有水族崇拜母亲、崇拜女性的语言构词记录。水族水语敬称母亲为 ni^{35},水族供奉祭祀神仙祖宗,把神仙敬

称为 $ni^{35}sjen^{13}$，把供奉祭祀神仙祖宗的神位敬称为 $ni^{35}haŋ^{35}$。水族水语之所以把敬称母亲的 ni^{35} 来构成神仙、神位等词的词头，在水语里形成独特的"ni^{35} 字结构"，就是对女性敬重和崇拜的语言构词标志。

三、 结语

水族卯节是感谢、纪念、崇拜女性重大而喜庆的节日，其"卯"字又是女性生殖繁衍崇拜的写征图腾，这无疑是远古母系社会对女性崇拜在水族当今社会生活中的一个珍贵残存；研究水族卯节对女性崇拜的深层文化内涵，在人类学、社会学、民族学、民俗学等诸多学科研究中具有重大的价值。这在贵州 17 个少数民族，乃至在中国 56 个民族的发展史上，都具有重大的价值，值得学术界和全社会高度重视。

水族的卯节和端节，是水族内部不同支系在历史发展过程中形成的两大重要节日，约定俗成了"过卯不过端，过端不过卯"的习惯，因而形成了各具特色的"卯节文化圈"和"端节文化圈"。随着历史的发展、社会的进步、人民生活的富裕，水族大家庭各支系间广泛交流，现代媒体的传播影响，水族卯节文化圈和端节文化圈群众对本民族卯节和端节这两大节日的强烈认同，对卯节、端节文化所表达本民族的共同企盼和心愿的普遍认同，对当代幸福富裕生活的享受和祝福，对中国共产党领导下当代盛世生活的感恩和祝福，使得水族大家庭各支系节日互动的面更宽、频率更高，节日氛围越发隆重，节日文化的影响力也日渐扩大。鉴于水族端节 2006 年已被列入第一批国家非物质文化遗产名录，但是社会对水族卯节的认识解读仍停留在古老东方情人节热闹有趣的浅表层面上，对水族卯节蕴含的深层次文化内涵解读尚存偏差，所以特撰此文予以研究，旨在引起全社会对水族崇拜女性的重大节日——卯节的高度重视与关注。

参考文献

[1] 祖岱年，周隆渊. 水族民间故事选 [M]. 上海：上海文艺出版社，1988.
[2] 石尚彬. 水韵天书 [M]. 贵阳：贵州民族出版社，2014.

（原载于《黔南民族师范学院学报》2015 年第 1 期）

水族端节的教育价值初探

黄 胜

对于"节日",《现代汉语词典》给出的解释为:纪念日;传统的庆祝或祭祀的日子。各民族都有自己的节日,其内容丰富多彩,既包括精神文化,也包括物质文化,反映各民族群众在长期历史发展中沿袭下来的群体文化。节日是文化系统的重要组成部分,它根植于文化土壤之中,以特定的仪式纵向传承并横向传播文化,对文化系统的运行起着不可替代的效用。[1](P62)从民俗学、社会学、文化人类学的角度来看,节日具有特定的社会价值、文化价值、经济价值等;从教育学、教育人类学角度来看,节日具有特定的教育价值。

水族端节又叫"瓜节",水语称"借瓜"或"借端"。[2](P105)端节是水族同胞所欢度的最为隆重、最盛大的民间节庆。贵州省三都水族自治县、独山县、都匀市一带绝大多数水族都过这一节日。依据水族典籍水书、水历的规定,端节在水族历法年底、岁首"谷熟"时节举行,节期正对应农历的八月至十月,端节从首批至末批,延时50余天,因此被称为世界上延时最长、批次最多、特色浓郁的年节。2006年,水族端节被列入首批国家非物质文化遗产名录。这标志着水族端节越来越受到社会和民众的关注,影响也越来越大。

端节的宗旨是庆贺丰收、辞旧迎新、祭祀祖先、聚亲会友。水族端节的活动主要有祭祀和赛马等。祭祖分别在除夕夜和大年清晨进行。除夕与初一相连的两顿饭忌荤食素,唯独鱼不在禁用之列。水族祭祖的鱼叫"鱼包韭菜",是将韭菜、栗仁等塞满鱼腹后,炖煮或清蒸而成,祭祖之后便可食用。赛马则是端节的最高潮,时间在亥日(相当于汉族春节大年初一)午饭后进行。赛马活动有固定的场所,叫"端坡"或"年坡",人们吃过年酒后便成群结队地从各村寨赶来这里,赛马时端坡人山人海。端节赛马的形式非常独特,叫作"挤马"。当指挥者一声号令,骑手扬鞭策马,在山谷互相冲闯,在抗争中挤出山谷向坡顶冲去,谁先到远坡顶,谁就是胜者。

端节是水族文化的重要体现。文化与教育具有紧密的关系,文化本身具有一定的教育价值,因此,探讨水族端节文化的教育价值具有重要意义。本文从教育学、教育人类学等学科知识出发,初步分析水族端节蕴涵着的丰富教育价值。

一、水族端节的民族认同教育价值

许慎在《说文解字·十五卷下》中说道:"方以类聚,物以群分。同条牵属,共理相贯。杂而不越，据形系联。"同一民族的人与人之间存在着一种族属亲近感、文化认同感。费孝通先生将其解释为"民族认同感"或"民族自觉的认同意识"[3](P12)。民族认同感是一种群体性的心理特质，这种民族认同心理是客观存在的，它是民族凝聚力的重要体现，是民族文化得以传承、发展的重要动因。

节日文化是一个民族共同创造、共同享受的文化，节日文化中流淌的是一个民族的传统文化精神，就像遗传基因一样，从先辈那里一代一代地传下来，把那些流传千古的优秀文化品质注入后代的血液和生命之中，从而构成这个民族独特的文化精神内涵和特殊魅力。每逢佳节倍思亲，在节日中，最容易唤起人们对亲人、对家乡、对祖国的情感，唤起人们对民族文化的记忆、对民族精神的认同，唤起我们同宗同源的一种民族情怀和文化同根性的亲和力。因此，节日是民族文化认同的主要象征，比如中国的春节、中秋节、清明节等重大节日是中华民族的精神文化财富，这些节日成为增强和维系中华民族认同感的重要文化纽带。

端节也具有维系和增强水族人民认同感的教育价值。端节中的祭祖、赛马等活动使平日里忙碌的人们放下手中的工作都聚焦到节日喜庆中来了，端节期间人们互相拜访，互相送礼，共享餐宴，对增加人们的互相了解、促进民族内的和谐与团结、增强水族人民对自身民族文化的认识有着不可忽视的作用。端节是水族家人团聚、缅怀祭祖的重要日子，孩子们在这一时刻，特别能体会到父母的仁爱和养育自己的艰辛。人们在欢度端节时那种积极向上的心理状态，祈求风调雨顺、充满希望、互相祝福、欢聚团圆的传统情怀，都会极大地增强人们的凝聚力、向心力，这种教育影响是潜移默化、深刻而久远的。因此，端节成为水族人民互相认识、了解、交流、学习本民族文化的重要途径和形式，对增强民族的凝聚力和形成水族人民的认同感有着重要的教育意义和教育价值。

二、 水族端节的伦理道德教育价值

道德与生活相联系，伦理道德规范往往通过生活细节表现出来，并在生活中对人进行伦理道德教育。节日中的伦理道德教育也有这个特点，即教育与生活紧密相连，人们在节日中自觉或不自觉地接受有关伦理道德的教育。

在中国，习俗习惯是民俗的法约表现，是国家法律的基础和补充，国家的统治管理需要有效地运用民俗的力量。节日民俗是整个民俗中的一个重要组成部分，当然也拥有其独特的道德教化的力量。党中央制定的《公民道德建设纲要》中就指出："各种重要节日、纪念日，蕴藏着宝贵的道德教育资源。"的确，节日文化蕴含着丰富的道德教育资源。

水族端节中的祭祖、赛马等主要活动都体现了水族人民敬奉祖先、尊老爱幼、互敬互爱、家庭和睦、邻里和谐的"和合"精神及对伦理道德的理解和把握。祭祖一般由家庭中地位高或年纪大的人来主持。首先，在供桌的香炉里插上三支香，用来敬天、地、祖先。有的人家不烧香，就用燃烧米糠取代，这样表示去世的老人在阴间香火不断。然后，用一个酒杯，倒满酒倒在供桌前，用筷子把每样菜都点一下，表示老祖宗酒也用过了，菜也吃过了。最后，人们开始用餐。"初一"上午要挨家逐户去吃祝贺性的新年饭，当地称"吃年酒"。每到一家，按辈分依序入座，互挽手臂，在"秀、秀"的祝福、欢呼声中干杯。吃年酒必须家家都去，若有一家未去，就是对这户人家的极大侮辱。孩子是吃年酒队伍的重要角色，据说孩子的欢笑会带来好运，所以人们都非常欢迎孩子们到自己家来玩、吃东西、喝酒。赛马之前也要举行祭典。寨老要在端坡上设一供席,上摆各种各样的祭品,隆重祭祀开辟端坡的祖先。由寨中德高望重的长者主祭,长老伫立桌前,神情肃穆,端着斟满酒的酒杯,口中念念有词,大多是对祖先的怀念和吉祥如意的话语,祈求保佑端坡赛马活动平安无事,来年风调雨顺、五谷丰登等。

因此,端节对于水族人民来说具有深刻的伦理道德教育价值,是培养水族人民敬重祖先、尊老爱幼、互敬互爱等伦理道德、高尚情操的民族原生态课堂。在端节期间,人们需要格外认真地遵守礼仪。端节中体现的是水族人民欢乐、祥和、激情、真诚、和谐、友爱的精神风貌。这对水族民众尤其是对青少年的伦理道德教育意义和教育价值是不言而喻的。

三、水族端节的知识与智慧教育价值

端节是水族人民认识和演绎本民族历史文化的重要机会。例如,水族端节祭祖的鱼叫"鱼包韭菜",是将韭菜、栗仁等塞满鱼腹后,炖煮或清蒸而成,祭祖之后便可食用。相传,水族的远祖由南方北迁时,送行者送上一包食物,即是内有九种青菜的煮鱼。远祖依靠这种食物充饥来到黔南定居,后来鱼包韭菜便成为水族人最喜欢的民族风味食品。水族家庭在端节期间准备、制作、食用鱼的过程也是对青少年进行本民族生活、生存历史及文化知识的教育过程。

水族在酿酒、纺织印染、刺绣等方面拥有丰富而成熟的技艺与智慧。端节是展现水族科技文化的大舞台,是青少年学习本民族科技知识的大课堂。例如,在端节里酒是水族人民的重要饮料,水族自家酿酒有大米酒、糯米酒、杂粮酒和甜酒之分,其中以三都县九阡地区的"九阡糯米酒"最为驰名。这种酒色泽棕黄,香味馥郁,清甜甘爽,1957年曾上过国宴。水族酿酒工艺独特,水族很早就使用了蒸馏的酿法,发明了专门用来酿酒的器具。在端节里欢快饮酒等活动无疑可以激发水族青少年对酿酒科技知识的兴趣,直接或间接地对青少年进行科技知识与智慧教育。

端节是水族民众的大聚会,它从各个不同的角度和侧面反映着水族的社会生活,在端节里人们可以学习到如何做一顿美味佳肴、如何遵守民风民俗、如何尊老爱幼、如何与人友好相处等基本的生活知识及智慧。

此外,水族端节赛马场地一般设在高坡陡岭、道路崎岖的山地上,这对骑手们的技艺和素质是一个考验,竞赛者必须勇敢、沉着、敏捷并具备高超的骑术才能夺魁。端节中的赛马活动使参加者在竞赛中相互较量、切磋和学习,并获得共同进步及愉悦的心理体验,能起到磨炼意志、开启心智的教育作用。

四、水族端节的审美教育价值

端节赛马活动具有健身、审美教育价值。端节赛马有很高的审美观赏价值,赛马场上骑手们斗智斗勇的对抗性竞赛,骑马人在骑马飞奔中技术技巧的运用、马匹的速力等都引人入胜,给人以美的享受。[4](P39)因此,水族端节中的赛马,在长期的历史演变过程中,逐渐形成了独特的民族风格,具有强身、健体、娱乐、观赏等多方面的审美教育价值。

端节是水族音乐、舞蹈艺术教育的天然课堂。端节期间,水族村村寨寨敲击铜鼓、皮鼓，鼓声此起彼伏，水乡山寨被欢快的音乐声、歌唱声所包围。在喜庆端节里人们互相切磋、交流，学习音乐、舞蹈，直接或间接地接受原生态的水族艺术教育。

端节中的水族服饰给人以美的视角感受。端节期间，人们都会把漂亮的服饰穿在身上，男女服装皆以青、蓝色为主。男子穿大襟布衫，衣襟镶边饰，青布包头、长裤。女子穿大襟圆领衫，领襟衣袖有绣饰，青布包头，系围腰，着长裤，裤脚镶花边，穿绣花布鞋；喜欢佩带银项圈、银锁、银镯等银饰；围腰上端镶绣片、银泡为饰，以花草、蝴蝶为主要图案；穿时系银链，挂钩处有镂雕的银蝶或银花朵，十分精细。水族围腰较长，系在衣服外面，既美观又保护衣衫。端节中还可以欣赏到已经被列入国家非物质文化遗产名录的、巧夺天工的水族马尾绣。因此，端节是水族服饰的一次展览盛会，使人们在得到视觉美享受的同时还得到关于服饰、形体美的知识和教育。

此外，在端节中，青年人赶端坡不但为了看赛马，还把这场盛大的聚会看成是物色情侣的好机会，端节歌中唱道："哥骑马，去相姑娘；女梳妆，去看情郎。"因此，端节是水族青年人进行爱情审美活动的重要日子，也是接受婚姻爱情教育的重要日子。

五、 水族端节的和谐教育价值

水族是一个崇尚自然、和谐的民族，在生活中、节日活动中体现出朴素的天人合一的价值观和哲学思想，在端节中主要反映在人与自然的和谐、人与人的和谐两方面。

人与自然的和谐。端节期间，水乡山寨沉浸在节日的气氛中，铜鼓声此起彼伏，悠扬的歌声和芦笙调从早到晚回荡在翠竹掩映的竹楼里。当夜幕降临，水乡山寨星光点点，传来阵阵欢声笑语。此情此景，无不显示出人与自然融为一体的和谐关系，体现了水族朴素的天人合一哲学思想和价值观，对青少年直接或间接地进行和谐价值教育。

人与人之间的和谐。端节活动主要是水族群体及家庭团圆活动，通过祭祖、赛马等活动形式，人与人之间来往频繁，感情和思想得以交流，人与人之间体现出一种淳朴的、天然的和谐关系。因此，端节是对青少年进行人际和谐教育的自然课堂。

总之，水族端节具有丰富的教育价值，它是水族对民众尤其是对青少年进行民族文化认同教育、伦理道德教育、知识与智慧教育、审美教育、和谐教育的重要日子与天然课堂。当然，它所表现的还是一种自然的教育价值，从端节蕴涵的丰富文化内涵来看它所发挥的教育价值和作用还远远不够。笔者认为，在水族地区有必要整合社会教育、家庭教育、学校教育的资源和力量，大力挖掘和利用端节的教育资源和教育价值，以便更好地为水族地区经济社会发展服务。

参考文献

[1] 吴宗友，曹荣. 论节日的文化功能 [J]. 云南民族大学学报（哲学社会科学版），2004（6）.
[2] 刘之侠，石国义. 水族文化研究 [M]. 贵阳：贵州人民出版社，1999.
[3] 费孝通. 简述我的民族研究经历和思考 [J]. 北京大学学报（哲学社会科学版），1997（2）.
[4] 梁传诚. 三都水族"端节"民间赛马述评 [J]. 黔南民族师范学院学报，2002（3）.

（原载于《黔南民族师范学院学报》2008 年第 5 期）

水族卯节调查实录
——贵州三都九阡镇水各村水各大寨调查个案

陈显勋

水族卯节流行于一部分不过端节的水族地区，节期为四天，按古老的遗俗以水历九、十月（农历五、六月）的卯日开始，按不同地区先后分四批逢卯日轮流过节。贵州省三都水族自治县九阡镇水各村水各大寨的水族卯节在水族"卯节"中为第四批"卯"，也是最后一个最为热闹、最负有盛名的卯节。自2005年以来，各级政府不断加大对水族卯节特别是对三都水各大寨水族卯节的建设力度，对外展开大量的宣传报道，让"卯节"这个水族传统节日逐渐为外界知晓。面对当下全球经济一体化及外来文化对水族传统文化的冲撞与渗透，水族卯节这一古老民族节日的现状如何？政府部门及社会参与后传统与现实又产生了哪些碰撞和嬗变？当地水族同胞对卯节的将来又有哪些展望？水族卯节将如何保护和可持续性开发利用？为此，笔者于2011年7月走进三都水族自治县九阡镇水各村水各大寨，对水各大寨水族卯节文化进行了深入调查。

2011年7月9日，笔者乘车抵达水各大寨吴兴荣家[①]，通过夫妇俩联系到水各村村委会主任蒙炳朝并约定采访时间。随后走访调查水各大寨水族群众的节前准备情况、水各大寨的风土民情、水各大寨过卯的过去和现状、水各大寨过卯的相关传说、政府部门参与后对水各大寨的传统过卯活动的影响及利弊等。采访对象有70岁左右的老人、40岁左右的中年人和20岁左右的青年人。

一、水各大寨概况

水各村与九阡镇的水条村、白庙村、水懂村、板高村和周覃镇的水备村、三院村毗邻，位于三都水族自治县九阡镇西南部，距九阡镇政府4千米，距三都县城60千米，距荔波机场27千米。全村总面积23.2平方千米，辖9个自然寨，15个村民小组，518户共2172人，水族人口占99%。水各大寨是水各村最大的自然寨（由4个村民小组组成），也是全镇最大的一个自然寨，有180户共880人。全寨只有吴、蒙两姓，其中蒙姓只有几户。据说蒙姓是以前该寨吴姓无男丁人家招赘发展而来的。水各大寨民风淳朴，民俗保存

---

① 吴兴荣，男，农民，44岁，高中文化，长期在外接揽建筑工程，其父生前是水书先生；其妻冯琼，45岁，高中文化，原水各村妇女主任，夫妻俩对水各村特别是对水各大寨的情况都很熟悉。

完好，大部分民居仍保持着水族特有的木质干栏式建筑的风貌。

二、水各大寨卯节

（一）卯节的历史

卯节，水语称"借卯"，意为吃卯。过"卯节"的水族村寨把卯日作为新年节日。卯日依据水族历法来推算。水历九、十月，即农历五、六月，水书称为"绿色生命最旺盛的时节"，辛卯日被称为"最顺遂的日子"，是过卯节的上吉日。水族人认为，过节逢辛卯就预示风调雨顺，人寿年丰。与此相反，丁卯日被视为凶日，是过节的忌日。过节逢丁卯日会招致旱灾、虫灾与瘟疫。分批过卯节在古时约定俗成。水家节日歌唱道："第一卯/水利的卯，第二卯/洞坨的卯，第三卯/水扒浦卯，第四卯/九阡卯。九阡宽/吃卯殿后。"荔波境内水族过头三批卯节，第四批卯节，除三都的九阡、水各、周覃外，荔波的岜鲜、水维、永康等地的水族也过最后一批卯日。在水族中，有"过端不过卯，过卯不过端"的传统。按照水族的族规，凡过端节的村寨，就不过卯节，而过卯节的，就不过端节。关于这种风俗，较一致的传说是，古代水族的祖公拱登有两个儿子，哥哥被分住到上边的内外套地区，弟弟被分住到下边的九阡地区。原先约定好，丰收后到祖公处团聚庆祝。后来感到相距路远，往来不便，就决定哥哥过端节，弟弟过卯节。时至今日，各地水族基本上是同宗同姓的一同过节。

（二）水各卯节的组织

2005年前，水各大寨的卯节都是以家庭为单位自发进行祭祀和卯坡活动的。2005年后，水各大寨通过政府引导，资源整合，市场运作，群众参与，精心挖掘，打造民族民间文化，走出了一条旅游带动群众增收致富的道路。在这一活动过程中，有了相应的组织机构和组织分工，如水各大寨成立了"水各大寨旅游协会"等。在2011年水各大寨卯节活动中，县委县政府、县直各相关单位和各种社会组织等都投入大量的人力物力，对水各大寨卯节进行全方位开发和旅游包装，让节日活动更加丰富多彩。

（三）水各卯节的过程

1. 准备

2011年7月9日（7月11日当天才是卯节），笔者亲临水各大寨进行实地调查，已看到部分人家开始清扫屋内和房前屋后的卫生，并且开始宰杀鸡、鸭、鹅、猪等，泡黄豆、泡糯米、做豆腐和染黄糯米饭等准备工作也在进行中，以备卯节用于祭祀和招待客人。采访中，水各村村委会主任蒙炳朝介绍，现在水各大寨过卯有两种层面的节庆活动：第一是民间自发的传统意义上的过卯，到了卯节的前一两天，水家人就像汉族人迎大年一般，开始动手洒扫庭除，打扫卫生，将阳尘（屋内灰尘）撒放到稻田里（水家人认为阳尘能杀虫）。寅日为年终除夕，这一天要认真清扫房屋院坝，为祭田敬祖摆上鱼、肉、酒、饭等供品，并且要准备丰盛的佳肴款待宾客。卯节期间，水各大寨都会整夜敲铜鼓、木鼓，或唱歌娱乐；第二是政府部门参与，由政府部门统一策划实施过卯。随着时代变迁和外来文化的交融,现在第二种"过卯"得到了水各一带水族人民的理解和接纳,而且过节的场面更加宏大,气氛也更加热烈。

2. 迎宾仪式

2011年7月11日上午11时,举行迎宾仪式。远方客人、国外游客相继到来,迎宾门前,人声鼎沸,火铳、长号声、铜鼓声、木鼓声、水歌声响彻九霄。16把长号向天空举起,道路两旁插着印有水书字样和鱼图腾的彩旗。水族姑娘们捧出斟满米酒的酒碗,唱着甜美的水歌,用水家人特有的方式向远道而来的贵宾和客人敬献自家酿制的醇香九阡酒,迎接客人进寨。

3. 祭祖仪式

中午12时,在猛敲铜鼓9下后,祭祀仪式正式开始。水书先生吴秀林,头包黑头帕、身穿黑长袍,手举一大把芭茅草和竹枝,不时挥舞,口中念诵祝祷之词。长木桌上的祭品有:1头煮熟的小香猪、1块熟猪肉、4条韭菜包鱼、1只煮熟的鸡或鸭、1小捆烟叶、1把糯米谷穗、一些水果、1壶九阡米酒和若干酒杯、1碗黄糯饭、1扎冥钱、3~9根燃香、1块白豆腐、1小碗米。水书先生用指头撮起碗里的米,向四方撒出去,让天感知,让地感知,让祖先感知,让他们庇佑年轻的后代和远道而来的客人。寨老和水书先生用长桌上摆着的醇香米酒和丰盛的供品敬祖、祭天,以祈一年风调雨顺、无病无灾、万事如意。

4. 民俗表演

水族民俗表演这一项目,在传统的水族"过卯"中是没有的,它属于政府参与后的"嫁接"产品。中午12时30分,水各水族民俗表演在水各卯文化展示厅前的表演场准时举行。男女主持人在浑厚的铜鼓、木鼓声中缓缓入场,用水语、汉语向客人们介绍水族的民俗。舞台上,一群水族妇女手拿草标唱水族双歌,另一群水族妇女悠闲地纺纱线,两个年轻水族小伙挥舞粑棒打热腾腾的糍粑,外围一群妇女随着铜鼓、木鼓的鼓点节奏欢快地跳起圆场舞,一队水族婚礼队伍缓缓走进舞台中央,新郎英俊、新娘妩媚,送亲队伍的轻松、悠闲,把水家人悠久的历史文化以及对和谐家园的追求展现得淋漓尽致。最后,水族民俗表演在主持人"夫妻对拜,送入洞房"的高亢声中结束。

5. 祭稻田仪式

卯节当天,水各水家人要进行巡田祭禾除草活动。卯日清早,各家各户蒸好黄糯饭。吃完早饭后,家庭主妇及女青年穿上新衣,各家自备"梅秧"(在1.5米长的新竹竿上捆扎一把新芭茅草,夹上一块猪骨,粘上一点糯米饭、糍粑),用竹篮装上酒肉、黄糯米饭、糍粑等供品,来到自家稍大一点的田坎上,用糯米草铺成供桌,用带来的供品进行祭祀。然后脱鞋下田,拿一根梅秧插在田中央,呼喊"禾神灵保佑,秧苗长势茂盛,谷粒满仓……",之后又转到另一块田再进行相同的祭祀活动。凡是稍大的田都要插上"梅秧"。

7月11日下午14时30分,全寨的祭稻田仪式在距水各大寨1.5千米左右西南的卯坡下的一块稻田边举行。稻田边站满了身着节日盛装、手持芭茅草的水族妇女,四周插满了五颜六色的印有水书字样和鱼图腾的彩旗。现场人头攒动,被围得水泄不通。祭祀台上摆放着1坛米酒、1头煮熟的小香猪、1块熟猪肉、1只煮熟的鸡或鸭、一大把糯米谷穗和一些水果等供品,以及用竹筒做的水枪和象征人丁兴旺的人像剪纸图腾,祭祀台四周的香火燃得正旺。祭祀台边站着八九个头包黑帕、身穿黑长袍的水族寨老和水书先生,让人感到神秘和庄重。

祭祀稻田开始。在水书先生吴秀林老人的带领下,水族寨老和稻田边身着节日盛装的水族妇女一起挥舞着手中的芭茅草、竹枝和打水枪,口中念着祭词,祈祷风调雨顺、五谷丰登和人畜兴旺。祭祀稻田仪式的高潮是水各大寨的8个男人将1头发情的母猪放到祭田中戏耍(从前一天晚上对水各大寨旅游协会会长吴天全的采访中得知,这头发情的母猪是一月前在三都廷牌订购的,毛色纯黑,不能有杂毛,重270斤,购价1050元),据说祭田当天男人们对发情的老母猪进行戏耍可保寨子人畜兴旺。另一个高潮就是在田中举行抢鸭子活动。据介绍,抢鸭子活动可驱虫驱灾,带来风调雨顺、五谷丰登。在现场,无论是祭祀的人们还是来参加活动的客人,都尽情释放自己的情感,积极地参与到这一活动中,嬉戏、打水仗、争抢鸭子,田里田外积极互动,场面极其热闹。

6. 卯坡对歌

水各大寨卯坡所在地叫怒腊坡,是位于水各大寨西南面1.5千米左右的一座小山。山型大小适中,坡缓顶平,长满小树、灌木和绿茵茵的野草,坐落在稻田和玉米地当中。卯坡与其他山的不同之处是,山脚溪流潺潺,水边有形状奇特的岩石,一口巨大的龙凤井终年涌泉,润泽四周农田。当地有世代传唱的小龙女与水族小伙子相爱殉情的故事,因为这个被当地人喜爱的神话爱情故事,赶卯坡的习俗才得以流传至今。

7月11日下午15时10分,祭祀稻田仪式完毕后,人群朝卯坡涌去,非常热闹。上山小路两旁摆着各种货摊子。上山的人群自然分成两类:一类是在山腰和山顶蹲坐在伞下对歌找情人的少男少女;另一类人聚集在山脚,他们是已经不用对歌的已婚人、乘凉的孕妇、老人或中学生及游玩的孩子,孩童和学生们是未来上坡对歌求偶的见习者。当地俗话说"不会唱歌,别上卯坡",小伙子手拉手围着姑娘们对歌,而姑娘们则始终害羞地将手中的伞遮住脸,当地人称之为"伞内唱歌伞外音"。青年男女对唱的内容大致如下①:

(一)

卯坡情歌唱起来,逗得鲜花排对排。
逗得鲤鱼游不动,逗得情妹走不开。
好朵鲜花生卯岩,花高手短够没来。
几时得花到哥手,口含仙水润花台。

(二)

借卯坡上妹劝哥,劝哥莫要疑心多。
尧人山配都柳水,你缠我绕打没脱。
妹是水家一枝花,日织绫罗夜纺纱。
一天能织三尺布,哪个不想妹当家。

(三)

太阳落坡怕分离,提起分离眼泪滴。
不是妹要分离你,爹妈在家等消息。
送妹送到尧人山,舍不得妹鼻子酸。

---

① 这里只摘录了其中的几段。由水各大寨青年吴国除进行汉译。

远远望妹悠悠去，好比拿刀割心肝。

节日中的卯坡歌声飞扬，热闹非凡。水族青年男女的对歌，内容丰富多彩，情意绵绵，歌调婉转，悦耳动听。小伙子和姑娘们一首接一首唱，一直唱到夕阳映红卯坡时，才依依不舍地分手，显得格外感人、和谐。当晚也有些男青年大胆地追随姑娘到寨内，上门找姑娘通宵达旦地对歌。

三、结语

水族是一个热情开放、能歌善舞的民族，在历史发展进程中形成了自己原始古朴的民俗民风，在长期的生产生活实践中创造了自己独特的文明，并拥有自己的语言、文字和历法。经笔者对水各大寨的历史文化、节日文化以及其他民俗文化的考察，发现水族卯节节日文化在飞速发展的现代化进程中还能保存完好，但同时，也正在受到来自行政和外来文化的干扰，下一步如何让水族卯节文化得以很好地保护和发展值得深入思考。

首先，随着政府和社会各界的不断打造和投入，九阡镇一带的水族卯节已不再是单纯的传统的民族节日，而成为水族社会重要的节庆文化活动。在政府直接参与下，当地的经济、旅游等都得到了长足发展。村民们在庆贺自己传统民族节日时，通过开办农家乐、九阡酒酒坊等经营活动产生了直接的经济效益，改善了社会生活条件。然而，政府参与下的卯文化节又给传统"卯节"带来一定的冲击，让传统卯节活动增加了许多非传统节庆活动项目，如卯节当天的敬"霞神"（水族敬霞神有专门的日期）、广场祭祖表演（过去卯节祭祖是以家庭为单位在家祭祀）、水族民俗表演等。

其次，参加卯坡活动的人数虽多，但真正在山上对歌的青年男女相对较少。组织者还筹备经费外请知名的水族歌手（歌王）来现场对歌，以增加节日气氛，失去了原来民间青年男女自发对歌找情人的文化含义。卯坡对歌已逐渐演变为迎合外来客人需求的伪民俗。由此不难看出如今的卯坡对歌的窘况，同时也折射出水族地区学校对民族传统节日文化教育的缺失，以及在现代多元文化的冲击下，水族青年卯坡文化意识已经淡薄，卯坡文化的保护和传承正在出现严重的断层。

最后，在当地大力发展和打造文化旅游经济的今天，如何让水族传统民俗节日"卯节"回归本位，如何让水族传统民俗节日"卯节"在得到更好的保护和传承的同时将现代优秀水族文化因子更好地融入其中，使之健康、持续发展，恐怕是我们特别是当地政府亟需思考和解决的问题。在进行文化旅游开发时，应尊重民族自述，不可过度开发和包装，甚至作秀。地方政府应当重视民俗文化的教育和培养，强化民族认同感和文化传承功能，只有这样，水族卯节的开发才能得到可持续的发展。

（原载于《黔南民族师范学院学报》2014年第4期）

贵州都匀绕家"冬节"的社会功能

宋荣凯 许明礼 许兴华

一、引言

贵州都匀地区世居少数民族很多,他们都有自己相对稳定的聚居区域和人文生态。例如坝固镇和王司镇的苗族,基长、阳河和奉合乡的水族,江洲镇、墨冲镇、平浪镇、凯口镇和摆忙乡等地的布依族等,他们都有自己独特的民族节庆文化。[1](P149-173) 而聚居在洛邦镇绕河村的绕家也是都匀世居民族之一,这个民族创造了自己较为完整的文化体系。绕家族源、语言、文化、风俗和社会心理明显有别于周边其他民族,尤其是绕家的民族节庆文化。最能展现绕家风情的节日就是"冬节"。在2012年绕家"冬节"之时,我们应邀赴绕河同当地人们欢度节日。2013年绕家"冬节",我们组织黔南民族师范学院预科部36名师生参与了绕家"冬节"的相关庆典活动。通过两次活动深入考察绕家传统节庆"冬节"在社会功能等方面的独特性。

绕家自称"育",凯里和麻江苗族称其为"阿幺"、"夭家";畲族称绕家为"嘎育";史书上称绕家为"夭家"、"夭苗"和"绕家"。[1](P178-179) 1997年贵州省民族事务委员会组织都匀市民族局、洛邦镇干部和绕家代表赴云南河口县瑶山乡进行民族识别考察后,考察组建议将都匀绕家识别为瑶族,但未得到绕家人的认可。鉴于绕家人外出学习、生活、务工等需要,现已将绕家人的户籍身份挂靠"瑶族"称谓。笔者在研究中征求绕家人意见,他们对从学术上将绕家人按照瑶族称谓进行研究并无异议,但出于当地俗称和尊重需要,在行文过程中仍用"绕家"或"绕家人"进行表达。① 现今绕家主要居住在都匀经济开发区洛邦镇绕河村(上绕家)和麻江县龙山镇河坝村(下绕家)。都匀绕河绕家和麻江河坝绕家同源,自称来自江西,初迁平越(福泉),继迁三都烂土,再迁都匀王司基长和阳河。基长支系再迁麻江河坝,阳和支系迁至绕河。本文以都匀经济开发区洛邦镇绕河村绕家

---

① 都匀市民事务委员会文件(匀族业字〔1997〕06号)"都匀市绕家人赴云南河口瑶族自治县族称认定考察纪要",都匀市民族宗教事务局文件(匀族议复〔2007〕01号)"对都匀市人大十一届一次会议第132号建议的答复"。

"冬节"为研究对象，意在梳理绕家"冬节"基本内容并探析其社会功能。

二、绕家"冬节"

绕家"过冬"历史悠久，现已列入都匀市非物质文化遗产加以保护。"冬节"是绕家一年一度最隆重的节庆，一般称为"过冬"、"冬节"、"绕家年"或"过绕年"等。

绕家过"冬节"来历和依据明确。绕家人民按照绕家历法①结合农历和农时，把每年农历三月到十月安排为农忙季节，再把冬月至次年二月安排为农闲季节。确定每年冬月第一个丑日为岁除，以冬月第一个寅日（虎日）为岁首，岁首日这天就是"冬节"。现以2012年壬辰岁、2013年癸巳岁和2014年甲午岁为例予以说明。根据推算，2012年的冬月初六（阳历12月18日，星期二）是丑日，这一天是绕家岁除；冬月初七（阳历12月19日，星期三）为寅日（虎日），这一天就是绕家"冬节"。2013年，冬月第一个丑日是十一（阳历12月13日，星期五），这一天是绕家岁除；第一个寅日（虎日）是冬月十二（阳历12月14日，星期六），这一天就是"冬节"。再以2014年推算，绕家岁除是冬月十一（阳历2015年1月1日，星期四）；第一个寅日（虎日）是冬月十二（阳历2015年1月2日，星期五）。

在历史上，过"冬节"这一天就是绕家历法的正月初一。相传绕家崇拜虎，平时因为忌讳不能称为虎，即叫作"yo"，即"公"的意思，这是对虎的尊称。十二生肖中的"虎"即"寅"，所以绕家以每年冬月第一个寅日为岁首举行"过冬"活动，祭祀祖宗，以代表对先辈的怀念。[2](P217)绕家"冬节"在传统上是一种带有时令性、祭祀性和节庆性的庆典。因此，绕家"冬节"的主要活动除了表明除旧迎新、庆祝丰收外，还有最重要的活动就是每家每户都要祭祖。祭祀用品包括甜酒、水果、糍粑、鱼、豆腐等。由于绕家"冬节"已被列为非物质文化遗产，其不仅限于民间活动，也是绕河行政村固有的节庆。由于参与欢度绕家"冬节"的各方面客人较多，所以绕家"冬节"不仅仅是绕家人自己的活动，也成为关心支持绕家社会、经济、文化发展，致力于传承和弘扬地方优秀民族文化的民族工作者所向往的平台。

三、绕家"冬节"的社会功能

（一）基层政府组织与民间自发组织相结合的组织协作功能

传统绕家"冬节"是由寨老组织协调和运作的民间活动。随着社会发展进步以及社会主义新农村建设步伐的推进，绕河村支部和村委会这样的基层机构逐步渗入到民族节庆的组织运行中，并充分利用民族节庆展现绕家人的精神风貌。

---

① 绕家历法是指用十二甲子与二十八宿轮推，这与汉族天干地支轮推为"六十甲子"相同。绕家甲子对推为八十四，用于时日，即八十四天转一次，用于年则八十四年转一次。贵州省民族事务委员会政法处编：《绕家十二甲子和二十八宿轮推对照表》，收录于贵州民族识别资料集（第十集：绕家——瑶族），第66-67页。

1. 村委会协调落实和安排"冬节"有关事宜

村委会将如何过好"冬节"列入每一年的工作计划。村委会召开专门会议,具体落实绕家过冬有关事项,这些事项主要包括:

第一,按照绕家历法准确推算绕家过冬的具体时间以便做出相应布置安排;第二,对村委会和各组组长以及有关可能参加接待的人员进行任务分工;第三,决定和开列明晰的拟邀请前来参加庆祝活动的人员名单,确定接待规模;第四,对可能产生的有关支出费用进行预算。

2. 通知各村寨做好相应准备

绕河村共有 21 个自然寨。为迎接来宾和客人,力争做好家庭接待、文明礼貌和村容村貌整洁等相应准备工作,充分展现绕河村绕家人在新农村建设方面的成就和风貌。

第一,展现绕家人们勤劳致富、生活美满的精神面貌;第二,展现绕家民众文明健康的生活风尚,如家庭院落的布置,房前屋后环境卫生的清扫;第三,展现绕家人热情好客的精神面貌,比如提前邀请亲友和客人到家中做客,提前做好过"冬节"所需的各种物质准备,比如米酒(分为祭祀用的甜酒和白酒)、河鱼、豆腐、蔬菜及其他的食品等。通过上述准备,当客人走进绕河村寨亲眼看见绕河谷风貌时,会感觉到绕家"冬节"浓郁的节庆氛围。

(二) 增强民族凝聚力和认同感功能

1. 增强民族认同感

绕家"冬节"是全体绕家人的节日,用绕家人的话来说:"时兴过冬节的就是绕家,不时兴过冬节的就不是绕家。"[2](P216)绕家"冬节"在增强认同感方面的社会功能主要表现在绕家过"冬节"是绕家民族心理认同的标志。这种心理认同表现在:"冬节"是绕家人共同的节日,就整个绕河村社区而言,上至村组干部下至各户普通百姓,所有人都要为迎接"冬节"做准备;就每一个绕家家庭而言,上至耄耋老人下至牙牙学语的孩童,也为"冬节"的到来喜形于色。各村寨内外,亲戚之间、朋友之间、友邻之间见面打招呼都可能会问,"你家今年准备得怎么样了",或者"你家今年邀请多少客人来过冬呀"等等之类的话题。这种"我们的节日"或者"我们绕家的过年"展现出来的是民居聚居区和民族地区社区特有的社区文化,即民族认同文化,或者称之为"我们的"或者"我们民族的"或者"我们这里的"这样的民族认同观念。这种心理认同恰恰是民族地区社区文化环境表现出来的重要特征。

2. 增加民族凝聚力

第一,增进绕家人内部民族凝聚。居住在绕河村的主体居民是绕家人①,绕家人利用这样的节庆增强民族凝聚力是不言而喻的。在节庆期间,就连麻江县龙山镇河坝村下绕家的部分客人也要步行六七个小时翻山越岭来参加"冬节"活动。因为从社会关系看,绕河绕家是典型的乡村社会,而乡村社会是"以血缘和地缘为社会联系纽带的,人们行为规

---

① 都匀经济开发区洛邦镇绕河村平寨小学填报《绕河村 2013 年文化户口册》显示:2013 年绕河村有 8 个村民组 21 个自然寨,有 676 户 2625 人,少数民族 2588 人,占总人口的 98.6%,绕家人口约占 95%。

范、人际关系和社会秩序等都是建立在血缘、地缘关系基础上"[3](P128)。在绕河绕家内部，绕河主要姓氏是许姓、杨姓和水姓，且长期以来都互为姻亲；在麻江河坝，绕家主要姓氏是张姓、曹姓、杨姓、龙姓和罗姓，绕河与河坝之间的绕家同源，也存在姻亲关系，所以绕家"冬节"恰好强化了这种内部凝聚力。

第二，增强绕家人与周边不同民族的凝聚力。绕河村土地面积23.5平方千米，其东面是麻江县宣威镇的笔架村、中寨村和琅琊村等村寨，有布依族、苗族、仫佬族、畲族和汉族等民族；在南、西和北三面，分别有都匀坝固镇的摆茶村和多杰村，大坪镇的幸福村，洛邦镇的附城村、瓮桃村和马场村与之紧密相连，居住着布依族、水族、苗族和汉族等民族。每年过冬，绕河村都要邀请上述行政村的人们到绕河村来参加活动。绕河村的绕家人因为婚姻、社会生产、生活以及种种交往与周边民族有着或多或少的联系，这些村民或是受到邀请或是自行前往参加绕家"冬节"活动。客观上，绕家"冬节"自然成为覆盖绕河村及其周边各民族之间的聚会①，在"冬节"这天，各民族友人到绕河去"走亲访友"，体验"绕家文化风情"。这种社会交往活动是愉悦的、健康的、和谐的，起到增加不同民族之间的凝聚力的作用。

不仅如此，在更远的地方，收到邀请的不同民族也来到绕河，他们的到来强化了不同民族之间的交流和凝聚力②。以黔南民族师范学院预科部为例。这次预科部受到绕河村委会邀请，组织了36名师生前往参加活动。这些师生中有贵州省内不同地区的少数民族，如贵阳地区的满族、黔西北威宁县的回族和大方县的彝族、黔北道真和务川县的仫佬族、黔东北印江和沿河县的土家族、黔东南黎平县和天柱县的侗族、黔西南州册亨县的布依族等，客观上起到了增强民族之间的凝聚力的作用。

（三）展现和传承传播民族文化

绕家民族文化内涵丰厚，并在绕河存在发展了几百年。

1. 展现和传承绕家居民的物质文化

绕家的物质文化丰富。绕河村分辖8个村民组21个自然寨。至2013年止，除了从龙关塘等村寨外迁组成的米办寨民居建筑风格趋同于附近民族（砖混结构混凝土二至三层房）外，其他村寨仍然保留着古朴的三层式三开间或五开间木质结构房屋（俗称"干栏楼"），这种木质房约占整个绕河各寨房屋的95%以上。进入绕河谷，首先映入眼帘的就是这些独特的民居。刘世彬教授《绕河两岸绕家人·依山傍水干栏楼》对绕河各寨民居进行过描绘：绕家木结构的吊脚楼依山傍水就势。前面吊脚后面靠山，往往是三层结构。底下一层简单装修一下用来堆放犁、耙、锄、石磨等劳动工具，有的也用来圈养猪、牛。二层三间前面加一个吞口，中间一间为堂屋，用来祭祖、迎客，左、右厢房前为火塘，后面住

---

① 绕河村在行政隶属上属于都匀经济开发区，它与附城村、瓮桃村和马场村一起组成了洛邦镇全部4个行政村37个村民组，2012年，全镇有4914户17283人，居住着布依族、汉族、水族、畲族、壮族、苗族、绕家人等多个民族，少数民族人口占总人口的96%以上，是一个典型的民族大杂居镇。数据来自都匀经济开发区洛邦镇人民政府办公室，2013年。

② 2013年应邀参加绕家"冬节"的部分单位有：都匀开发区管委会及其所属各单位、洛邦镇政府及其所属各单位、州博物馆、都匀市文化局、黔南民族师范学院预科部等30余家单位。取自绕河村委会2013年绕家"冬节"庆贺名单。

人，装修得比较规整。在厢房前都留有走廊，装修有木栏，可以用来晾晒苞谷、辣椒。在房前或两侧房山外修有晒楼，用来晒米或休息，或者用来做衣服、制蜡染、搞刺绣。最上面的一层装修后用来堆放粮食等。屋顶盖的是黑色小瓦。整个房子通风、透气、方便。[4](P18)

2. 传递和展现绕家人质朴的社会生活文化

绕家人的社会生活文化丰富多彩。绕家文化属于村落文化，这种文化是经过长期积淀形成的。绕家人拥有质朴的民风，纯朴、厚道、热情、诚实，人们讲究伦理，思想意识相对封闭，乡土特色浓厚，生产生活也比较保守。在"冬节"期间，这种民风得到完美的展示。除自酿米酒外，2012年"冬节"招待客人的主要菜肴是绕河黄牛肉；2013年招待客人的主要菜肴则是绕河鸭子和河鱼。这些膳食在绕河已经是最上档次的美食了。2013年接待客人同时开席约40桌。席间，唱甜美的绕家民歌劝酒。整个村寨都是猜拳行令声和阵阵欢笑声。

王巩汉《绕河情韵》一文展现了绕家人在待人接物上的精神风貌：

绕家的待客晚宴分外讲究。掌灯时分，侧房里的火塘窜起熊熊火焰，用铁三角支起的小铁锅顷刻腾起浓浓白雾。锅里煮的是嫩豆腐和鲜蔬菜，锅四周摆满酥香辣、烟熏腊肉、鲜辣煎蛋、油炸黄豆之类的美味佳肴。主人请客人入席后，给客人一轮又一轮地斟酒、拈菜。待在菜吃掉一半后，主人突然离席外出。不到半袋烟工夫，主人手捧一只木盆回到席间，接着从木盆里捞一条条活鲜鱼梭进滚开的锅里。之后，主人给客人盛饭，大伙用鱼下饭美美地吃了起来。客人吃饱后，主人又开始敬酒了。敬酒要唱绕家歌，这是妇女们的拿手戏。主人使个眼色，他的妻子、姑娘、媳妇就合唱起欢快的酒歌，频频给客人斟酒、敬酒。我平日滴酒不沾，这会也不得不往口里倒了两杯。绕家有贺客习俗，无论寨上哪家来了贵客，只要知道了，都会主动前去祝贺，热闹一番。席间，妇女们悠扬悦耳的酒歌声飞出木楼，飞向绕河峡谷。不多久，就来了10多个前来贺客的绕家人，主人给他们每人满满地斟了一杯酒，尔后，所有在座的人由主人领着齐唱"合心酒"。待曲终了，共同举起酒杯，齐饮"合心酒"。此时此刻，酒宴进入高潮，主人客人同处于欢情激荡之中，热情、豪放、欢快的氛围笼罩着整个堂屋，飘散在绕家寨中。[5](P303)

3. 展现和传递绕家人的语言和艺术文化

绕家语言属介于苗语"中部方言北部次方言"中的"北部方言"和"中部方言"之间的一种语音，它跟苗语黔东方言有60%左右的相同、相近和同源。[6](P308-322)由35个声母（包括清塞音、清塞擦音和清擦音等）、40个韵母（包括10个单元音韵母、21个复合元音韵母和9个鼻音韵母）和5个声调组成。在都匀绕河和麻江河坝绕家人生活中心区附近，其他不同民族的居民也或多或少地听得懂绕家话的一些语言或词汇。在绕河，凡是在这里出生长大的人，无论男女老幼，无论说话唱歌，都用绕家话进行交流，绕家"冬节"是绕家人语言交流的最佳场所。

绕家民歌中的"呃嘣"（又称"大歌"或"迎客歌"）已经列入省级非物质文化遗产名录[7](P22-28)，绕家"板凳舞"列入都匀市非物质文化遗产名录。在"冬节"这样隆重的节庆里，用绕家音乐舞蹈艺术向客人们展现和传递其民族优秀文化传统，是绕家"冬节"庆典的必备内容。

绕家民歌用汉语摘抄部分如下：

我们起来唱歌，尊贵的客人来了！是啊！我们的客人来了，来到我们家，一口淡淡的红薯酒、一锅青菜煮来待客真是不好意思。来！我们敬客人一杯酒，客人你不喝在做什么？不要愁眉苦脸的，我穷你是知道的，客人你回到家。①

四、结语

综上所述，一年一度的绕家"冬节"是独特的，它充分展现了绕家民族文化在共享、整合、适应和传承等方面的特点。当然，绕家"冬节"作为一种民族文化符号所表现出来的社会功能也是多样的、立体的和多维的，其组织协调、民族认同和凝聚以及展现和传承民族文化等方面，仅仅是其社会功能的部分内容，而这些社会功能都是多年来绕家人在和自然以及社会的互动中创造出来的优秀文化，这些优秀文化现已成为绕家居民社区环境文化建设的重要组成部分，也是绕河社会主义新农村建设在民族文化板块上不可或缺的重要内容，它的确值得我们研究、宣传、弘扬和分享。

参考文献

[1] 都匀市史志编纂委员会. 都匀市志·民族[M]. 贵阳：贵州人民出版社，1999.
[2] 莫让言. 绕家过冬节[M]//政协都匀市委员会. 都匀民族风情录. 贵阳：贵州大学出版社，2011.
[3] 钟涨宝. 农村社会学[M]. 北京：高等教育出版社，2010.
[4] 刘世彬. 绕河两岸饶家人[Z]. 黔南州机关印刷厂，2006.
[5] 王巩汉. 绕河情韵[A]//政协都匀市委员会. 都匀民族风情录[M]. 贵阳：贵州大学出版社，2011.
[6] 吴正彪. 贵州都匀绕家话的语言特点初探[A]//贵州民族学院历史系. 贵州民族论丛（1）[M]. 贵阳：贵州民族出版社，2002.
[7] 卢延庆. 寻遗黔南·黔南州非物质文化遗产名录[M]. 北京：中国文联出版社，2008.

（原载于《黔南民族师范学院学报》2014年第3期）

---

① 《绕家民歌·迎客歌》，黔南民族师范学院韦祖雄教授整理。

黔南布依族"六月六"节日的文化特征及社会价值

樊 敏

我国著名民俗学家钟敬文说"民间流行的节日，是各民族所同具的、必然要有的文化"，是"一种文化事象"。[1]节日文化，是全世界所有的民族共有的一种文化现象。任何一个民族都或多或少地有着具有本民族特色的传统节日。这些节日大多都已延续了数百年乃至数千年，成为人类社会客观存在的、共同的文化现象，反映出人类社会共同的文化心理需求。因此，我们应当研究这些民族节日文化，努力满足人类社会共同的精神需求，以促进人类社会的和谐发展。

黔南地区布依族"六月六"节日已有千百年的悠久历史，1981年农历六月初六，在惠水县拉林乡董朗桥举办贵州省第一次布依族民歌大赛后，报请中华人民共和国国家民族事务委员会认可，正式称为布依族"六月六"歌节。布依族"六月六"节日是在特定的时节进行的程式化的布依族生活样式之一，是包括布依族各种生活内容在内的特殊文化现象，即包括各种物质生活、习俗礼仪、民间信仰、社交娱乐等方面的内容，其表现形式则是布依族在这一特定节日的各种活动。

一、"六月六"的节日内容

黔南布依族独特的自然生态环境与民风民俗造就了黔南布依族"六月六"丰富多彩的节日内容，有生产祭祀、有对歌娱乐、有寻偶谈情、有才艺展示……形式多样，丰富多彩。

"六月六来打保符，阿天阿地保五谷，青竹仙翁赐宝剑，人人都来打保符。"独山、平塘、荔波三县相邻的布依族，每年"六月六"村村寨寨"打保符"①、吃"保符酒"，家家户户将沾满牲血的"秧标"②插在稻田里，以警告蚂蚱等害虫不得危害庄稼，祈求神灵保佑五谷丰登。

当每年"六月六"来临之际，惠水、长顺、平塘、罗甸、都匀、龙里、贵定、荔波等

---

① "打保符"谐音"打豹虎"，具有神意。
② "秧标"是用白纸打制而成的"青钢竹叶剑"。

地的布依族男女青年个个身着节日盛装，聚集在一起对歌。在对歌时，男女双方一般都是两人以上结伴演唱，往往是以一人为主，其余数人伴唱帮腔。歌词分为传统的和即兴创作的两种。通过对歌，姑娘若是找到了自己的意中人，就会赠送粽粑和袜垫。然后，双双避开人群，到坡上或河边继续轻声对歌，谈情说爱。日落月升，许多人都不舍离去。每年的这一天，惠水的董朗桥、老鹰坡，长顺的古羊桥，平塘的清水桥，罗甸的边阳，都匀的营盘，龙里的羊场，贵定的石板，荔波的朝阳等地，人山歌海，热闹非凡。

平塘、长顺等县的布依族地区，在"六月六"这天，家家户户要把自纺、自织、自染、自缝的衣物帐被全部拿出来晾晒在庭院里。有首童谣唱道："六月六呀，六月六，龙王晒龙袍，老虎晒皮骨，饶布依（即我们布依人），晾衣物，晒被褥，满庭满院花花绿绿，看谁手艺巧，天王来评述……"据说这样可以让天神保佑农作物、被褥不被虫蛀，全家老少有吃有穿，日子过得欢欢乐乐。"六月六"晾晒衣物帐被，还可让大家借以考察谁家的妇女心灵手巧，纺织的衣物最多最好，让客人们看到谁家主妇或姑娘勤耕善织，从此，这家的姑娘必将赢得众多小伙子的青睐。

黔南布依族地区有民谚道："有心过端午，六月六也不迟。"其原因是历史上或因战争干扰，或因农事正忙，故而推迟日期补过端午节。平塘清水一带传说：当地杨姓祖先杨昌豪于明洪武某年端午前夕奉命率师出征，官兵要求过了端午再出发。杨说："军令如山，不能有违，有心过端午，六月也不迟。"后来队伍凯旋，已是六月初，杨就下令六月六补过端午。因此，布依族地区过"六月六"时，就流行包粽粑，而且包的糯米要用糯米草灰或枫香叶染黑。更讲究的人家，还在染黑的糯米中放入少量炒香的花生、芝麻一同包成粽粑，有的还要包入一片腊肉或香肠。粽粑的形状有三角粽、六角粽和枕头粽等。

独山麻尾一带布依族却与众不同，"六月六"之际，已婚的布依族妇女普遍流行"走娘家"。"六月六"这天，她们抬着糯米甜酒（醪糟）、米酒、面条、大米、水果（主要是桃子），还有鸡、鸭、猪肉等食品来孝敬父母；有的还根据父母的年庚八字，给老人做高寿、添粮补寿等，希望父母健康长寿。因而在当地"六月六"又被人们称为"布依族的母亲节"。三都周覃一带的布依族则称"六月六"为老年节，已出嫁的女儿都会带上礼物携子女回娘家看望父母，给老人添福补寿、送去节日的问候和祝福。

二、"六月六"节日的文化特征

高占祥在《民族文化的盛典》一文中总结说："中国文明的博大精深育化出丰富多彩的民族节日"，"节日文化是以文化活动、文化产品、文化服务和文化氛围为主要表象，以民族心理、道德伦理、精神气质、价值取向和审美情趣为深层底蕴，以特定时间、特定地域为时空布局，以特定主题为活动内容的一种社会文化现象。它是人类文化的组成部分，是社会文化的一个重要分支，是观察民族文化的一个窗口，是研究地域文化的一把钥匙"。[2] 布依族"六月六"节日文化具有鲜明的民族特色，具有时间性、周期性、社会性、群体性、地域性、民族性、综合性、丰富性、稳定性和变异性等我国民族节日的普遍性特征，同时，还有以下明显的具有布依族意蕴和内涵的文化特征。

一是祭祀文化。在人类社会早期，由于生产力和科学的不发达，人们对一些自然现象还不能用科学道理加以解释，于是就通过舞蹈动作，模仿大自然及动物的种种形态，以表示对祖先的崇拜、对万物之神的敬仰，以此来取悦神灵，祛除人世间的灾难，保佑人畜平安、五谷丰登。这种原始的祭祀活动，逐渐演变为节日活动而固定下来，代代相传直到今天。布依族先民也由于对自然力的不理解和敬畏的心理，普遍信仰多神，崇拜祖先，以原始宗教意识作为其精神支柱。因此，在"六月六"节日里往往要举行求神拜祖的祭祀活动，因而，布依族"六月六"节日的起源又与其原始宗教信仰密切联系在一起。

布依族是传统的稻作民族，农历的六月正是水稻秧苗返青时节，秧苗长苗分蘖，最容易受到病虫灾害。这段时间是农作物生长周期中一个非常重要的时期，它直接影响到庄稼的收成质量和数量，所以布依族群众在"六月六"节日期间要祭祀"水神"、"田神"、"天神"、"谷神"、"牛神"等。祭祀分为家祭和村祭两种，家祭是各家各户在家里神龛前由家中老人主持的祭祀活动；村祭是以自然村寨为单位，由寨老在村旁有古树的地方，或田坝或河边有奇石之处举行的祭祀活动。一般多用猪、鸡、狗、酒、粽粑等作为祭品，目的是企盼风调雨顺、五谷丰登、人畜兴旺、四季平安。这种祭祀活动反映出布依族关于生态环境、气候特征等方面的地方性节令文化知识，融合了布依族关于农业生产等方面的丰富的农耕文化知识，也反映出布依族人民追求与大自然和谐共处的美好愿望。

二是歌文化。唱歌是布依族人民最喜爱的文娱活动，布依族"六月六"称为歌节，唱歌、对歌是"六月六"主要的活动内容，是布依族"六月六"节日的主旋律。作为节日期间必不可少的歌声，是表达情感、烘托氛围、凝聚民众的特殊手段。布依族地区有许多传统歌场，如惠水的董朗桥、老鹰坡，长顺的古羊桥，平塘的清水桥，都匀的营盘桥，等等，每一个歌场都有一个美丽动人的故事传说，如《阿水与阿花》、《白老乔与谢乔妹》、《古刚与九姑》等。在平塘清水桥还流传着这样一首歌谣："一年有个六月间，六月桥上遇歌仙，世上姻缘她作主，传歌留名几千年。"[3](P288) 相传，古时候有一位美貌善良的歌仙来到人间，在农历六月六这天，她在清水桥头遇到一位勤劳勇敢的布依族小伙子，两人通过对歌，相互了解，情投意合，结为良缘。后来此事传开，青年们都想在"六月桥"上寻找如花似玉、能歌善唱、勤劳聪慧的伴侣。于是，每年农历六月初六这天，很多青年男女都到歌场来对歌，展示自己的聪明才智，盼望能找到理想的情人。男女青年对歌时，双方互通姓名、地址，唱起热情洋溢的相识歌，接着便是唱表达相互羡慕的赞美歌和情真意切的爱慕歌。双方在唱相爱歌之前，往往要先唱饶有风趣的盘歌，长时间的相互摸底，盘天问地，说古道今，考问生产劳动等知识。真正的歌手要唱情歌十二部——邀请歌、敬酒歌、开排歌、初会歌、赞美歌、定情歌、消夜歌、盘歌、排歌、分离歌、送别歌……例如下面这首《定情歌》，便是男女双方经过对唱情歌增进了解之后男女之间的相互对唱：

男唱：调过歌头起歌声，开口跟妹要把凭，
　　　妹拿把凭交给我，记妹情意一百春。
女唱：飘带长，飘带长，这根飘带绣凤凰，
　　　手艺不好仁义在，留妹仁义在歌乡。

分别之际，俩人既已定下情缘，便通过歌声表达出同结连理、永不分离的心愿，如下面男女对唱的《送别歌》[4]即是如此：

男唱：一里送妹出寨门，寨脚有树梭罗林，
　　　记倒梭罗记倒妹，问妹何时哥乡行？
女唱：哥你送妹到寨脚，寨脚有棵好梭罗，

　　　　　　　　哥是梭罗千年在，妹变青藤来跟哥。

　　不仅歌词信手拈来、随编随唱，而且还昼夜唱个不停、对个不停，白天在桥头、河边、山林脚对唱；晚上互相邀约到寨子里对唱，分不清高下，结成了情缘。唱歌、对歌的形式既增添了节日喜庆、热闹的氛围，又联络了感情，加强了民族的凝聚力，还点燃了爱情的火花，促进了民族的繁衍和发展。

　　三是酒文化。酒与布依族的节日密切相关，年丰岁稔，布依族群众举杯同庆；悲苦哀痛，又借酒消愁；追念先辈业绩，以酒抒怀；驱邪逐煞除秽，借酒助威。可以说，凡逢节日必用酒，如若无酒不成节。布依族"六月六"同样通过节日用酒的种种习俗，从一个侧面展示布依族节日的文化特质和民族文化的奥秘。布依族先民心目中具有特殊魔力的酒，在"六月六"节日中，满足着驱邪除秽、敬神祭祖等布依族群众的心理需要。酒，作为先民们最初发明的一种普通饮料，由餐桌奉向神坛，由物质文化形式向观念文化形态发展。酒，被神圣化了。在待客聚餐中，饮酒用酒习俗还往往发挥出聚合人群、凝结人心、加强友谊的特殊作用。在这些场合中，酒摆脱了神的支配，酒文化表现出鲜明的世俗化倾向。

　　布依族热情好客、豪爽饮酒，自古以来就有"无酒不成礼"、"无酒不成席"的文化传统，其影响非常深远。酒文化的表现很突出："六月六"祭祀要用酒，"六月六"聚会要喝酒，"六月六"期间馈赠亲朋好友也离不开酒，已婚妇女"六月六""走娘家"的礼品中，酒同样是不可缺少的重要礼品。布依族素有"无歌不成敬"的酒礼酒俗，更为"六月六"歌节文化再添韵味，也展示了布依族酒文化和歌文化的相互融合。"六月六"席间酒过三巡，肴过五味，主人一定会奉上优美婉转的酒歌来助兴。唱敬酒歌是酒席的高潮，先由主人端起一碗酒，向客人们边敬边唱。歌的内容多是互相祝颂，往往唱到酿酒的起源、制酒的过程及饮酒的礼俗等。席间，主人还要邀请善于歌唱的姑娘或中年妇女来向客人敬酒，她们有的拎着壶，有的端着放碗的方盘，来到客人身旁，先斟上一碗酒，再唱起热情洋溢的敬酒歌：

　　　　昨夜得听客要来，提起扫把去扫街；
　　　　两边扫起人字路，扫条花路等客来。[5](P181)
　　　　一杯米酒表心怀，谷米不好自家栽，
　　　　淡酒不好自家造，要敬歌师开歌排。[4](P81)

　　宗朋好友以及四方宾客在细细品味布依族佳肴美酒的同时，也体验到布依族真挚纯朴的一腔深情。

　　四是糯食文化。糯食文化是布依族"六月六"重要的节日文化特征之一。甜酒和糯米酒是"六月六"主要的节日饮品。粽粑以糯米为主要原料；"走娘家"的礼品甜酒、待客祭祀的糯米酒也由糯米酿造而成。布依族喜吃糯食，不仅仅是因为糯米味美、营养价值高，而且是布依族作为古老、传统的稻作民族对稻谷特殊的、深厚的甚至是神圣的情感——布依族谷种的"种"一词和"灵魂"一词是相同的词，都写作"wan"。布依族认为糯米的"魂"最多，因此产妇坐月，以能吃糯食为佳；人到晚年，体力不好，以为自身魂魄所剩不多，便以糯米为老人添粮祝寿为俗；五色糯米饭更是布依族的特色食品；在婚礼酒宴中、起房上梁时，糯米粑则是吉祥、富贵的象征。糯食文化是布依族谷魂崇拜所表现出来的一种文化事象。

　　布依族在长期的生产劳动和生活实践中，不仅制作了丰富多样、美味可口的糯米食品，而且创作了许多有关糯食的故事、传说、诗歌、舞蹈。"六月六"节日里的粽粑从表面上看是为了增添节日气氛，若进一步细究，可看出这种食品便于携带、食用方便，在炎夏的六月季节，多放几天也不会馊，更适用于"六月六"后布依族繁忙的农业生产活动，从另一个侧面反映了布依族糯食文化与生产劳动的密切关系。布依族糯食文化的形成，与布依族生活习惯、生产方式、民族意识和民族的历史传统文化等方面有着密切的联系，有物质方面的因素，又有精神方面的因素，其内容是相当丰富的，因而它才得以保存和发展，形成布依族文化中的一个重要因子，并通过"六月六"等节日文化得到淋漓尽致的展现和传承。

五是工艺文化。布依族的传统工艺有蜡染、枫香染、扎染、刺绣、织锦、纺织等，内容十分丰富。精美的布依族工艺，不但具有鲜明的民族风格和优秀的艺术传统，而且还具有华贵、瑰丽、浑厚、古雅的艺术效果。心灵手巧的布依族妇女，几乎人人能纺、能织、能染、能绣。是否能纺善织、长于刺绣，不仅是青年人选择配偶的标准，同时也是妇女显示其才能的具体表现。姑娘从十二三岁起就开始学习纺纱、织布、印染、刺绣，她们通过母教女、姐教妹，形成了世代传承的民族艺术。

"六月六"节日里，布依族青年男女身着的盛装；送给情人的袜垫；"晒龙袍"时，晾晒在布依族庭院里的衣物帐被；"走娘家"时，妇女背小孩的背带；等等，都是布依族纺织工艺、染布工艺和刺绣工艺的生动体现和美丽展示。布依族地区气候温和，土地肥沃，适宜棉花生长，布依族妇女很早就习惯并擅长种植棉花、纺纱织布、养蚕抽丝、刺绣织锦，并缝制具有本民族特点的衣裤、头巾、围腰、枕套、床单、被面、帽子、鞋袜等。其花纹图案多喜用植物花卉、虫鱼鸟兽、民间传说及民俗风情为题材，美观大方又有文化内涵，色调鲜明而又富有浪漫气息，体现了布依族人民的心理、愿望和气质。布依族工艺文化之所以有如此强大的生命力，在于它有着广泛的民众性和民族艺术的传统性，是布依族文化资源中一个绚丽的花环。传统文化是一个民族的灵魂和象征，"六月六"节日活动便成了传承和展示这一传统文化最直接、最有效的方式。

六是敬老文化。敬老是布依族的传统美德。在"六月六"里"走娘家"是敬老、爱老、尊老的具体表现。"六月六"这天是两个六，就是"福禄"（复六）之意。布依族民间习俗认为，这天给老人做高寿、添粮补寿等都特别的吉利；这天给老人买衣服，更有"衣禄"之意，说明老人福禄常在，有吃有穿；送给老人的大米称"增粮米"，表达为娘家祈祷五谷丰登之意；面条称"长寿面"，希望父母长命百岁；甜酒预示老人的生活甜蜜长久；桃子意为王母娘娘的仙桃，吃了延年益寿……所以，"六月六"在很多地方又称"增粮添寿"节。其实，作为嫁出去的姑娘，给父母的关爱确实太少，在节日期间"走娘家"献一份微薄的孝心也在情理之中，而"六月六"的特殊日子，又恰恰符合了布依族传统文化中对"六"这个数字的崇敬和喜爱，那么"六月六"节日彰显和弘扬中华民族尊重老人、孝敬老人、关爱老人的传统美德也就理所当然了。

三、"六月六"节日的社会价值

布依族"六月六"节日之所以能长期传承，或者说"六月六"节日之所以能根植于布依族群众之中而富有长足的生命力，不仅仅在于其具有布依族文化特征的意蕴和内涵，也由其社会价值所决定。它集中表现在布依族借助"六月六"节日活动将达到的目的或可以实现的愿望。

一是有利于布依族文化的教育、宣传和传承。民族学家陈永龄教授说："节日文化特别凝聚着多方面的民族传统，许多民族习俗的精华、多彩的文化传统都在民族节日活动中展现出来，特别是缺少文字的民族，更要利用节日活动作为传统文化的学习机会。"[6](P43)"六月六"节日是布依族进行民族文化教育的生动的大课堂。对没有民族文字的布依族和学校教育比较落后的地区来说，这一价值更显重要，所以民间有"送孩子上学，不如带孩子赶街"的俗话。这种教育植根于人们的意识之中，流露于言谈举止之间，成为精神与气质，成为民族文化在个体成员身上的表现。例如布依族的许多音乐，在民间广为流传，但人们绝不是在学校里或通过师傅授艺学会的，而是在"六月六"歌场上和聚餐中逐渐学会的。在"六月六"节日对歌、社交、祭祖中，不断向布依族的后辈进行民族传统和民族历史的宣传和教育，让人们学到各种交往礼仪。所以从古至今，"六月六"节日活动在长期的潜移默化中进行着布依族文化的宣传教育，才使其礼仪知识以及生产、生活知识代代相传。

二是有利于布依族民族精神的凝聚、积淀和弘扬。社会学家认为，完整意义上的人是形与神的统一体，是生理与心理的有机构成；对人的教育即对人的心理素质的影响，主要来源于两大系统：学校教育和宗教活动。"六月六"节日源自布依族群体的祭祀活动。布依族信奉"万物有灵"和"祖先崇拜"，民间宗教活动特别是祭祀活动丰富多彩。参与人员通过活动的特定仪式不仅实现精神寄托，而且达到娱神娱人、借神育人、增强民族凝聚力等目的。祭祀活动中的所有祭师或主持人所讲述的内容，都包含有育人授业、传承历史文化方面的积极因素。"六月六"节日文化中流淌的是布依族的传统精神，就像遗传基因一样，从先辈那里一代一代地传下来，把那些流传千古的优良品质注入后代的血液和生命之中，构成布依族独特的精神内涵和特殊魅力。所以，"六月六"节日成为传承、积淀和弘扬布依族民族精神的重要形式，无论是人间亲情的渲染，还是对晚辈后生言行品德的熏陶，"六月六"节日都有所涉及。人们在欢度节日时那种积极向上的心理状态，祈求风调雨顺、国泰民安的良好愿望，充满希望、互相祝福、欢聚团圆的传统礼仪，都会极大地增强布依族的凝聚力和向心力。

三是有利于满足群众的精神生活、物质生活和娱乐、社交生活的需要。"六月六"节日是布依族群众根据物质生活与精神生活之需要所设立的。因此，"六月六"节日文化同时具有物质文化和精神文化的综合特点。从物质文化上来讲，直接对农业生产起指导作用，而且节日中聚餐享受劳动收获的活动内容，正是满足人们物质生活和精神生活需要的反映。改革开放以来"六月六"节日中更是注入了经贸活动内容，也反映了节日对人们物质生活的重要意义。从精神需要方面讲，人们在"六月六"节日活动中，或祭祀祖先，或祈求丰收，或对歌跳舞，或访亲会友，既自娱，也娱人，满足了广大群众于农闲时放松休息、恢复体力、调节精神生活的需要，达到心理的愉悦。同时，在文艺表演中，在节日的盛装打扮中，布依族群众展示了自己的才华，满足了表现自我价值、获得荣誉、得到社会承认的精神欲望。"六月六"节日活动还满足了布依族群众的社交需要。人类文明始自交往，节日活动为区域民众的交往提供了广泛的机会和舞台。其中最突出的，是为青年人提供了最受欢迎的社交机会。布依族受山区地理的局限，单个村落规模都较小，一般聚族而居，通婚空间极为有限。在这种情况下，扩展通婚空间成为一件不容忽视且为青年男女十分关心的现实问题。"六月六"节日活动，为布依族未婚男女青年在交往中扩大了对配偶的选择范围，并有利于人种的进化。

四是有利于布依族地区经济的交流、发展和繁荣。自古以来，"人气旺则市场兴"。"六月六"节日里成千上万群众聚会，这种大规模的集体活动，为民间贸易提供了商机，有利于促进布依族地区经济的交流、发展和繁荣。尤其在居住相对分散、集市不便的乡村，随着商品经济的发展，商品交易成为生产生活的基本需求。因此，"六月六"节日形成的过程，也就是民间贸易不断生成、发展、繁荣的过程。政府主办节日的兴起，还把节日的通商价值提升到了围绕地方开发而重点着力于招商引资的全方位发展地方经济的高度。最近几年，"六月六"节日文化正在越来越多地为各级政府和旅游部门所重视，纷纷以"节日搭台，经济唱戏"为契机，快速提升布依族旅游新形象。作为贵州旅游产业的一大亮点，"六月六"节日文化内涵，可以满足不同层面游客回归民族文化自然生态、寻踪探秘、休闲度假等多种需求。应该说，以此为商机，布依族不少地方在招商引资、吸引客源以及弘扬民族传统文化等方面都取得了较好的成效。同时，节日文化的弘扬，对调整当地的经济结构也产生了良好的影响，特别是促进了民族工艺品的生产、"农家乐"等民族饮食业的兴起，从而提供了新的就业机会，不但改善了布依族村民的收入，也提升了布依族村民的生活质量和文明程度，而且使布依族对外开放程度普遍提高，为布依族地区实现小康社会开辟了新的途径。

总之，节日文化表现了布依族的智慧和所创造的文明成果，是布依族的民族标识之一。黔南布依族"六月六"节日具有深厚的历史文化背景，有极其鲜明的布依族文化特征和重要的社会价值。因此，对其文化特征和社会价值进行研究、保护和传承、开发、利用，具有极为重要的社会意义。

参考文献

[1] 钟敬文. 节日与文化 [N]. 人民日报，1988-03-11 (8).
[2] 高占祥.《中国民族节日大全》代序 [M]. 北京：知识出版社，1993.
[3] 杨路塔. 布依族"六月六"歌节 [A] //黔南布依族苗族自治州文化局、文研室. 黔南民族节日通览 [M].1986.
[4] 陆勇昌，杨路塔，陈显勋. 平塘县清水村布依族"六月六"歌节调查报告（1）[R]. 都匀：黔南州文学艺术研究所，2009.
[5] 黔南布依族苗族自治州史志编纂委员会. 黔南布依族苗族自治州志·民族志 [M]. 贵阳：贵州民族出版社，1993.
[6] 贵州省文馆会. 贵州节日文化 [M]. 北京：中央民族学院出版社，1988.

（原载于《黔南民族师范学院学报》2013年第5期）

民族文化保护与传承研究

民俗文化创意产业中的传统知识产权保护问题
——以剑河县大稿午苗族水鼓舞为例

吴一文

在第五届CCTV电视舞蹈大赛群文组决赛中，贵州省剑河县大稿午苗族《水鼓舞》获得金奖，成为贵州省第一次在类似比赛中获得的最高奖，为了提升剑河县和水鼓舞的知名度，发展旅游文化产业，该县相继制定和出台了一系列开发水鼓舞文化的政策和思路，但也引发了村民们对水鼓舞传统知识产权的诉求，水鼓舞传统知识产权保护引起了当地政府和村民的关注。

一、大稿午及水鼓舞简介

大稿午苗寨位于剑河县革东镇，是革东一带10多个苗族社区中定居当地最早的寨子，苗语称"Khat Gud"。"稿午"为苗语"Gud"的音译，是苗族支系名，主要分布在剑河、台江、凯里、黄平、丹寨、麻江、施秉、三穗等地。据调查，"Gud"可以分为6大宗支，大稿午为其中一支。

据民间口碑资料反映，过去大稿午一带森林遍布，原居住在今剑河县岑松镇苗寨（以现在公路线计算相距约20千米）的一位先祖，打猎来到这里，发现此处土地肥沃，地势开阔，便迁居于此。一天，坐落在大稿午下游的元江寨（Khat Dlib）有人到河里挑水，见有菜叶漂来，推断上游定有人居住，便溯河而上遇到了大稿午人。双方为了确认谁迁居最早，约定第二天早上去看各自家里鸡圈的鸡屎，厚者即先到。晚上，大稿午的祖公扫了许多柴灰放到鸡圈里而被确认为是先到者。双方商定分割土地，"Gud"先到为主，就拿了一枚"地炮"（一说是铜锣）到寨边去放（敲），声响所到之处即为其所有。所以大稿午的土地一直是当地诸寨中最多的，而且重要农事均由大稿午首先"开工"。

至迟至清朝初年，汉文古籍中就有了大稿午的记载。例如，（乾隆）《贵州通志》中说，乾隆二年（1736）"祁文魁剿吴家寨"。这里说的吴家寨就是大稿午。现在村里尚有古道、古井、古龙潭、古枫等历史文化遗址、遗迹、遗物。

水鼓舞节是大稿午苗族社区独有的文化节日活动。据口碑资料并结合历史文献研究，发现该节日至少已有数百年历史。水鼓舞节苗语称"zuk niel eb"，"zuk niel"意为踩鼓，"eb"意为水。关于它的来历，社区内有两个传说：

传说一：某年久旱不雨，村里有位叫告翌仲老祖公的人，在村脚小河边后来起鼓的地方挖井找水，不慎被倒塌的泥土掩埋，他托梦给儿子说："这个地方很好，就让我长眠在这里。"后来，子女们带上香纸前去"坟"上祭奠，随后便普降甘露。后来相沿成俗。

传说二：某年大旱，河水断流，只有寨脚今天起鼓的地方有一个水潭不干，小孩们就到那里掬水嬉戏，只见潭中有两条龙相斗，顿时降下大雨，解了当地的燃眉之急。此后便成风俗。

水鼓舞是大稿午苗族群众在水中所跳的一种传统舞蹈，因水鼓舞节日期间在水上踩鼓而得名。传统的水鼓舞节分两部分举行。每年阴历六月第一个卯日之后的第一个丑日举行"起鼓"仪式，即如开幕式。男人身着女人衣裙，倒披蓑衣，脚踩草靴，敲击着木鼓和抬着箩筐，装着乞丐之状，在全寨挨门逐户的"乞讨"，众男子抬着"乞讨"得来之物，来到村前的小河边即起鼓之地举行"起鼓"仪式。"起鼓"庄重而神圣。一老人右手执刀，左手拿鸭，吟诵焚香烧纸，把鸭子杀死，并将鸭血洒向四周，以祭天公、先人，并大呼"老天下雨来！""下雨来，雷公！"等。之后大家在小河边煮鸭肉、猪肉。两个男人抬着木鼓置于小河中央，众男子在河中一边踩鼓，一边喝酒吃肉，一边掬水掷泥嬉戏。女子们在河岸高唱飞歌助兴。

第二个丑日，全村的男女老少自发来到寨边坝子里踩鼓，一般连续三天，以第二天最为热闹。革东社区及其相邻的台江、镇远、施秉、剑河等地数十个村寨的上万苗胞前来踩鼓。踩鼓时，木鼓置于踩鼓坪中央，由鼓手敲击，人们围而舞之。内圈多为姑娘和新媳妇，少则三五圈，多则七八圈，人人盛装，光彩照人；其次为穿着长衫、戴着墨镜的中老年人；外圈则为身着土布衣裳的青年后生。

活动期间还有斗牛、赛马、斗鸟等活动。夜间歌声不断，老年人以古歌为主，年轻人则情歌声声，不绝于耳。其间姑妈们还须挑着鸭子和酒等礼品，回舅家祝贺节日并参与踩鼓等活动。

二、水鼓舞文化价值概说

水鼓舞的文化价值主要体现在它反映了苗族水文化、鼓文化、稻作文化、原始崇拜、社区团结教育、传统历法文化。[1]现仅以其反映的苗族水文化、鼓文化为例，管窥其文化价值。

在长期的历史发展过程中，苗族形成了独特的水文化和鼓文化，而大稿午苗族通过水鼓舞，将这两种文化联系在了一起，这在全国苗族中是绝无仅有的，在其他民族中也不多见。

据流传在当地的口头传说苗族史诗记述和专家考证，是水产生了水汽，养育了世间的第一个神人雄讲公公，他去架桥除生下了生金银的诺婆婆外，还生下了死后化为靛草等物的榜香由、神寅等。史诗中还说枫木被砍伐后，生出蝴蝶妈妈，她与泡沫恋爱，产下十二个蛋，从中孵出了人类的始祖姜央等。这是水生万物的证明，说明在苗族传统哲学中，水是世界的本源。[2]

苗族原居地在临近江河湖海的黄河中下游和长江中下游地区，经常跟水打交道，观察到水汽来无影去无踪，变幻莫测，并通过水汽的有无、高低、多少等规律来预测四季寒暑易节,而这些又直接影响着农牧渔猎生产,关系着人们的生活,以至存亡。因此,可以认为,大稿午苗族之所以在水中踩鼓,是苗族水崇拜文化传统与人类在自然生存中离不开水的体现。

鼓是苗族的"重器",被认为是祖先灵魂的安居之地,它具有祭祀祖宗、娱乐、驱邪等功能。例如《苗族古歌·寻找木鼓》中所载:

Xit hot hxangb laix nal,大家商量祭爹娘,
But dail daib Ghot Dol,祭那远祖叫高陶,
Nongt but hangb nongx nang,祭了不愁吃与穿,
Dlas xangf baib dangx dol. 赐福大家人财旺。[3]

鼓是祭祖之物,人们从击之祭祖以娱神发展到自娱,使之也具有了娱乐性,踩鼓既是一种庆贺、娱乐方式,也是节日活动的主要内容之一;同时,鼓的驱邪功能实际上可能与前两种功能有着紧密的关系,一是因为鼓是祖先所居之地,所以得到祖先的护佑,增加了人们战胜各种自然灾害的能力;二是因为它具有很强的娱乐性,能够让"生病的老人、小孩跳下床"[4],达到"心理治疗"之功效。

尤其值得重视的是,大稿午的鼓文化与邻近的其他苗寨颇有不同。在苗族传统社会中,与鼓有关的活动,最重的非鼓社祭莫属,这种黔东方言区苗族最重要的祭祖仪式,一般分为两种形式:一种是没有什么清规戒律的"白鼓藏",一种是有着严格禁忌的"黑鼓藏"。社区内与大稿午长期有着密切姻亲关系的方家寨、元江寨、革东寨等都行黑鼓藏,过去在非鼓社祭之年不允许随便敲鼓、踩鼓。例如社区内的革东镇五河非鼓社祭期间严禁敲鼓、踩鼓、敲击扁担等物,用嘴模拟鼓鸣之声等行为也在禁止之列。因为鼓声是唤醒祖先的信号,一旦犯忌,祖先就会误认为祭祀时间已到而"起身",如无祭祀即会招致村寨不安、人畜不宁。

而许多苗族社区传统观念中,还有春耕之后和秋收之前不吹芦笙、不敲木鼓的禁忌,因为一方面这段时间是农忙时节,大家必须集中精力搞生产——民间解释为:有了笙鼓之声会导致庄稼不饱满。另一方面,正是青黄不接之时,来了客人没有招待的酒肉。但大稿午却在其他支系禁笙鼓期间举行踩鼓活动,主要原因是它行白鼓藏,没有什么清规戒律,也没有固定期限,其主旨也不是为了祭祀祖先,而是出于交际和娱乐的需要。

三、 水鼓舞传统知识产权问题的提出

20世纪末期,传统知识的概念逐渐在世界知识产权组织(WIPO)文件中出现。WIPO在大量官方文件中认为:"传统知识是指基于传统产生的文学、艺术或科学作品,表演,发明,科学发现,外观设计,标志、名称和符号,未披露信息,以及一切其他工业、科学、文学或艺术领域内的智力活动所产生的基于传统的创新和创造。"① 2001年WIPO发布的《传统知识持有者的知识产权需要和期望:WIPO知识产权和传统知识事实

---

① 参见 WIPO, Intellectual Property Needs and Expectations of Traditional Knowledge Holders: WIPO Report on Fact-Finding Missions on Intellectual Property and Traditional Knowledge (1998—1999), Geneva, April 2001, pp25. 转引自李发耀《多维视野下的传统知识保护实证研究》,北京:知识产权出版社,2008年。

调查团报告》中,将传统知识分为民间文学艺术表达(包括创作和表演)、传统科技知识(包括生活知识)、传统标记(包括符号和名称)、与传统知识相关的生物资源、有形文化财产(可移动和不可移动的)和传统生活方式及其要素六大类。实际上从内容看可以分为三大方面:民间文学艺术表达(统筹创作和表演、有形文化财产、传统生活方式),传统科技知识(主要是传统医药知识,其中生活知识由于公共性特征可以不列),遗传资源(指与传统知识相关的生物资源)。针对以上传统知识进行知识产权的保护,就是人们常说的传统知识产权保护。

虽然在贵州省非物质文化遗产名录中,水鼓舞是以节日列入"岁时节日类"的,但仔细研究传统知识的以上内涵和外延,可以判定水鼓舞作为一种民间舞蹈及其文化生态,应该属传统知识三大方面中的"民间文化艺术表达"。

长期以来,水鼓舞是大稿午村专有的活动,虽然周边的各村在过节期间都会来参加,但是,从来没有哪个村对其主办权进行过"问鼎",由于其特殊的文化价值,2007年被列入了贵州省第一批非物质文化遗产名录。

关于水鼓舞传统知识保护问题,是近年来在该县文化活动和"多彩贵州"舞蹈大赛等活动中逐渐引出的。

据当地村民介绍,2002年前后,台江县举行姊妹节活动,计划安排部分参加活动的宾客从施洞乘船到革东,剑河县拟在清水江边渡口举行水鼓舞等活动以迎接宾客,据说镇里计划安排同镇的某村来表演,该村村民表示:"水鼓舞是大稿午的,不是我们寨子的,我们来表演可能不太好。"镇里有人认为:"既然都是稿午,那就叫小稿午村来做也可以,反正平时活动也是在小稿午寨脚举行的。"于是就叫相邻且从大稿午分出去的小稿午村准备。小稿午就日日敲鼓排练不停,大稿午村民觉得奇怪,一打听才知道镇里的安排。于是村里当即表示反对,并有年轻人宣称:"哪个寨子敢搞我们的水鼓舞,我们决不客气!"

不知是镇里听说了大稿午村民放出的话,还是感觉不太妥当,随即召集大稿午村干部和几位德高望重的老人、小稿午村干部到镇里听取意见,镇领导没有谈及请其他寨子表演水鼓舞之事,只是说要听取大家对水鼓舞表演的意见。大稿午代表当即表示:"水鼓舞是我们寨子古老就传下来的,属我们寨子所有,绝不允许其他寨子来做。"小稿午村干部也说:"虽然我们是从大稿午分出来的,但水鼓舞是大稿午的,我们不能做。"该活动后来由于施洞方面出现事故,没有正式举行,但从此事却看出了大稿午群众对水鼓舞的珍惜。

此后,先后出现了当地村民对政府有关宣传资料中"剑河水鼓舞"、"革东水鼓舞"提法的质疑,他们认为这没有体现"大稿午"的特点。村民中还有人多次打电话或口头向在外地工作的熟人"求助",要求能用"大稿午水鼓舞"的名称。

2009年"多彩贵州"舞蹈大赛组织过程中,剑河县准备将水鼓舞作为原生态舞蹈组织参赛,由县里组织机关、学校和县歌舞队演员组团表演,某村村民参加苗歌演唱。大稿午得知后,多次向县有关部门反映,表示极力反对。县主办部门同意大稿午派5名男村民参加,但苗歌仍由某村的5名妇女来演唱。大稿午村民认为:"大稿午也有歌手,为什么要其他村的去唱?我们又不是不会唱!"而且表示,大稿午的妇女表演得比某村的好,10名男女都应出自大稿午才行。后来主办单位同意他们派出10名男女队员参演。

在排练过程中,一位村民在宣传部看到据说是县文化馆负责人起草的节目解说词中,没有说是"大稿午水鼓舞",而只是说"剑河水鼓舞",他们认为这种提法不妥当,于是找到宣传部负责人，要求更改。据说后改为"剑河县大稿午水鼓舞"，村民们方才满意。2009年8月22日，在"多彩贵州"舞蹈大赛原生态舞蹈全省总决赛中，大稿午水鼓舞从40个参赛节目中脱颖而出，荣获铜鼓奖（三等奖）。

2009年9月15日，大稿午村文书反映，当地一家餐馆在其专用纸巾上印有"水鼓舞"等字样，他们认为这是对大稿午水鼓舞的侵权，表示将与其理论。同时还告知，他们已经向县工商局咨询，并起草有关文件，拟向省工商局申请注册商标保护。

2009年11月2日至8日，大稿午村委会副主任在北京参加第五届CCTV电视舞蹈大赛期间，曾多次发短信向有关人员咨询，提出了内含传统知识保护的相关想法。诸如：

"据随同我们的记者讲，县政府马上申报水鼓舞为国家级非物保护，是否要求加大稿午在前？"

"水鼓舞获得金奖，我村是否有份，我们能否去要求给予？"

"水鼓舞获奖证书是否拿到村里，还是由文化局管理？"

虽然大稿午的村民没有明确提出"传统知识产权"这一概念，但通过他们提出的各种问题和展开的相应行动，已经表明他们对水鼓舞传统知识产权的关注。

四、 民俗文化创意产业开发须尊重传统知识产权

贵州省是一个多民族聚居的省，民族文化丰富独特，随着旅游业和文化产业的发展，部分贵州民族文化元素的商业化是大势所趋，这些元素对促进贵州民族文化产业和创意产业的发展，有着积极作用，对促进民族文化的大发展、大繁荣的作用也不可低估。但是我们也应该清楚地看到，在当前的民俗文化创意产业开发中，对传统知识产权的忽视，也是一个不可小视的问题。如果不采取切实可行的措施，对这些传统知识产权进行有效保护，那么少数民族社区的文化主权将可能受到严重侵犯，传统知识将可能被大量窃取，就会严重制约民俗文化创意产业的正常发展。

水鼓舞是大稿午苗族社区最重要的、具有唯一性和地域性的传统知识，从上文中我们已经感到了它的知识产权受到的威胁，其实在贵州少数民族中，类似的案例并不缺乏。

例一：从江县"小黄侗族大歌"被移植。黎平县侗族歌师吴定帮（黔东南苗族侗族自治州歌舞团的侗歌演唱演员，已逝世），从1958年开始平均每年一次到小黄吴仕雄的歌堂学侗歌（"文革"期间中断过），小黄人认为他回到黎平教唱的歌是"小黄"的歌。20世纪80年代中期，吴定帮曾带小黄村吴文强歌堂的七名歌手和黎平的侗歌演员同时参加了贵州电视台制作"侗族大歌——人与山水的和声"光碟的录音和演出，但播出的光碟中有一组画面演唱者是黎平的侗歌演员，而唱出的声音和歌曲则是小黄侗歌演员演唱的，因此小黄人普遍认为黎平的侗歌演员是根据录音对口型演唱的，是盗用了"小黄侗歌"的名誉。小黄人强烈要求今后要对"小黄侗歌"进行署名权的保护。（资料来源：商务部2004年黔东南传统知识个案研究课题组）[5](P252)

例二：黎平县黄岗村祭神的"喊天节"被复制开发。"喊天节"，侗语"谢萨向"，意思是祭祀雷婆，每年农历六月十五日举行，主要内容是以原始古朴、神奇的祭祀形式，祈祷上苍喊天求雨，该节日极为神圣隆重，是该村一年之中最重要的日子，自古以来在黄岗村传承。然而，2007年6月14日（农历），"喊天节"被以旅游开发的形式在县内另一地

区肇兴举办,传承"喊天节"的黄岗村民对此极不理解,甚至相当一部分人表现出愤怒。[5](P246)

例三:台江县苗族姊妹节被"克隆"。姊妹节是台江、剑河、施秉等县交界清水江沿岸苗族的传统节日。2004年黔东南州将一直在台江举办的苗族姊妹节搬到凯里体育场举办,引起了苗族群众、苗族知识界和国内知名民间文艺专家的批评。专程前来参加姊妹活动的中国民间文艺家协会副主席、北京大学博士生导师刘铁梁教授针对这一案例指出:"只有深深植根于群众的文化,才会有无穷的生命力。"[6]

以上三例均与大稿午水鼓舞传统知识产权保护的提出具有相似性:

首先,特定的地域性问题。世界上许多民俗都具有其产生、表演形式、表演地域性的特殊性,它具有仅限于某一社区而为其他社区所没有的特点。小黄侗歌应该专属于"小黄"这一特殊的社区,从演员到表演的艺术方式,都为小黄所专有。大稿午水鼓舞也是同样的道理,表演的人员、历史来源、表演的形式等,也应为"大稿午"这一社区专有,它们是具有特殊地理标识的民俗形式。

其次,独特的社区信仰特点。许多原始宗教活动属于某些特定的人群或社区,仅为那些人群或社区所有,是他们精神的寄托。黎平县黄岗村旨在祈祷上苍喊天求雨的"喊天节",是该村一年之中最重要的民俗节日,自古以来在黄岗村传承。大稿午水鼓舞不仅有祭祀祖先的含义在里面,也是自古传下来的传统活动,其中寄托着子孙们对先祖告翌仲的无限崇敬和感激之情,活动中体现了人们的血脉之情,也在教育子孙们不能数典忘祖,这种特殊的感情和精神来源,是其他人或其他社区所不可能具有的。2007年3月18日生效、中国是正式签约国的联合国教科文组织《保护与促进文化表现形式多样性国际公约》(简称《文化多样性公约》),极力主张保护文化的信仰权利,保护文化信仰权利是传统文化保护的灵魂。

最后,自发维权意识。从以上几个案例可以发现一个共同的特点,"涉案"社区的群众都具有朴素的维护社区知识产权的观念。例如,小黄人普遍认为黎平的侗歌演员是根据录音对口型演唱的,是盗用了"小黄侗歌"的名誉,强烈要求今后要对"小黄侗歌"进行署名权的保护。对于"喊天节"在另外社区举办,黄岗村民相当一部分人表现出愤怒。

无论是大稿午水鼓舞,还是小黄侗歌、黄岗喊天节等民俗文化活动,虽然现在还没有进入产业开发的层次,但类似的民俗文化资源所包含的商业价值可以预料,而且已经初现端倪,否则就不会有餐馆将"水鼓舞"印在纸巾上招揽顾客的事情发生。因此,我们从中可以得到启示,民族文化创意产业开发必须未雨绸缪,首先重视传统知识产权保护。

如何对传统知识产权进行保护?世界上各国都有不同的做法。贵州在这方面也进行了不少探索。针对大稿午水鼓舞所引发的类似传统知识产权保护问题,笔者认为,今后应该考虑以下几个问题。

第一,地理标识保护。贵州目前所做的传统知识保护领域的地理标识保护(原产地保护),大多运用于某些商品上,如清镇黄粑、都匀毛尖茶、德江天麻等,而运用到民俗方面的还很少,其重要原因是人们对它们的重视还不够和这些东西的市场效益还没有得到应有的体现。无论是"大稿午",还是"小黄",从村民们的意识中都透露出同一个重要信息——必须把这个地名作为特殊的标识表现出来,不然就不是他们自己的,起不到宣传这个社区及其文化的作用,也有可能没有这个特殊的标识,那"大稿午水鼓舞"或"小黄侗歌"就可能为其他社区所侵占,它的社会名誉和正在或今后将产生的经济等方面的利益就会受到影响。因此,村民们十分重视强调它的地理标识权。其实贵州类似的节日、宗教活动等还有很多,他们都属于特定的社区,保护好他们的知识产权就是保护其文化多样性,保护其文化所享有的可能产生的经济利益。

第二,商标权保护。我们知道商标是现代经济的产物,是生产者、经营者在其生产、制造、加工、拣选或者经销的商品上或者服务的提供者在其提供的服务上采用的,用于区别商品或者服务来源的,由文字、图形、字母、数字、三维标志、颜色组合,或者上述要素的组合,具有显著特征的标志。它具有识别、品质保证、广告及竞争等功能。由于目前我国尚缺乏传统知识产权保护的专门法律法规,有的社区或学者也主张采用这一方式进行传统文化知识产权的保护。大稿午"水鼓舞"被当地一家饭店印上了纸巾后,村干部和群众已经有了采取商标保护的意识,这无疑是正确的。我们知道现在贵州许多文化元素被"外面的人"采取非正常手段"合法"抢注了,如果今后想利用本应属于自己这些传统知识进行商品开发,将会受到制约,因此,采取商标方式对传统知识产权保护,对今后的民俗文化创意产业发展应该具有重要的经济意义。

第三,信仰权保护。当今世界,原始宗教信仰在许多民族中仍然十分普遍,而且许多信仰形式和内容具有特殊的精神内涵。如大稿午水鼓舞中的祖先崇拜、黄岗的雷婆自然崇拜,就包含着特殊的精神信仰,这些信仰具有神圣性、地域性、唯一性等特殊地位,是不容社区以外的人任意"染指"、"亵渎"的,而且外人也不信仰这些祖先神灵。保护这种专属的信仰权利,也是保护传统知识产权,因此这方面应该引起重视,并将其列入传统知识产权保护的范畴。

第四,地方性传统知识产权保护法规。虽然我国有知识产权法、非物质文化遗产法、著作权法等,但涉及传统知识保护的内容却少之又少,贵州省虽然制定出台了《贵州省民族民间文化保护条例》,但传统知识产权保护方面的内容也很少。因此,国家和省的层面都应尽快制定这方面的法律法规,一些传统知识资源丰富的地区,更应加强这方面的工作。如像黔东南苗族侗族自治州这样的非物质文化项目数量在全国同行政级别中名列第二的地方,又具有民族区域自治权利,应该根据当地传统知识的特殊性制定单行法规,对传统知识产权进行保护,从法律法规上保护民族文化的核心竞争力。

参考文献

[1] 吴一文. 追寻农耕文明的"舞步":剑河苗族水鼓舞文化阐释 [J]. 贵州民族学院学报,2010(3).
[2] 吴一文,覃东平. 苗族古歌与苗族历史文化研究 [M]. 贵阳:贵州民族出版社,2000.
[3] 吴一文. 苗族古歌通解 [Z]. 国家社科基金课题,2007.
[4] 王天若. 拉鼓节的传说 [A] //梁彬. 苗族民间故事选 [M]. 南宁:广西人民出版社,1986.
[5] 李发耀. 多维视野下的传统知识保护实证研究 [M]. 北京:知识产权出版社,2008.
[6] 贵州日报,2004-05-27.

(原载于《黔南民族师范学院学报》2012年第5期)

贵州民族民间音乐的保护与传承
——以黔东南苗族民歌为例

肖育军

前言

中国是一个由 56 个民族构成的多民族国家，每个民族都有着自己独特的民族文化。在这个千姿百态、五彩纷呈的民族文化的国度里，各民族民间歌曲争奇斗艳，各具千秋。苗族文化在中国民族文化中占有着重要的地位，而苗族民歌也成为中国民族民间音乐里的一朵奇葩。

地处中国西南部的贵州省，是全国苗族聚居的最主要地区之一。贵州省黔东南苗族侗族自治州特殊的自然地理环境和生产环境，孕育了具有浓厚的民族特色的苗族文化。众所周知，苗族民歌与苗族文化的关系是一脉相承、紧密相连的。因此，要了解苗族民歌的特点，首先要解析苗族民歌的文化背景。

苗族民歌的文化背景特征的纷繁变化，使得苗歌的种类也变得纷繁复杂、形式各异。本文主要以黔东南苗族民歌为例，重点介绍黔东南苗族民歌的歌曲分类及特点。

伴随现代社会经济的快速发展，文化的交融越来越多，民族民间音乐文化受到外来文化的影响，而黔东南的苗歌也是其中之一。那么采取怎么样的手段去保护、传承苗歌这一传统文化艺术，便成了撰写本文的出发点和最终落脚点。探析苗歌的文化背景及歌曲特征是我们研究苗歌的重点，而探索苗族民歌保护和传承的方向及途径，才是本文研究的关键。

一、苗族民歌的文化背景特征

苗族人民一直以来用独特的歌乐丰富着他们的生活，交流着彼此之间的思想和感情，传承着苗族的历史与文化。苗歌的历史就是一部苗族文化的历史，探析苗族民歌，必须对与之相适应的文化背景特征进行深入分析。

（一）苗族民歌的历史传承性

了解贵州苗族民歌的历史性，首先要了解苗族的历史。苗族是一个历史悠久的民族，分布地域广阔,自古以来就是中国人口较多的主要少数民族之一。2000年第五次全国人口普查统计,苗族人口数为8940116。从人口数字看,在中国56个民族中,苗族仅次于汉族、壮族、满族和回族,人口数排名第五。

苗族的居住地在历史上有过多次变迁。大致路线是由黄河流域迁至湖南、至贵州、至云南。苗族居民最早生活在我国黄河中下游地区,其后徙至"左洞庭"、"右彭蠡"的江湖平原居住。之后,因战争等各方面的原因,苗族又开始向南和向西迁徙,进入中南、西南山区。至明清以后的近代,有一部分苗族人逐步移居东南亚各国,然后再远徙欧美。直到目前,我国的苗族主要分布于西南和中南的贵州省、四川省、海南省、云南省、湖南省、湖北省、广西壮族自治区、重庆市等8个省、区、市。其中以贵州省、湖南省、云南省这三个省份的苗族人口数量最多,位居前三。

苗族人民在长期的反对民族压迫和阶级压迫的斗争中,在与大自然作斗争的生产活动中,创造了自己的物质文化和精神文化。我们可以这样认为,苗族民歌是苗族历史的记载。尤其是苗族古歌,是苗族人民通过长期的与天斗、与地斗,不断创新发展,并传承下来的一部史诗般的、不可多得的民族文化遗产,它随着苗族人西迁而言传口诵,从东部创作到西部,从远古传唱到今天,苗家人世世代代以不老的古歌记载着这个民族的历史。

(二)苗族民歌的文化传承功能

艺术包括三大功能:教育功能、认识功能和娱乐审美功能。作为听觉艺术的音乐,一般认为其偏向于娱乐功能。苗歌作为一种民族民间音乐,却是一个例外。苗族是一个没有文字的民族,于是苗歌就成了传承苗族历史文化的一种工具,因此,根据苗歌传承苗族历史文化的功能性,我们得出结论,苗歌的文化传承功能远远大于苗歌艺术本身的娱乐审美功能。在苗族发展的历史过程中,为了更好地承载本民族的历史文化特征,苗歌的艺术形式也变得多样化。

从苗歌的概念上理解,苗歌具有文化传承功能。苗歌是苗族人民对长期以来的生产方式和生活方式的经验总结,是一种以"树状"为结构的,用以交流思想、表达感情、抒发苗族人民内心志向的口头艺术,也是苗族文化的一种体现。一直以来,苗族人民通过口口相传的方式来叙述故事、传承历史以及抒发感情,苗歌成了苗族人民传承历史文化的口头文学形式,而苗歌作为一种极其特殊的听觉艺术,在苗族历史文化传承中表现出独具特色的优势。用苗歌来传承文化——"以歌传文"成为苗族文化独特的表达和记录方式。

从苗歌歌谣形式的多样化角度来看,苗歌具有文化传承功能。苗歌的艺术形式主要以歌谣为主,主要分为:飞歌、苦歌、苗族古歌、游方歌、婚嫁歌、情歌、叙事歌、丧葬歌、反歌等。不同的歌谣代表着苗族不同的民俗风情,同时,歌谣也是对苗族文化生活的描绘。这些歌谣具有韵律工整优美、旋律鲜明、曲调流畅、意境深刻含蓄、形式自由欢快、曲调舒展粗犷等显著特点。苗族的歌谣正是通过形式和内容的多样化特点来表现苗族社会生活的方方面面,传承苗族多姿多彩的生活文化史。

(三)苗族民歌民俗文化的多样性

苗族作为中国极具特色的少数民族,有着多姿多彩的民俗文化。从苗族民歌产生的角度来说,民俗文化的多样性孕育了苗族民歌。这种民俗文化尤为突出地体现在对自然环境与民俗风情的描绘中。正是这种五彩斑斓的民俗文化的特殊环境，孕育出了风格迥异的苗族民歌。

特殊的自然环境孕育出优美的苗歌。自然环境是一个民族生存的自然生态，而文化生态与自然生态是紧密相连的。这两者都与地理因素有关，甚至一个民族的物质文化和精神文化、生活习俗和信仰方式，都根植于特定的自然地理环境之中。著名的美学家丹纳在《艺术哲学》中指出"种族、时代、环境"三因素对文学艺术的影响，其中特别强调了环境能影响一个民族文化的生成与发展。[1]俗话说"一方水土养一方人"，同样，我们也可以这样去理解，一方人的精神文化面貌也反映出自然环境面貌对人们的影响。苗族大多依山傍水而居，周边的自然环境大多呈现一个共性特征：巍巍的高山，莽莽的原始森林，纵横相隔的江河。在这样的环境下，人们靠自给自足的农耕生活方式为生，人们之间的交往主要靠语言进行交流，而苗歌也是他们思想交流和表达感情的一种方式，这使得苗歌变得丰富多彩，并与他们的自然生活环境相互融合起来。

独特的民俗风情的角度，孕育出多彩的苗歌。苗族有着自己既独特而又丰富的民俗风情，苗歌正是在苗族这种充满浓郁民族特色的民俗风情的环境下，变得绚丽多姿，成了少数民族音乐中的一朵奇葩。

二、黔东南苗族民歌简介

黔东南苗族侗族自治州是我国苗族人口集中分布的地区之一，这里居住着一百余万苗族同胞，分布在所属十六个县中。苗族人民智慧勤劳，勇敢好客，素以能歌善舞著称，这也使得黔东南素有"歌舞之乡"的美誉。

苗族民歌，根据以往传统的分类概念和实际作用，可分为飞歌、龙船歌、游方歌、酒歌、古歌、大歌、儿歌、祭鼓歌、开禁歌、劳动歌。根据苗歌的歌曲形式则分为：古歌、飞歌、酒歌、礼俗歌、情歌、劳动歌等。[1]笔者通过实地调查和查阅相关资料后，结合黔东南苗族聚居地区的实际情况，从生活习俗与社会功能两方面将苗族民歌分为以下几类：

（一）飞歌

飞歌是黔东南苗族歌曲中最具代表性的歌曲之一，是苗族民歌歌唱艺术中的瑰宝。它是苗族人们迎送远方宾客、传递感情、召唤情人等所唱的民歌。飞歌在苗族民歌中具有独特的演唱形式与结构特点，一般将在田间地头演唱的飞歌称为"顺路歌"、"喊歌"、"吼歌"，在山冈林野放声歌唱的飞歌称作"山歌"。飞歌在田间劳作或山冈林野演唱时，其音调高昂，豪迈奔放，节奏自由，曲调明快，旋律起伏性大，音域较为宽广，在乐句结尾处常用甩音。飞歌有单声部与多声部两种织体，其中单声部织体在大部分地区以不带伴奏的男女生对唱形式为主。飞歌具有强烈的感染力，多用在迎送宾客等喜庆场合，一般表现为现编现唱。歌词内容以感谢、颂扬、鼓动为主。

（二）游方歌（情歌）

"游方歌"是黔东南苗族情歌的专称，地域不同称谓也有所区别，包括"野外情歌"、

"玩表"、"坐姑娘"、"坐花坡"、"走月亮"、"采花"等，是苗族未婚男女青年在游方活动中互相表达爱慕之情的民歌。黔东南地区游方歌的曲调生动细腻，婉转多情，以黔东南州台江县反排乡一带的苗族情歌尤为出名，歌词大多数是传统的押调体五言或七言，也有少数是叠句、长短句等，除此以外还有少部分歌词是即兴创作而成的。曲调比较简单的，体现为一段体，即以一个乐句反复吟唱，但是为了更好地收尾，一般在结尾时加上一、二小节有过渡音的乐句。演唱时，常用假音演唱，并注重音乐的强弱起伏。音色柔和，气息浑厚，表达细腻生动的感情。结束时，节拍变得自由，速度也变得缓慢。

（三）风俗歌（酒歌）

风俗歌，分为生活风俗与节日风俗两类。风俗歌包括：出嫁歌、孝歌、龙船歌等。一般人们常把生活风俗歌又称为酒歌，酒歌是苗族人民在时逢佳节和婚姻喜庆饮酒时演唱用来祝福酬谢的歌曲。饮酒过后，老人们常常以酒歌的曲调来传唱历史故事，歌颂伟大的民族英雄和祖宗的光辉业绩。酒歌的旋律特征起伏不大，音乐风格庄重严肃，带朗诵性，往往是一个乐句不断反复，其间因歌词调式的变化而稍微变化。苗族的节日风俗歌，以黔东南台江、施秉一带广为传唱的龙船节歌最具特色，有着自身的体裁特点。每年黔东南地区苗族都要举行赛龙舟比赛，在比赛时所演唱的歌曲称为"龙船歌"。一般而言，龙船歌可分为两类，一类是参赛选手在比赛之前演唱的歌曲，节奏明快，轻松热烈，演唱形式为一人领唱众人合唱；一类是观看的观众为鼓励选手而演唱的歌曲，音乐风格热烈奔放。

（四）叙事歌（劳动歌）

叙事歌也叫劳动歌，是苗族人民在长期的生产劳动过程中创作的反映人民生产劳动和生活的歌，劳动歌通过苗族人民世世代代的传唱，得到了丰富和发展。黔东南地区的叙事歌，大多以歌颂苗族人民生活中的真人真事为基础，并口头吟咏传唱的集体创作的歌曲，叙事歌有较长的篇幅，题材内容较广泛，故事情节比较完整，人物形象较为生动，且故事性很强。随着历史的发展，黔东南地区的叙事歌逐渐形成了以主题内容而抽象出标题来命名的各种民歌，按其内容的不同，可分为三类：第一类为叙述天地形成、万物生长等神话历史故事的"古歌"；第二类为反映封建统治阶级压迫和封建婚姻制度束缚为内容的"苦歌"；第三类为讲述反抗封建统治势力的斗争史话的"起义斗争歌"（或称"反歌"）。

（五）仪式歌

仪式歌，主要指在苗家村寨各种民俗仪礼活动中演唱的歌曲，包括开禁歌、祭鼓歌等，其中以祭祀歌最具代表性。

苗族人民在历史上一直信仰万物有灵，崇拜大自然，信奉神灵，祭祀祖先。由于苗族聚居地区的偏僻性，苗族人常敬傩神来驱鬼消灾。每年秋冬季节行祭拜之礼，并唱祭歌还愿酬神。唱祭歌自古以来伴随着苗族人的生活，成了苗族人民重要的生活特征之一。苗族的节日较多，较大的节日是"西松"（祭祖），在每年秋后举行。苗族民间最大的祭祀活动是每隔十二年举行一次的大型杀牛活动，叫"吃牯脏"，又称"祭鼓节"，杀牛的目的就是祭祀祖先，并邀请亲朋好友聚集在一起，跳芦笙舞，增进彼此之间的感情，以求家庭美满和睦。

（六）儿歌

黔东南地区的苗族聚居区，一直以来根据传统将儿歌分为互相对比的两种类型。一类是表现孩子们在儿童时期玩耍生活、自由自在的儿歌，曲调欢快活泼；另一类则是表现旧社会儿童悲苦生活的，曲调悲凉忧伤。[2]

三、黔东南苗族民歌保护与传承的方向及途径

苗族民歌作为我国民族民间音乐中的一朵奇葩，在文化上，有着民族性和传承性的特征，它被列为我国重要的民族民间文化遗产之一。因此，对苗族民歌的保护传承，有利于弘扬民族优秀文化，使民族民间音乐永葆常青。

民族民间音乐在一定程度上是对各个时代不同地方社会中的政治、经济、文化以及民俗、语言等各方面的集中反映。然而，随着社会时代的发展变化，生产方式与生活方式的转变，使得民族音乐发展所依赖的物质环境也发生了变化，致使许多传统的民族民间音乐逐渐消失。黔东南地区的苗族民歌也正面临这种问题，保护和传承苗族民歌刻不容缓。

（一）黔东南苗族民歌保护与传承的方向

1. 保护现有的成果

我国优秀的民族民间音乐是中华民族文化的重要载体。作为民族民间音乐的重要组成部分，苗族民间音乐既有所继承，也有所发展。苗族民间音乐具有鲜明的民族性，可以体现苗族人共同的性格特征、心理素质和审美情趣，有利于团结各地、各区、各族的人民，从而增强民族凝聚力，发扬、壮大中华民族文化，"以音娱人，以乐育人"。

苗族民歌以其"口耳相传，以歌传文"的独特方式，为我们研究苗族人民的生产、生活和苗族社会的发展提供了大量线索。因此，对苗族民歌现有成果的保护，也是对苗族文化的发展与传承的保护。目前，黔东南州人民政府为了有效地保护苗族民歌这一珍贵的非物质文化遗产资源，开始从多方面关注苗族民歌的保护和传承，并出台了一系列的政策来保护苗族民歌。

2. 探索新的发展方向

随着社会的进步和音乐体系的发展，苗族民间音乐已注入了新的元素，苗族民间音乐正向多元化、平民化、商业化方向发展。从音乐创作上来说，苗族民歌将变得多元化。为了适应现代人日益增长的精神文化需要，苗族民歌从旋律、曲调以及伴奏乐器的使用上都呈现出了多样性的特点，这就要求苗族民歌音乐创作的本身需要变得多元化。从听众群体上来说，苗族民歌变得平民化，苗族民间音乐不只是局限于歌唱家娱乐群众，青年男女可以据此互诉情感，孩童可以倾诉内心喜悦……它还被苗族各阶层乃至全世界人民所传唱，逐步走向平民化。从社会市场的发展来说，苗族民歌将变得商业化。目前，我们所熟悉的大型民歌晚会、民歌对唱招亲活动、民歌对唱交友活动等各类活动的举办就是苗族民间音乐商业化的最好证明。这是历史发展的趋势和走向，也是不可阻挡的潮流，是苗族民间音乐，甚至是民族民间音乐发展的又一新趋向。

（二）黔东南苗族民歌保护与传承的途径

1. 从传承人入手

苗族民歌是一种以歌传文、口耳相传的非物质文化遗产，黔东南地区的苗族音乐在传承上出现的最大问题，是传承人缺乏的问题。中国民间文艺家协会副主席郑一民在《保护传承人是"非遗"工作的重中之重》中曾强调："没有了传承人，就丧失了非物质文化遗产；没有传承人坚持非物质文化的生态延续，其保护与传承也就成了一句空话。"[3]传承人在民族音乐文化的传承中起着承前启后的桥梁作用，传承人是非物质文化遗产活的宝库。目前，黔东南地区的苗族民歌传承者缺失的现象越来越严重，主要是苗族民歌的传承人大多以老歌师为主，而且为数不多，所以对黔东南苗族民歌的保护，一定要从传承人入手，加紧对苗族民歌传承人的保护。

2. 将学校作为苗族民歌保护传承的重要基地

苗族民歌是祖先留给我们的一笔宝贵的财富，现在越来越多的年轻人包括学生在内对少数民族的历史与少数民族传统文化的了解越来越少。笔者认为，苗族民歌作为一种精神文化应该走进校园，从未来国家栋梁的主要力量——学生开始引导教育，这样才能在各个阶段从源头上解决民族文化资源流失的问题，为我们的民族文化建立一种"活态保护"机制。在黔东南地区，以学校为基地对苗族民歌进行保护与传承，以凯里学院音乐学院的五年制民族文化传承班的课程设置最具代表性。众所周知，学院派的演唱教学以美声与民族唱法为主，而民族民间的原生态唱法则受到限制，凯里学院音乐学院民族文化传承班的设置正是对民族的原生态唱法的有效保护。除此以外，还可以聘请民间歌师、乐师进入课堂教学。目前，黔东南州的台江县大多数中小学开设了苗语、苗歌、苗舞等相关的苗族文化课程，这样才能真正地把我们的学校建设成为民族音乐保护的稳固根据地。

3. 加强苗族民歌所依存的生态环境保护

苗族民歌的产生和传承与其聚居地区的自然及人文的生态环境紧密相关，因此保护、传承、发展苗族民歌，必须加强对它所依存的生态环境的保护。黔东南自治州有着独特优美的自然风光和浓郁民族特色的民俗风情，可以通过开展苗族民俗文化旅游活动、建立苗族民俗文化村、大力发展苗族文化旅游业、积极举办各种展现苗族音乐风采的节日活动及比赛等方式对其进行保护。这样既推动了黔东南州地方经济的发展，又在世人面前展现了民族民间音乐的独特魅力，促进苗族民歌的传承与发展。

4. 加强政府对民族文化的保护和抢救

政府对民族文化的保护和抢救主要体现为政府对民族文化的抢救、保护、发掘和整理的举措上。黔东南地区的苗族民歌的保护和传承，应切实加强政府对民族文化保护的相关举措。

首先，黔东南州政府应责令相关的责任部门负责黔东南州的苗族民间文化的抢救保护工作，具体表现为对全州的苗族文化进行调查、发掘、整理、研究、开发与利用。并且通过政府的这些相关举措，建立一套科学有效的黔东南苗族民歌的保护方案。

其次，政府还可以建立苗族文化保护区。对苗族民歌的保护与传承，应该从宏观的角度立足于苗族文化的保护。在特定的文化保护区，可以开展群众学歌、歌师教歌或赛歌等活动，形成一种苗族文化自我保护发展的良性循环机制，有效提高相关部门以及当地群众对苗族民歌文化的保护意识。政府还应调动各方面的资源，共同参与到苗族民歌的保护、传承、发展的活动中。

5. 鼓励更多的音乐创作家参与苗歌的创作

苗族民歌艺术的发展，还应该积极鼓励更多的专业音乐家参与苗族民歌的创作。根据苗族民歌发展的新方向，如苗族民歌音乐创作的多元化、苗族民歌听众群体的平民化、苗族民歌社会市场的商业化等特征，在继承苗族民歌本身的音乐特征的基础上，实现创新。苗族民歌的创作，必须实现继承与创新的结合，只有在继承基础上实现创新，为苗族音乐的发展注入新的音乐元素和音乐内涵，苗族民歌艺术才会得到永恒的发展。作为苗族民歌创作的最主要元素——创作者来说，在整个苗族民歌的创作中占有极其重要的地位，因此，我们要鼓励更多的音乐创作家参与到苗族民歌的创作中，使得苗族民歌永远与社会时代和人民同发展。

综上所述，苗族民歌在光辉灿灿的历史文化长河中，发展成为民族民间音乐中的一朵奇葩，苗族民歌成了苗族历史文化的象征。苗族民歌应当从传承人入手、以学校为基地、以生态环境保护为依托、以政府举措为后盾、以专业音乐家创作为保障这五个方面去保护传承，从而使苗族民歌永葆常青。

参考文献

[1] 崔善子. 黔东南苗族民歌探析——以"飞歌"为中心 [J]. 阿坝师范高等专科学校学报，2009.
[2] 王芳. 苗族民歌特点之浅析 [J]. 大舞台（民间文化研究版），2010.
[3] 郑一民. 保护传承人是"非遗"工作的重中之重 [J]. 领导之友，2008（3）.

（原载于《黔南民族师范学院学报》2013 年第 5 期）

论册亨布依族文化的传承、保护与发展

罗玲玲　梁龙高　周　承

布依族是中国人口较多的少数民族之一，主要分布在贵州省的黔南、黔西南和安顺市一些布依族自治县以及贵阳市郊地区，在贵州的其他地区和四川的宁南、云南的平罗等地也有一部分布依族居住。册亨县是全国布依族人口最多、居住最集中的地方之一，同时也是布依族文化表现得最突出、最全面的地方之一，被誉为"布依戏之乡"、"中华布依第一县"和"布依文化保护与传承研究基地"。然而，随着全球经济文化一体化的不断深入发展，布依族文化在当今的社会背景下受到了现代各种文化的不断冲击和侵蚀，汉化、西化现象日趋严重，布依族文化面临着严峻的生存和发展困境。针对这一现象，为促进册亨布依族文化的传承、保护和发展，本文根据在布依族地区实地考察所掌握的资料和一些史料，结合册亨布依族文化的实际情况进行探讨。

一、册亨布依族概况及布依族流源

1. 册亨布依族概况

册亨县位于贵州省西南部，地处珠江上游南、北盘江交汇的夹角地带，处于云贵高原向广西丘陵过渡的斜坡带上，地势起伏较大，水系十分发达，江河纵横，具有明显的南亚热带季风气候的特点，生物资源十分丰富、品种繁多，土地面积为2598平方千米。布依族是册亨县的主体民族，2008年全县总人口为22万人，其中布依族为17万人，占全县人口的75.19%。在1982年贵州省黔西南布依族苗族自治州建立前，册亨是全国唯一的布依族自治县。布依族作为册亨古老的土著民族，早在石器时代就已经在这片富饶的土地上留下了自己的足迹，开始创造自己独特的民族文化。[1](P12)

2. 册亨布依族的流源

"由于本民族没有文献记载，关于布依族的渊源，史学家们只能从汉文的史籍中去考证。目前，对布依族的族源主要有外来说、土著说和融合说三种。"[2](P82)此外，民间普遍认可其是宋、明两代先后从江西、山东等地迁移过来的说法。

"册亨县县境在夏时属鬼方，春秋属国，从战国至秦时属大夜郎国地，汉属谈指县，梁属东乌蛮地；唐代先后属矢部东端地、罗甸国地；宋代先后属广南西路、茂龙羁縻州、泗城州，元代属那历州；明代属广西泗城州江外甲；清代先后属安隆洞长司、西隆州。清雍正五年（1727）设置册亨州同。清道光十六年（1836），册亨州改称理苗州，光绪二十二年（1896），又改称理民州。民国三年（1914）废州制，设置册亨县。"[3](P2) 册亨布依族文化就是在这样的政治历史的变迁中逐渐积淀而成的。

在不同历史时期，汉文史籍对册亨布依族的称谓也有所不同：汉朝以前称"越人"，元时称"仲家"，明清时称"仲苗"、"仲蛮"、"青仲"或"仲家"，清到民国时称"夷家"、"水家"、"沙人"等，直到1953年经贵州民族事务委员会和布依族代表协商同意一致将本民族自称为"布依族"。[4](P9)

二、布依族文化特色及现状分析

1. 布依族文化的特色

册亨布依族文化经过几千年的积淀逐渐形成了自己独特的民族文化，后来在历史发展过程中不断经各种外来文化的冲击和融合，至今仍保留着自己独特的民族文化。主要表现在下列几个方面：

第一，语言。册亨布依族自古以来就有自己的民族语言，属于布依族第一土语，有独特的语音系统、基本词汇和语法结构。在册亨境内布依族主要有三大语言区：一是以秧坝、八渡、弼佑等南部乡镇为中心的布依族语言区；二是以威旁乡为中心的布依族语言区；三是以者楼、冗渡、坡妹等乡镇为中心的布依族语言区。其中前两个语言区基本上都是布依族聚族而居，地区交通不便，布依族语言特色受到外来文化的接触影响较小，至今仍保留着本民族浓厚的语言氛围，他们的语言音调上下起伏，富有韵律，与其交谈给人一种美的享受。册亨三大布依语言区的布依族人民可以畅通交流，只有语音、语调和语气以及个别名词略有不同。册亨布依族通过自己的民族语言建立了自己独有的文化体系，这是布依族人区别于其他民族的根本。

第二，服饰。册亨布依族服饰种类繁多，色彩纷呈，不仅有性别、年龄、盛装、便装之别，还有婚服、丧服、祭司服等各种专用服饰。布依族的服饰在其质地、款式、饰品、纹样等方面均形成了明显的地域特征：一方面强烈地反映着自己的传统特点，另一方面则充分体现了布依族服饰的不同社会功能。其穿着都是自家制作的色彩艳丽的土布服饰，其颜色也是用天然植物加工染制成黑、白、蓝、黄等，使服饰最后形成颜色鲜艳、图案多样的布依族服饰。册亨布依族服饰以穿着舒适、方便农业生产和艳丽为其特点。册亨布依族男士的上衣主要有长衫大襟和短衣两种样式。长衫为右侧开扣，有五组布纽；短衣为正胸前放排扣，有五至七组，均为布纽。裤子为土布直筒大裤脚。头上戴着的是布依妇女织的土布头帕，平时颜色都是以黑色、青色方格图案为主，如果有长辈去世就戴白色孝帕。腰带是黑色或蓝色土布条做成，但近年来也有用红色棉布条做腰带的，传说这是为辟邪图吉利。脚上穿的主要是自做尖状头或圆头布鞋，这些布鞋全是用土布和麻线加工而成。这种鞋冬天穿着暖和舒适，夏天穿着透气不上汗。布依族妇女的上衣主要是大袖大襟右开扣的短衣和与男士一样的长衫，不同的是妇女衣服上的前胸开叉处和衣袖边沿处会有许多色彩鲜艳的栏杆花边，有的还有各种各样的刺绣图案，穿在身上非常的舒适漂亮。裤子款式大多与男子一样。册亨布依族妇女的头帕，因地域的不同而有所不同，但是主要戴"牛角帕"和"盘帕"两种[5](P56)，脚上穿的是自做的土布绣花鞋。另外，册亨布依族妇女和少女无论是做家务、赶集、走亲戚还是参加民族传统娱乐集会活动都喜欢围围腰，做家务时一般系长围腰，赶集、走亲戚或者参加民族传统娱乐活动一般都系短围腰，短围腰相对要漂亮精致得多，上端通常用一条银链为系，但也有用彩线的，穿戴时挂在脖子上；围腰中间的左右两边各缀一条素色或者彩色飘带，拴在腰上；在围腰上还有各种图案花纹的蜡染或者是刺绣或者镶有栏杆。另外，册亨妇女还喜欢胸颈挂彩珠项圈，手戴玉石手镯。[6](P295)他们手上常常带着玉质或银质手镯。册亨布依族男女老少参加传统民族娱乐活动时，聚在一起就形成一道亮丽而独特的风景线。然而，随着社会经济和交通的发展，布依族文化逐渐被汉化和西化，像这样穿戴的布依族人已经很少了。

第三，民族风俗。册亨布依族风俗十分淳朴独特，反映了册亨布依族在长期的历史发展过程中对自然和民族社会交往心理活动的特征，主要表现在宗教信仰、婚嫁、丧葬、房屋建筑、民间节日、民族工艺和民族文艺方面。册亨布依族是一个多神崇拜的民族，对自然的多元崇拜反映了布依族人民与自然的天人合一、和谐相处的生态观，这对当今社会提倡的生态和谐思想具有重要意义。除此之外，现在册亨布依族地区还存在民间祭司"摩公"和"迷辣"①，他们掌握着大部分的民间祭祀活动，册亨布依族在二十世纪七八十年代及很久以前就有"郎绍"或"赶表"的习俗②。册亨布依族文艺风俗主要有布依地戏、舞蹈、民族乐器和布依族歌谣等。

2. 册亨布依族文化现状分析

册亨布依族文化体系底蕴深厚，充满无限的生机和活力。但是，随着布依族民族聚居地区的交通、教育、科技、经济、文化观念和现代生活方式的改变和发展，册亨布依族文化受到了强烈的冲击和侵蚀，有的民族文化氛围已逐渐淡化，甚至被同化，失去了民族文化特性。这主要表现在以下几方面：

第一，语言、服饰被同化。布依族先民在长期的历史发展过程中，创造了自己独特的民族语言和民族服饰，并得到了有效的传承和发展。但改革开放以来，由于册亨布依族地区在现代化经济和教育等因素的影响下，许多人为了培养孩子的汉语语感，已不再教自己的孩子学布依语了，而大人之间的交流也从用布依语转为用汉语。当今册亨县很多布依族人已不会讲布依族语，这种传统民族语言正在逐步走向边缘化。同时，由于现代科技发达，社会中生产出许多物美价廉、款式五花八门而又时尚的服饰，而册亨布依族服饰制作程序复杂，生产效率也相对较低，再加上现在布依族家庭的剩余劳动力都进城务工，大多数年轻妇女已不会制作。这样就导致册亨布依族人不愿再穿本民族的服饰而选择了现代化工艺的服饰。

第二，传统的民族活动已逐渐消失。随着我国改革开放的不断深入和经济的快速发展，册亨布依族人民的生活条件有了显著的改善。然而，当今册亨布依族在现代科技社会的影响下，一些传统的布依族活动已渐渐淡出人们的视野，如：布依族的"郎绍"或"赶

---

① 二者都是布依语的谐音，都是布依族民间巫师。"摩公"指的是男性巫师，主要从事祭祀活动；"迷辣"指的是女巫师，主要从事驱邪弄鬼的迷信活动。

② 指布依族青年在布依族节庆期间或者赶集天，以对山歌交流为主的恋爱活动。

表"、对山歌、唱民歌、"打糠包"、"丢沙包"、布依族地戏、舞龙、舞狮子等民族活动。究其原因：一方面，受交通、电视、通讯、音响、网络等现代化技术的影响；另一方面，现在的年轻人都进城务工，感受到现代化娱乐活动的魅力，导致册亨境内大多数的布依族聚居村寨都出现"留守儿童和留守老人"的社会现象，所以现在已经很少有人进行这些民族活动了。基于这样的背景，在布依族聚居的村寨也几乎看不到本土的民族传统活动了。

第三，传统的民族文化和民族工艺面临失传的危险。册亨布依族传统手工技艺十分丰富，其中布依族地戏、舞狮子、舞龙、"八仙乐队"和土花布、蜡染、靛染、刺绣、织锦、布依族服饰等在国内外都享有一定的盛名。但是，近几年来，掌握这些传统技艺的艺人有的已逐渐衰老，有的已经死亡，后辈也没有人愿意学。因为很多人认为从事民族文艺或工艺很难生存，当前人们大都不怎么喜欢民族传统文艺和工艺，市场狭小，所以一些册亨传统文化出现了人亡艺绝的现象。

三、加大对册亨布依族文化的传承、保护和发展

文化是一个地方的名片，也是一个地方的精神。一个物产丰富的地方，如果没有丰富的文化底蕴就犹如没有灵魂。册亨布依族文化经过几千年传承和发展，铸就了辉煌的布依族文化体系，是一种非物质文化遗产。但现在由于各种文化的不断侵蚀和冲击，造成册亨布依族文化汉化、西化非常严重。因此，传承、保护和发展册亨布依族族文化刻不容缓。为此，特提出以下建议。

1. 政府主导

第一，增强政府保护册亨布依族传统文化的历史责任感和使命感。首先，政府要正确认识保护与传承册亨布依族文化符合社会主义核心价值观的需要。册亨布依族文化生长于民间、繁荣于社会，蕴涵着深刻的个人与自然、个人与社会、个人与个人之间和谐相处的理念以及爱国为民、勤劳勇敢、诚实守信、尊老爱幼等中华民族优良传统道德品质因素，这在精神实质上符合科学发展观、构建生态文明和谐社会的时代要求。其次，政府要做好宣传教育工作，积极引导，提高政府和广大群众保护民族文化的意识，形成全社会人人关注、参与和支持布依民族文化的良好社会氛围。再次，要正确认识保护与传承册亨布依族文化对于构建和谐册亨、生态册亨的重要意义，增强政府历史责任感和使命感。最后，要坚持传承保护与创新开发的和谐统一。由于册亨布依族文化具有不可再生性，所以必须在有效保护的前提下，才能允许对其进行合理开发利用。从它的传承性与发展性来看，如果只传承而不创新，发展就会失去活力；如果只创新而不传承，册亨布依族文化的发展就会失去根基。要保护和传承好册亨布依族文化，就必须坚持传承和创新的和谐统一，在内容和形式上进行必要的改革和创新，使其符合册亨人文精神和社会发展的需要。册亨布依族文化只有这种在保护的基础上发展，才会具有文化延续性和创新性，这才是探索册亨布依族文化传承与合理利用的有效途径。

第二，完善册亨布依族文化保护机制。根据国家《非物质文化遗产法》将布依族文化的保护措施力度上升为法律制度，将各级相关政府部门保护民族文化的职责上升为法律责任，为册亨布依族文化保护政策提供了坚实保障。建立健全专门的民族文化传承、保护和

发展机构，定期组织民族专家组对布依族文化进行抢救、整理、保护和推广工作，同时多开展民族文化教育、引导和宣传等活动，为册亨布依族文化保护和发展提供良好的保证。可在每年的民族传统节日期间举办形式多样的民族表演、展览等活动，让广大民众参与到民族活动中，使广大民众受到布依族传统文化熏陶，不断重温布依族文化的民族风情，拉近册亨布依族文化与普通民众的距离，有意识地将民族传统的风俗习惯、节日礼仪、地方特色文化渗透到民众的思想中去。同时在布依族聚居地建立相关的布依族文化遗产保护基地，以原生态的形式加以保护，引导布依族人民符合民族文化发展规律地把传统民族文化顺其自然地传承、保护和发展。

第三，加强政府的引导。非物质文化遗产的最明显特点是离不开民族特殊的生产生活方式，是民族个性、民族精神和民族习惯的具体表现形式。其主要表现在人的声音、动作、形象和技艺等方面，其传承方式为口身相传。政府要正确地认识民间力量，引导和确立民间角色本位意识，是民间文化资源保护中重要的工作。[7](P85)在非物质文化遗产传承过程中，关键的是传承人，而这些传承人大都是具有一定的民族文化意识和民族技艺的民族人士，因为只有这些人才能将民族文化更准确、更完整地整理、记录、示范，并将其精神传承下来。所以，相关政府部门要对具有代表性的民族文化传承人给予多方面的认定和扶持，同时要求广大布依族民众参与到册亨布依族文化保护传承和发展的活动中来，鼓励他们将自己的民族文化保护、传承和发展起来，形成浓厚的布依族文化氛围。宣传、教育和引导他们正确认识民族文化遗产对民族文化延续的重要性，培养其高度的民族责任感和使命感。另外，政府应加大对民族文化传承、保护和发展的资金投入。重视民间民族文化传承人的名誉及生活待遇问题，大力改善民族文化传承人的演出和传承条件，经常利用民族节日举办民族风情活动，注重培养新一代民间民族文化传承人，形成册亨布依族人人热爱民族文化、人人争做民族文化传承人的良好风尚。

2. 民间自觉

册亨布依族文化是植根、传衍于民众之中的民间民族文化，蕴涵着布依族文化的本体特质。对它进行传承、保护和发展，就要从根基上传承、保护和发展册亨布依族文化体系。广大底层群众和技艺传承人的文化自觉，是非物质文化遗产保护的基础力量，这种滋生、发展于民间的文化自觉可以称为"民间文化自觉"。首先要唤醒当地民众的民族文化自觉性，增强民族自觉意识，使他们从淡忘民族文化到关注民族文化，从遗弃民族文化到传承民族文化，从固守民族文化到发展民族文化，鼓励支持布依族在民族风情、服饰、建筑、民族文艺、工艺和传统活动等方面积极地展现自己的民族特色，增强布依族文化的民间氛围，使册亨布依族民间形成人人喜爱自己的民族文化、人人善于表现自己的民族风情的氛围，极力向社会展现自己的民族个性特色，以展现民族风格而自豪，积极传承、保护和发展布依族的文化魅力。其次是要大力宣传，让民族文化保护、传承和发展的意识深入人心，发挥民众群体优势的传承性，让布依族民众自发自觉地参与到民族文化的保护、传承与发展中来。册亨布依族民众是布依族文化保护、传承和发展的重要推动力，历史文化遗产的传承发展不只是政府相关机构的责任，更是广大布依族民众共同的神圣职责。因此，政府应利用春节、三月三、四月八、六月六和七月半等民族节日开展传统民族活动，进行引导宣传，让民众踊跃参与，充分调动广大民众的积极性，形成政府民间相互配合的民族传承模式。

3. 学校教育

第一，文化是教育的源泉，教育是文化的载体，每一个民族文化的传承都需要通过教育来实现。学校是青少年学习科学文化知识的主要阵地，同时也是保护与传承民族文化的主要阵地。册亨布依族文化应充分发挥学校教育在民族文化保护与传承上的中坚作用。学校应该经常开展与布依族相关的民族文化、民族舞蹈、民族音乐和民族体育进学校等活动，充分调动学生参与民族文化传承、保护的积极性，让他们在活动中提高对民族文化的认识和增强民族自豪感。另外，可以把册亨布依族的传统文化纳入课堂教育体系，让册亨布依族文化走进学校、走进课堂、走进学生生活。在2012年11月，册亨县将规模、人数为世界吉尼斯之最的册亨"布依转场舞"作为民族文化进校园的活动，在全县中小学校进行普及推广就是一个良好的开始。

第二，"语言不仅是一个民族的非物质文化遗产的重要载体，而且每种民族语言或者方言土语本身就是一种非物质文化遗产"[8](P107)。双语教育是册亨布依族集聚地区保护与传承民族文化的较好途径之一。双语教育是指"使用并促进两种语言来发展的教育"[9](P199)。双语教育为民族文化的传承、保护和发展提供了语言基础。在册亨实行双语教育可以提高学生的民族文化意识，增强学生的民族自豪感，同时也可以弥补学生平时母语交流较少的不足，鼓励布依族学生用布依语交流，为培养下一代民族文化传承人奠定基础。通过双语教育的开展，使册亨布依族语言价值重新得到实现，为册亨布依族非物质文化遗产的保护、传承和发展提供了重要条件。

第三，青少年是民族文化传递的主要继承者和接班人。现在很多布依族儿童对传统文化知之甚少，不了解，更谈不上热爱。所以，应在学校教育中多开设一些布依族传统文化方面的讲座或课程，把册亨布依族传统文化的理论知识有意识地渗透到课程内容中，使学生在了解知识的同时潜移默化地接受传统非物质文化思想的熏陶，增强民族自豪感、自信心，增强传承布依族文化的使命感和责任感。通过对广大青少年加强传统民间文化的教育，让他们从小接触、感知册亨布依族传统文化，培养他们对册亨布依族文化的亲近感、亲切感，树立保护传统文化的意识，让他们真正自觉地承担传承者的角色，担负起传承者的职责。这样，册亨布依族传统文化才有可能世代传承发展。

册亨布依族文化是在长期的历史发展过程中逐渐积淀而成的，是册亨布依族人民世代相传的智慧结晶，是册亨布依族人民的灵魂，是册亨传统文化的核心思想。保护布依族传统文化对册亨民族文化、生态和经济的和谐发展具有重要的现实意义。在汉化、西化非常严重的社会现实中，抢救、保护册亨布依族非物质文化遗产刻不容缓。要使册亨布依族传统文化得到更好的保护、传承和发展，应形成政府主导、民间自觉、学校教育相统一的民族文化保护模式，在保护过程中注重其整体性、真实性、传承性和发展性。

参考文献

[1] 王伟，李登福，陈秀英. 布依族 [M]. 北京：民族出版社，2008.

[2] 梁南灿. 布依族族源考 [J]. 贵阳：贵州民族研究（季刊），1987（2）.

[3] 韦忠道. 册亨县志 [M]. 贵阳：贵州人民出版社，2002.

[4] 王伟，李登福，陈秀英．布依族［M］．北京：民族出版社，2008．

[5] 汛河．布依族风俗志［M］．北京：中央民族学院出版社，1987．

[6] 黄义仁．布依族史［M］．贵阳：贵州民族出版社，1999．

[7] 刘永涛．非物质文化遗产保护中的民间自觉及引导机制［J］．前沿，2009（5）．

[8] 吴正彪．论双语教育在传承与保护少数民族非物质文化遗产中的重要作用［J］．民族教育研究，2010（2）．

[9] 科林·贝克．双语与双语教育概论［M］．翁燕珩，关春明，等，译．北京：中央民族大学出版社，2008．

（原载于《黔南民族师范学院学报》2013年第2期）

水族马尾绣的遗存、传承与时代性发展

韦仕祺　石兴安

　　水族马尾绣是水族妇女世代传承的以马尾作为重要原材料的一种特殊刺绣技艺，是水族独有的、贵州特有的民间传统绝活工艺，2006年5月20日经国务院公布被列入第一批国家级非物质文化遗产名录，为三都水族自治县马尾绣这一古老艺术的保护、传承与发展带来了更好的机遇；同时，我们也要清楚地看到它的传承与发展还存在很多问题，应当予以更多的关注。

一、遗存："绣"出来的"文化记忆"

　　一幅精美的马尾绣作品，是审美与实用完美的统一，表达了水族人民对生命的讴歌、对生活的希冀，寄托了对美好生活的憧憬和祝愿。因而，每一件马尾绣绣品背后都表达了一个愿望、讲述了一个故事，凝聚着源自远古的那一段深刻的"文化记忆"。
　　水族马尾绣由聪明贤惠的水族妇女世代相传。其独特之处在于用丝线裹马尾进行刺绣，采用平绣、空心绣、挑绣、结线绣、螺型绣等针法，在水族土布上绣制，经过缠丝、勾线、补花、陪绣、订金等多道复杂工序，绣品呈现浅浮雕感。马尾绣主要用于背带、翘尖绣花鞋、衣服、围腰、胸牌、童帽、荷包、幼儿口水兜、刀鞘护套、男性服饰的点缀等的装饰上。民间传统的马尾绣背带最能集中和完整体现这一工艺的精湛水平，制作一件马尾绣背带，要花上一整年的时间。马尾绣背带的主体部位由二十多块大小不同的马尾绣片组成，周围边框平绣有严格数序规律的几何图案。上部两侧为马尾绣背带手，下半部背带尾也绣有精美的马尾绣图案，与主体部位相呼应。刺绣艺人凭借自己的生活积累及艺术修养，在布面上挑绣各种图案，有水族的鱼图腾，有象征吉祥如意的龙凤，有滋润万物的日月星辰，等等。马尾绣背带心图案是一只大蝴蝶，由几个绣片组成。蝴蝶上方的绣片正中是篆体寿字，背带最顶上的正方形图案中也有这样一个寿字，体现了祈望孩子长命百岁、种族繁衍的思想。大蝴蝶四周的长方形、五个正方形、两个变形梯形，组合成一个方块，好似贵州高原上大大小小的梯田。几何形绣片里的花草、鱼虫、蜜蜂、蝴蝶、石榴等纹样，均用流动曲线造型，整体看来有波光粼粼的效果。这个图案的来历还有一个动人的传说：古时候太阳很恶毒，把田边未满周岁的孩子晒昏了，这时飞来一只大蝴蝶，展开翅膀挡住阳光，孩子得救了。从此，水族人民便把蝴蝶当作吉祥物绣在背孩子的背带上，以护佑孩子健康成长。所以马尾绣背带一般不作为商品，特别是背过小孩的背带更不能卖，据说这样做会有碍于孩子的健康成长。水族马尾绣将大自然生命化、情感化和神化，借物托情，借绣抒情。据专家考证，"马尾绣不仅在制作原料、制作工艺上十分特殊，而且图案艺术的表现形式也具有水族的明显特色，是我国乃至世界非常珍贵的特殊刺绣工艺"[1]。

二、传承文化精品，挽救濒临失传技艺

水族马尾绣工艺精湛复杂、耗工费时。近年来受到工业化生产的冲击，年轻女子中极少有人愿意学习马尾绣工艺，她们认为此举不合时尚、费时费事，且赚钱很少。马尾绣工艺出现严重的断层，掌握马尾绣全面工艺、具有深厚功底的妇女越来越少，且年事已高。

鉴于水族马尾绣的珍贵价值，2006 年 5 月 20 日，水族马尾绣被国务院列入首批国家级非物质文化遗产名录。2006 年 8 月，在"开磷杯"多彩贵州旅游商品设计大赛、能工巧匠总决赛上，韦桃花凭借精美的马尾绣刺绣工艺夺得"贵州名匠"特等奖，位列 100 名"贵州名匠"之首。2007 年 10 月，她被贵州省文化厅授予"贵州省非物质文化遗产传承人"称号。在 2008 年 6 月 14 日举行的"中国文化遗产日"活动上，她获得了国家民间艺人最高奖。除了韦桃花外，宋水仙、王金花、潘勉、潘水爱等 10 位水族妇女都被列为贵州省黔南州非物质文化遗产代表性传承人。然而，只仅仅依靠为数不多的传承人来继承和发展水族马尾绣是远远不够的。

在传承和保护民族民间文化方面，政府有着举足轻重的作用。水族马尾绣被列为国家非物质文化遗产名录后，三都水族自治县组建了"非物质文化遗产保护办公室"，制定了关于民族民间文化抢救的保护措施，将水族马尾绣、水书习俗、端节、卯节等一批具有较高文化价值、基础条件较好又处于濒危状态的重点项目进行挖掘整理，实施抢救性保护措施。为此，县政府组织有关部门联合举办乡土人才培训班，并采用开展竞技比赛等多种形式扶持马尾绣产业，打造民族品牌。但水族马尾绣的传承、保护和发展依旧面临着诸多问题，具体表现在以下三个方面：

首先，水族马尾绣在人才培养和传承上存在着严重的人才短缺现象，高质量艺人难以培养。虽然三都水族自治县政府组织了有关部门举办乡土人才培训班，起到了一些积极作用，但由于都是在农闲之余进行为期很短的开班讲授，真正能在短暂的一两天培训中学有所获的人是很少的。原因在于马尾绣制作手工艺不是能够在这样短的时间内学成的，而是要经过长期实际操作才能逐步掌握。这是因为：首先学习者本人要对民族工艺感兴趣，并从小就得到制作马尾绣的前辈的熏陶和手工艺制作锻炼；其次要具有一定的绘画艺术基础，并逐步具有绘制马尾绣图案的能力；最后形成她个人的技艺风格和具有独立制作马尾绣作品的能力。这些能力的获得绝不可能通过培训班而"速成"。

其次，水族马尾绣作品被市场化、商品化所影响，其质量日趋下降。水族马尾绣的价值所在就是它通过艺人们花费长时间几乎全手工制作而成，一件高质量的马尾绣作品具有很高的审美价值和实用价值。然而，随着市场化倾向的加剧，一些商人看到了马尾绣较高的市场价值，在大肆收购民间艺人作品的同时，又把一大批订单任务分配给民间妇女来赶制马尾绣作品，因工期时间限制，粗劣品被大量赶制出来，虽然商家和农妇取得了眼前的

利益，却大大损害了马尾绣的长期发展，这种做法对马尾绣长远健康地发展和传承是极为不利的。

最后，水族马尾绣至今没有形成产业式发展的局面，还处于单打独斗的民间个人手工作坊阶段，制约其发展壮大。目前，几乎所有的马尾绣作品都是依赖于乡镇农妇在农闲时绣制出来的，农妇是分散在不同村寨的自己家中，彼此之间很少有时间一块儿绣制，成品的质量也因个体技艺水平而参差不齐。即使把这些农妇手里的马尾绣成品统一收购再统一出售，也很难有好的市场价格。加上民间艺人之间也存在技艺保密的情况，这样也阻碍了农妇马尾绣制作技艺整体水平的提高。因此，水族马尾绣应当通过一定方式形成产业式生产和销售，规范制作工艺，才能制作出高水平、高质量的马尾绣作品。

三、把握时代脉搏：水族马尾绣发展的必由之路

保护和传承水族马尾绣民族工艺，其目的一是保存文化，二是为当代生活服务。只有在保护传统文化的基础上不断创新，才能赋予传统工艺新的活力，才能更好地为当代生活服务。为此，在 21 世纪世界经济全球化、市场化、信息化、网络化的格局中，水族马尾绣一定要切合时代的要求，结合市场经济的特点，利用好信息网络和高科技技术使其更贴近时代的脉搏，走出一条有自己民族特色的发展之路。

第一，重视人才培养，完善培训机制。鉴于马尾绣制作的人才缺乏、一批民间"老艺术家"的年迈而致使马尾绣高品质制画艺术的传承存在失传的危险，有关部门应当及时采取强而有力的措施来解决人才匮乏的问题。主要从两个方面来做：一方面，培养人才要从中小学学生入手。具体来说，就是在小学阶段开设民族艺术课，让本民族学生从小就得到马尾绣等民族艺术的教育和熏陶。就像邓小平同志所说的一样："教育要从娃娃抓起。"[2](P120) 至于民族艺术课的开课方式可以与现在学校的美术课相结合，或单独开课，保证每周要有一到两个课时教授民族艺术；师资的解决可以由本县相关机构考核民间艺术家，并聘请她们来学校担任授课任务。另一方面，大力培训乡镇农妇，弥补现阶段马尾绣制作人才的不足。一是当地政府应当对民间艺术人才予以重视，组织她们聚集在一起，集中人才资源优势，并对她们进行必要的业务指导，发挥她们的聪明才智，为水族马尾绣的发展建言献策。二是由政府牵头组织水族乡镇农妇定期进行培训，政府应当按其一年的综合表现给予一定报酬予以奖励（主要是针对其在一年内生产多少件马尾绣、培训的差旅费以及误工费等补贴），这样有助于激发更多的农妇积极主动学习这一门技艺。这些经费应纳入每一年政府财政预算，这样才能确保相应工作的正常开展。

第二，规范行业秩序，确保产品质量。对于目前马尾绣产业存在无序竞争、民族品牌消失和质量日趋下降的现状，政府应当出面制定马尾绣产业发展规划，把行业的基本规则和要求以法规的形式予以颁布，所有马尾绣生产经营者都必须按照法规进行生产经营，这样有利于规范行业内的无序竞争，为民族工艺品树立良好的品牌形象，在保证产品质量的同时，才会更有利于马尾绣的传承与发展。

第三，水族马尾绣的产业化是其发展的必由之路。目前马尾绣的生产依旧属于个人手工作坊阶段，处于单打独斗的分散局面之中，不利于马尾绣的健康发展。由于马尾绣特殊的生产方式，即基本是手工制作，这是它生命力和富有价值的所在，所以马尾绣的产业化

发展可以采用两种方式进行生产经营。第一种方式，可以采用"商家＋农户"的方式，即以开办公司的形式，由公司来开拓市场，联系销路，农户负责以订单和合同方式按公司的要求进行马尾绣产品的生产。这样可以解决农户不愿集中生产所带来的难题，同时可以按传统方式进行生产，农妇足不出户就可以"在家办公"生产马尾绣。第二种方式，可以组织农妇集中在县城一家公司进行现代化流水线形式的马尾绣生产方式，按照一件成品的结构进行分工操作，以计件工资与保底工资相结合的方式付予酬劳，这样可以发挥农妇的专长，通过"离土不离乡"在家门口实现本地就业。公司按照现代企业的经营模式进行运作，自主经营，自负盈亏。

水族马尾绣是水族独有的、贵州特有的、濒临失传的民族民间传统绝活工艺，是民族美术工艺中的一朵璀璨的奇葩。保护和传承水族马尾绣是我们每一个关注民族发展的仁人志士共同的责任。

参考文献

[1] 王新伟，等. 贵州马尾绣：璀璨的刺绣艺术"明珠"[N]. 经济日报，2010-10-17（7）.
[2] 邓小平. 邓小平文选（第3卷）[M]. 北京：人民出版社，1993.

（原载于《黔南民族师范学院学报》2012年第1期）

对彝族原生态传统体育文化的多维审视

罗建新　王亚琼

彝族是一个具有悠久历史和古老文化的民族，2000年第五次人口普查时有776.23万人，总人口位居我国少数民族第七位，主要分布在云南、四川、贵州三省和广西壮族自治区的西北部。彝族人民世代居住在云贵高原和康藏高原东南部的高山河谷之间，神奇秀美的山川土地养育了一代代彝族人，也孕育出彝族丰富多彩的民族文化。彝族原生态传统体育文化在一定程度上充分反映了民族精神和生活面貌，是民族历史、文化、生活习俗的重要体现，其对于彝族地区和谐社会的构建及政治、经济、历史和文化艺术等诸多领域的发展都具有深远的历史意义。为了解彝族村寨部落原生态传统体育文化的生存状态，课题组成员多次深入到云南楚雄地区、云南红河地区、四川凉山彝族自治州、贵州毕节地区的威宁彝族自治县、赫章、大方县的部分彝族村寨部落，通过对彝族村民的访问，在彝族原生态传统体育文化范畴内调查与研究彝族民俗传统节目中体育运动的源流、类别、性质与传承情况，结合文献资料、因特网等信息渠道查询翻阅有关彝学史料及研究论文，通过专家访谈从民俗民风、传统体育文化源流、性质及类别等多个层面和维度上，从生态人类学的视角分析、归纳和总结彝族原生态传统体育文化的特色、属性和类别，为彝族传统体育文化资源地挖掘、整理、开发和利用，为传承与发展彝族传统体育文化提供宝贵的研究资料。

一、研究方法

1. 问卷调查法

根据课题研究的目的，设计对我国云南、贵州、四川等地区部分彝族山寨部落原生态传统体育文化进行调查的问卷，对云南省楚雄彝族自治州、红河哈尼族彝族自治州、四川省凉山彝族自治州、贵州威宁彝族自治县、赫章、大方县彝族聚居地部分彝族村寨、部落发出问卷调查表1000份，收回问卷751份，有效回收率为75.1%。

2. 田野调查法

课题组从2011年4月至2012年4月深入实地调查云南省楚雄彝族自治州、红河哈尼族彝族自治州、四川省凉山彝族自治州、贵州威宁彝族自治县、赫章、大方县彝族地区部分彝族村寨、部落体育文化资源，就彝族原生态传统体育文化的源流、发展及现状，走访部分民族村村民及从事民族文化研究第一线的工作人员，采用召开访谈和座谈会的方式进行调查，对所获资料进行整理。

3. 专家访谈法

根据彝族地区村寨原生态传统体育文化资源及其现状，以彝族原生态传统体育文化的源流、特色、性质和价值为专题，课题组成员采访了云南、贵州、四川三省区部分大专院校从事彝族传统体育文化研究领域的专家10人。

4. 文献检索与数理统计法

根据研究内容和目的，通过贵州省图书馆、因特网等渠道，查询翻阅国内有关彝学史料10余部及20多篇有关彝族传统体育文化研究性论文，在彝族传统体育文化研究文献中获取相关数据和信息，采用数理方法对所获资料进行统计学处理，进行整合与多维分析。研究文献论文数据及问卷资料数据全部使用SPSS统计软件进行分析与处理。

二、结果与分析

彝族原生态传统体育文化是指没有被特殊雕琢，存在于彝族民间原始的、散发着乡土气息的传统体育运动及其理论体系，它包含彝族传统体育运动的竞技、表演、健身娱乐项目及其体育理论体系。彝族原生态传统体育文化是彝族社会需求的特殊反映，是彝族生存环境和民族文化的必然产物，在一定程度上反映了民族的精神、思想、观念和生活面貌，是民族历史、文化、生活习俗的重要体现。[1]

1. 彝族原生态传统体育文化的历史源流及演变

彝族传统体育是其民族文化的重要组成部分，最早产生于远古时期彝族先民淳朴的自然生活与生产劳动之中，并在漫长的社会实践中，在民族的生存需求、宗教信仰、社会生产及军事的影响下形成、传承与发展。彝族传统体育文化类别众多，形式多样，内容丰富，包含了竞技、表演、健身娱乐三类运动项目，充分体现了彝族独特的民族文化、民族精神和生活习俗。如彝族式摔跤、射箭、射弩、彝刀、棍术、赛马、追羊、赶牛、飞石索、掷葫芦飞雷、荡磨秋、爬油竿、绵羊拉绳、踩跷板、顶头、角力、狮舞、虎舞等。[2] 据不完全统计，流传在彝族民间的传统体育活动项目，包括带有体育健身性质的舞蹈多达50种以上，这些传统的体育文化活动历史悠久、源远流长。

彝族原生态传统体育文化具有悠久的历史和深厚的民族文化内涵，在其历史流变过程中，与为民族生存所进行的军事战争活动、与民族的原始宗教信仰、与民族的生活习俗有着密切的联系，受到所居住环境的制约，其传统体育文化具有独特的山地文化特性，具有较强的思想教育价值因素，具有悠久的历史和丰富多彩的运动项目，与西方体育体系的现代奥林匹克竞技项目有很大的相似性，通过对其传统体育文化的发掘、整理与开发，充分利用彝族传统体育文化资源及价值实施教育，并注重其传统体育文化与旅游产业的互动发展，对促进彝族地区教育和地域经济的发展具有重要的现实意义。

2. 彝族原生态传统体育的山地性文化特色

彝族主要聚居在云贵高原和青藏高原东南部边缘的山岳之中，呈大分散、小聚居的分布格局。这里群峰叠翠,江河纵横,峡谷纵深,气候类型多样。一个民族要适应社会与自然环境,要在其特定的空间内求得生存与发展,除了生物遗传与基因变异的影响外,民族文化的发展为其生存与发展提供了积极、有利的重要因素。彝族人民不是仅凭先天的本能来适应环境,而是通过学习并凭借其民族文化去改造和适应其生存环境。彝族人民在自然环境和社会环境之中为生存而创造了社会,发明了思维和行动的新方式,他们创造了文化从而建构了民族的历史。彝族文化是民族创造的生存文化,而彝族原生态传统体育文化则属于民族文化的重要组成部分,具有浓郁的山地文化性质。通过对彝族地区村寨部落原生态民族传统体育现状调查访问发现,彝族原生态民族传统体育中的"飞石索"、"射弩"、"彝族式摔跤"、"追羊"、"赛马"等民族传统体育运动项目起源、传承与发展都与彝族生活中创造的山地文化具有密不可分的联系。

由于聚居的地域环境差异加上社会历史的变化和自身不断发展等诸多因素,彝族地区形成了具有地域特点的原生态民族传统体育文化,不同的地域环境导致其体育活动具有明显的区域性特点。如彝族火把节中,云南巍山地区的体育文化活动是"打歌",宜良地区则是"阿细跳月",而楚雄地区则以"打跳"为主要形式,威宁地区彝族是以"竹竿舞"为主要内容,大凉山地区彝族则举行"朵洛荷"等集体舞,这些传统的彝族原生态体育舞蹈都具有各自不同地域文化的特色。彝族传统体育文化的传承,受其居住环境条件的制约,受外来文化的影响较小,处于一种相对封闭的自然状态,保留了特有的文化结构和原生态民族特色,具有其特殊的发展规律和民族特色,带有明显的山地文化性质和民族异质性。[5]彝族丰富的传统体育文化,随着历史的发展逐渐从娱神的低层次走向娱人、健身和促进社会和谐的高层次,体现了早期人类文明与现代体育思想的共融,具有较强的体育功能。彝族传统体育的山地文化,卷帙浩繁的彝文典籍,种类繁多的石器、青铜器文物,为现代研究古人类原始体育源流和发展提供了珍贵的历史资料,具有较高的研究价值。

3. 彝族民俗民间传统节日的民族传统体育文化

彝族民俗民间传统节日作为行为层面的传统文化,根植于彝族传统的牧猎文化及农耕文化之中,在长期流传过程中形成了自身独特的文化。彝族民俗传统节日是彝族丰富文化生活涵载的社会现象,涉及社会的政治、经济、生活、宗教信仰、文学艺术、社会交往、民族心理等方面。彝族民俗民间传统节日活动的主体构架主要由传统体育活动与文艺活动所构成,与彝族文化精神和民族精神相联系,通过对天人、群己、义利及文武等关系的交融,形成了其独特的文化内涵,体现了强大的文化凝聚力与生命力,在彝族社会发展进程中具有非常重要的作用。

(1)彝族原生态传统体育的民俗性节日文化特色

我国不同民族有着不同的文化表现形式,但在同一文化母体下,不同民族文化的活动又存在着共融性,活动的形式内容都非常相似。彝族民俗节日文化中传统体育运动项目类别众多、形式多样、内容丰富,充分体现了彝族独特的体育文化性质、民族精神和生活习俗。如彝族式摔跤、射箭、射弩、彝刀、棍术、赛马、追羊、赶牛、飞石索、掷葫芦飞雷、荡磨秋、爬油竿、绵羊拉绳、踩跷板、顶头、角力等。[3]这些传统的体育文化历史悠久、源远流长,是彝族民俗民间传统节日文化的主要内容。

彝族原生态传统体育运动项目多数都与民族的民俗节日密不可分，无论是竞技性的彝族传统体育运动项目（如彝族式摔跤、赛马、射弩、角力、绵羊拉绳），还是表演性的彝族传统体育项目（如高空走索、荡磨秋、爬油竿、上刀山、斗牛等）以及娱乐性的彝族传统体育运动项目（如彝族狮舞、虎舞、跳月、踩跷板、竹竿舞等），它们的起源、传承与发展都与其民族节日文化有着千丝万缕的关系。如彝族传统体育舞蹈"狮舞"、"虎舞"源于民俗节日文化的图腾崇拜活动，彝族传统体育舞蹈"阿细跳月"最初源于民俗节日文化的宗教祭祀活动，后来随着彝族社会政治、经济的发展逐渐从图腾崇拜、宗教崇拜发展成为娱人、健身及促进社会和谐的高层次体育文化活动。

（2）彝族民俗传统节日与其原生态传统体育文化

彝族的民族文化具有极强的包容性，表现为同化力、融合力、延续力和凝聚力等方面。在历史进程中，作为彝族文化核心的游牧文化曾与农耕文化、山地文化随着社会发展而不断地进行交融与互补，通过民族传统文化的传承与发展，逐渐形成了彝族民俗传统节日的民族传统体育文化。[4]彝族传统体育文化是我国少数民族文化的一个重要组成部分，民族体育作为民族文化行为层面的传统文化，更具有包容竞技、健身、生活娱乐与社会交往的体育文化性质。彝族原生态传统体育文化精神是其传统文化中具有积极意义的、体现在民族蓬勃向上的意识和观念。民俗传统节日的体育文化充分地体现出民族忠义、尚武自强、天人合一、贵和尚美等精神，正因为这些文化精神的存在，使得民俗传统节日及节日中的民族传统体育文化经过几千年的历程仍被保存、遵守与传承，体现出其强大的生命力和社会价值。

彝族原生态传统体育的民族忠义思想在火把节与清明节两大节日中体现得最为明显，倡导"精忠报族"的民族主义精神，在社会发展中起着非常重要的作用。[4]火把节开展彝族传统体育活动与纪念族民英雄的爱国精神联系在一起，体现出一种赤诚爱族的民族主义精神。清明祭祀的习俗来自于汉族的寒食节，相传于春秋时期介子推"割股"给处于困境中的公子重耳充饥，这里体现了"忠"与"义"两种文化精神。在几千年的社会进程中，寒食节与清明节合二为一，民族忠义的体育文化精神也成为彝族民众精神的渊源，孕育和造就了彝族社会历史上的无数仁人志士、英雄豪杰。

彝族原生态传统体育文化的尚武自强精神为民族的强盛提供了巨大的推动力，彝族是尚武精神的民族，讲究以德服人、以柔克刚、有容乃大、崇尚武学，相信实力是保证民族在社会中生存的决定性条件。彝族原生态传统体育文化中的"尚武"体现在民俗传统节日的宗教祭祀、体育才艺表演和传统体育运动竞技几个主要方面。如在宗教祭祀中的"舞龙"、"狮舞"、"虎舞"等代表图腾崇拜的表演，在完成一定程序表演基础上，要充分显示才艺和武技，彝族留传至今的许多才艺表演如"摔跤"、"上刀山"、"爬油竿"、"高空走索"等都充分地表现了族人崇尚武技的精神。[5]

彝族原生态传统体育文化"天人合一"的思想是彝族先民原始哲学的核心观念，其基本含义是追求自然环境与人文精神的有机统一，强调人类行为与自然界的协调与和谐。天人合一思想除了人与自然协调外更主要的是"天人合德"，即人应适应大自然，应"顺天意"，向自然学习与天合德，传统节日中的彝族原生态传统体育也从不同的侧面反映了天人合一的思想。彝族原生态传统体育文化的"贵和"倡导和谐，"尚美"即崇尚美好，和谐与美好作为彝族传统体育文化观念追求的最高境界，是民俗民间传统节日中传统体育文化的主题思想。如彝族民俗节日活动中的传统体育表演,始终贯穿着群体参与、和谐和崇尚美好的思想主题,这种"贵和"、"尚美"的思想在其传统体育表演项目"阿细跳月"中得到了充分的展示。

(3) 彝族民俗民间节日活动中的民族传统体育文化内涵

彝族原生态传统体育是从彝族文化中剥离与凸显出来的一种体育运动形式,是一种以竞胜、娱乐、健身为主要目的的民族文化。彝族原生态传统体育文化作为彝族文化的补充与完善,具有自己独特的内涵和特征。民族传统体育可以丰富人们的文化生活,提高人们的身心健康,加强各民族、各地区之间的文化交往与促进地域性经济的发展。民族传统体育的起源、传承与发展,与族人生活方式和社会习俗有着密切的联系,彝族传统体育在漫长的发展、演变过程中形成的风格,被融入了民俗民间传统节庆活动中,成为民族地区民众日常生活的重要组成部分,不仅使节日活动的体育文化内涵更加充实,而且使节日文化从内容到形式都更加健康、更加丰富。

4. 彝族原生态传统体育运动文化的性质

彝族原生态传统体育运动主要有三大文化属性,即彝族原生态传统体育运动文化的竞技属性、表演属性和健身娱乐属性。彝族传统体育如拔河、追羊、摔跤、赛马、弓箭、射弩等,在我国少数民族中较为普及,活动的性质与形式也大体相同,所不同的是风格略有差异。也有一些项目如追羊、飞石索、爬油竿等,仅在一个或数个民族中开展。这些民族传统体育运动除具有竞技性特征属性之外,还具有较强的观赏性、娱乐性和健身性,因而深受各民族民众的喜爱和欢迎,成为民间节日活动中的亮点。在节日活动中的民族传统体育按活动性质大体上可分为竞技性、表演性和健身性三种基本活动类别。

(1) 彝族原生态传统体育运动文化的竞技属性

竞争是人类的天性和社会发展的必然,是人类生存的本能,是在自然界生物进化与发展规律下形成的一种社会现象。彝族原生态传统体育运动的竞技是一种以身体运动能力、运动技巧为竞赛内容的体育活动,竞技性类别的彝族传统体育运动目的是夺取优胜,其竞技运动与西方体育文化体系具有相同的竞技性质。彝族传统体育中有很多是以决胜负、赌输赢为目的的运动,这种以人的力量、速度、耐力、灵活性为基础所进行的体能、心理、技能的较量,充分体现了其极强的竞争性、观赏性,成为民族大众最喜欢的体育活动形式。

竞技性的彝族传统体育运动大体可分为力量、速度性和技巧性两大类型的体育项目。力量、速度性体育项目主要是以人的体能、力量、耐力及速度为主的竞技。据资料记载旧石器时代彝族先民的原始狩猎活动中,已经萌发了一些类似现代彝族传统体育竞技的活动,如以力量、速度为对抗的摔跤、斗牛、角力、拔河、追羊、赛马等,分别以个体对抗或集体对抗的竞技形式来进行,强调力量和速度的有机统一和集体的协调与配合。彝族的技巧性传统体育竞技是一种以技艺、心理素质为主,充分发挥技能作用的竞技性体育,分为个人项目和综合类项目两种形式。技巧类的个人项目如荡磨秋、射弩、爬油竿、高空走索等。集体性体育竞技项目则需要同时进行数种技艺的综合训练或需要通过几种技艺的竞技才能完成某一综合类体育竞技活动,如八人磨秋、跳竹竿等就是其典型的运动范例。

(2) 彝族原生态传统体育运动文化的表演属性

表演性的彝族传统体育运动是一种以运动技巧、动作难度和体育观赏特色为主的表演性技艺，分为个人和集体性项目两种形式。个人项目注重技艺表演的难度、美感与观赏价值，如笙舞、刀梯、高空走索、爬油竿等。集体性表演类项目则有著名的阿细跳月、竹竿舞、舞龙、狮舞、虎舞、铜铃舞、木鼓舞等。[6]

（3）彝族原生态传统体育运动文化的健身娱乐属性

彝族传统体育中有许多具有健身娱乐性较强的运动项目，从事这些民族传统体育运动，可以促进人的身体、心理和社会适应能力的全面发展，提高身心健康水平。健身娱乐性的彝族传统体育有较强的趣味性、参与性和娱乐性，并且很少受场地设施、条件的限制，易于开展和进行长期、系统的体育健身锻炼。在彝族地区，较为普遍的健身娱乐性的民族传统体育有模仿动物行为的健身运动（虎舞、狮舞），增加欢乐氛围的芦笙舞、竹竿舞和木鼓舞等。彝族传统的健身娱乐性体育，注重健身价值和娱乐、趣味性及与游戏的结合，倡导大众参与的群众性，对进一步增强少数民族传统体育的活力、促进彝族地区的社会和谐，具有强大的现实意义和深远的历史意义。

三、结论与建议

通过对云南楚雄地区、红河地区，四川凉山彝族自治州，贵州毕节地区威宁、赫章、大方县的部分彝族村寨部落彝族原生态传统体育文化调查与研究，作者认为：

（1）彝族原生态传统体育文化具有悠久的历史和深厚的民族文化内涵，源于彝族先民的生活、生产劳动与教育的需要，在其历史流变过程中，与民族的生产、军事、宗教及生活习俗有着密切的联系，受所居住环境的制约，其传统体育文化具有独特的山地文化性质和民族文化特性。

（2）彝族原生态传统体育是一种以竞技、娱乐和健身为目的的社会文化现象，它具有独特的民族文化特征和内涵，具有鲜明的竞技性、表演性、健身娱乐性特征，有较强的思想教育价值，通过对其传统体育文化的发掘、整理与开发，充分利用彝族传统体育文化资源及价值实施体育教育，并注重其传统体育文化与旅游产业的互动发展，对促进彝族地区教育和地域经济的发展、构建彝族地区的社会和谐，具有重要的现实意义。

（3）彝族传统体育文化体现了彝族人民聪明智慧和勤劳勇敢的民族精神，体现了早期人类文明与现代体育思想的共融性，具有较强的体育价值。彝族原生态传统体育文化核心的游牧文化曾与农耕文化、山地文化随着社会发展而不断地进行交融与互补，形成了彝族蓬勃向上的民族思想和观念，充分体现了民族忠义、尚武自强、天人合一、贵和尚美等精神，具有强大的生命力和社会功能。

参考文献

[1] 袁泽民，季浏．对民族传统体育文化传承与发展的生态探讨——以云南彝族传统体育为例 [J]．贵州民族研究，2011（3）．

[2] 罗建新．彝族传统体育文化的起源与传承 [J]．体育学刊，2007（7）．

[3] 王亚琼．贵州原生态民族传统体育文化资源的调查与研究 [J]．贵州民族研究，2011（5）．

[4] 马学良．云南彝族礼俗研究文集 [M]．成都：四川民族出版社，1983（9）．

[5] 起国庆. 彝族毕摩文化 [M]. 成都：四川文艺出版社，2007（3）.

[6] 毕节彝文翻译组. 西南彝志 [M]. 贵州：贵州民族出版社，2001（9）.

[7] 金星华. 民族文化理论与实践——首届全国民族文化论坛论文集 [M]. 北京：民族出版社，2005（1）.

[8] 周伟良. 民族传统体育概论高级教程 [M]. 北京：高等教育出版社，2003（8）.

（原载于《黔南民族师范学院学报》2012年第3期）

黎锦技艺保护与传承研究

林开耀　林珈兆

一、引言

黎族传统纺染织绣技艺（简称：黎锦技艺），是黎族妇女利用棉、麻等天然纤维制作衣物及其他生活日用品所使用的传统手工技艺，是黎族妇女在历史上精通的一种棉纺织工艺，是黎族传统文化重要的组成部分。[1]

黎锦技艺历史悠久，工艺独特。早在秦汉时期，黎族先民就掌握了棉纺织技术。《尚书·禹贡》记载："岛夷卉服，厥篚织贝"，指的是汉代黎族先民纺织出来的"广幅布"，被征为朝廷的"贡品"。元封元年（前110）汉军登上海南岛，设立儋耳、珠崖二郡，这是封建中央王朝的统治权力首次延伸到海南岛，他们所见到的岛上原住民身上穿的便是用棉布做成的衣服，称为"民皆服布，如被单，穿中央为贯头……"。《后汉书·南蛮传》便有"武帝末（前87），珠崖太守会稽孙幸调广幅布献之，蛮不堪役，遂攻郡杀幸。幸子豹合率善人还复破之"①的记载。由此可见，在汉代，黎族先人棉纺织技术已达一定的水平，至今已有三四千年的历史。

黎锦技艺经过千百年的锤炼，形成了具有本民族特色的纺、织、染、绣四大工艺，并有"单面织"、"双面绣"、"绞撷染"等地方民族特色的纺织技艺。黎族的棉纺技术，在元代经我国女纺织家黄道婆向黎族妇女学习进行改进后在中原传播，对我国当时棉纺织业的发展有着很大的推动作用。

运用传统的纺染织绣技艺制作的织品，如筒裙、贯首衣、被单、头巾、花帽、龙被、壁挂等被统称为黎锦。而综合体现黎族传统纺染织绣技艺的龙被（崖州被），是黎锦中的珍品，历史上曾为进奉朝廷的贡品，具有极高的人文艺术价值。高超的纺染织绣技艺是海南黎族姑娘聪明伶俐的标志，黎族每一位女孩从小就要学习纺织技术，为了掌握这门技术，勤学苦练，就是为了日后能织出丰富多彩的黎锦。黎锦有着广泛的社会需求，也寄托着黎族姑娘对美好爱情和生活的向往，一些织品常常是送给意中人的重要礼物，正是由于

---

① 《后汉书·南蛮西夷列传》卷八六。

这种原因，黎锦技艺才得以代代相传。

二、黎锦的基本图案与技艺

黎锦技艺在海南省少数民族地区黎族村寨的黎族妇女中广泛流传，由于地理位置、生活环境、语言、服饰等的差异，其黎锦织品的色彩、图案、纹样、技艺特点等都各不相同，各具特色。

黎锦图案的题材较为广泛，它描绘了黎族人民的生活风貌、文化习俗、宗教信仰和审美情趣，反映了黎族社会生产、生活、爱情、婚姻、宗教活动的方方面面。据不完全统计，黎锦图案有二百多种，大体可分为人形纹、动物纹、植物纹、几何纹等。[2]其中人形纹、动物纹和植物纹是最常用的织锦图案。

（一）人形纹

人形纹造型种类繁多，最常用的是根据人的特征用两个近似菱形的几何纹作纵向排列，构成人体的上半身和下半身，头部用小于身体部位的菱形来表达，整体构图呈左右对称，造型简练，形象夸张。[3]在黎锦中最为常见的是变形人形纹，这种纹样排列大多是二方连续。人形纹也有独立式的，每组造型都有细微的变化，如有的强调手和脚的动作形态，有的突出人体姿态，或坐或立，姿态万千。变形人形纹常见的有大力神纹（黎语称为"抱隆扣"）、母子纹、婚礼图、狩猎图、纺织纹（即表现"男猎女织"的场景）和舞蹈图（庆祝节日时载歌载舞的场景）。

（二）动物纹

黎族人民长期与各类动物相伴为生，动物是他们生活的一部分，他们将这部分转化为图案引入黎锦中。常见的动物纹有牛、羊、马、鹿、蟒、龟、公鸡、鸟、鱼、青蛙和螃蟹等，这些纹样造型简洁，多以几何形出现，用几个大小不同的块面表现出动物的基本特征。黎族妇女挖掘了人与动物的自然之美，并在织绣动物纹样时投入了自己的情感。

（三）植物纹

黎族人生活在热带丛林之中，植物资源极为丰富，黎族妇女们将喜爱的木棉花、泥嫩花、龙骨花、竹叶花等美丽的植物设计成图案织在黎锦上，有的图案还成为个别方言的标志和符号。"巾"字形的花草纹沿横向或纵向连续排列的构图形式，象征着繁衍生息、人丁兴旺。植物纹是黎锦中经常用到的纹饰，常与人形纹、鸟纹相配合，组合成完整的图案。

（四）汉字纹样

黎族人没有自己的文字，受汉文化的影响，汉文字逐渐被加入了黎锦纹中，一般采用汉字中有吉祥寓意的文字，如"寿"、"喜"、"禄"、"万"、"福"、"吉"、"贵"等字，这些文字成为黎锦图案的新元素，并代代相传，融入了黎族文化，体现了民族文化的相互渗透。

（五）龙被图案

龙被是黎锦艺术的精华，根据用途不同，龙被的图案和色彩也不同。[3] 早期的龙被图案多以人纹、祖宗纹和蛇纹为主，民族地方特色浓郁。晚期的龙被深受汉族文化影响，图案基本以汉族的龙纹样为主体。明代、清代和民国时期的龙被，所织的提花图案元素是黎族本民族的，但在织锦面料上刺绣的图案则是汉民族纹样。可见后期的龙被是黎族文化和汉族文化相融合的产物。

明代的龙被图案主要是人形纹和祖宗纹，这两种图案结构是一样的，只是祖宗纹采用不同的色彩来表现，即以明、暗两色相间排列构成的人形纹。这类造型结构的人形纹是黎族祖先崇拜的表现。明代具有关于这样主题的龙被纹样有神树·灵芝图、祖宗图、森林图、百花园图、满园春色图、长寿果图、万象更新图、天香图、仙华绳索果图以及蛙纹图等。

清代的龙被纹样，受汉族文化的影响较大。黎族人把汉文化中的一些标志性元素与黎族独特的图案相结合。例如，龙被上大量出现了"福"、"禄"、"寿"等图案，出现了龙凤呈祥、双龙戏珠的纹饰以及与道教的"八仙"、"八卦"、"太极"和佛家的莲花宝座等有关的图案。有些龙被仅在织物结构和部分图案上还保留着黎族特色，而刺绣花纹则基本演变为与汉文化有关的图案，最显著的莫过于"福禄寿显"龙被，"双龙戏珠，双凤朝阳"龙被。也有许多龙被的图案是反映黎族人民日常生活、表现民族风情和祖宗崇拜主题的。龙被的构图以对称为特征，严谨而气势宏大，多数以深蓝、黑、红、白色为底，配有红、黄、绿、紫、褐、赭石等颜色的花纹，画面图案绚丽，立体感强。

黎锦技艺作为本民族的一种文化，在历史上曾经领先全国各地、有着灿烂辉煌的历史。但由于历史的原因，社会科技的不断进步，如今其已走向衰落，有的特色技艺已面临失传的风险。在社会主义市场经济条件下，如何利用市场机制，如何发挥政府的作用来抢救、挖掘、保护、传承、开发、弘扬这一优秀的传统文化，为现代化服务，是摆在我们面前的亟待解决的问题。

三、黎锦技艺的濒危状况

伴随着经济社会的不断发展，海南民族地区的现代化建设步伐加快，这给五指山地区的各族人民不仅仅带来了生活水平的提高，而且居住条件也得到进一步的改善，但是黎族传统文化却受到了冲击，使得黎锦技艺保护与传承面临困境。

（一）人们对黎锦技艺保护的意识淡薄

在现代化和西方文化的巨大冲击下，人们的注意力转向了现代化科技文明。形色奇异、款式多样的服装进入了市场，人们可以自由购买款式多样的纺织品，加上年轻人追求时尚，所以他们基本不穿传统的黎族服装。如今整个黎族地区城市和农村的各个阶层，在日常生活中都已经基本改穿简便的现代服饰，这使黎族服饰失去了在现实社会的实用功能。据调查，现在海南全省各地的黎族，除了每年的"三月三"黎族、苗族传统节日活动以及举行婚礼和宗教信仰等活动中穿黎族服饰，或在宾馆、酒店、旅游景点有黎族同胞穿着传统服饰参加表演外,平时基本上已经没有人穿黎族服饰,进而人们对黎族织锦技艺传承的观念和意识也渐渐淡薄。黎族织锦技艺基本上没有人去学习、创造、发现和发展,黎族原来的家庭棉纺织业也基本消失。

(二)黎锦技艺的传承后继乏人

长期以来,黎锦技艺的传承方式都依赖于民间自然的传承,即在家庭中以母女传授、姐妹互教互学或者是亲戚传授等为主要方式。过去,黎族女孩子一般到了五六岁就开始学习纺织技艺,到十二三岁就能熟练和掌握这门技艺。经过日积月累与不断地学习和实践,就能织出绚丽多彩的织锦,成为高超的民间艺人,进而使得黎锦技艺能代代相传、永不间断。而今天,社会经济结构不断发展和变化,人们的观念也随着社会经济发展而变化。在人们外出打工的浪潮席卷下,黎锦技艺的传承也面临困境。在黎族村寨中的黎族女孩在读完中小学甚至有很多辍学之后,就离开家乡外出打工。她们在外面接受新生事物的影响后,往往习惯于外面的生活方式,不愿意再回到自己的家乡生产生活。据了解,外出的大部分的女孩和当地人交往,结婚成家,生儿育女,从此,这些女孩就无缘学习黎锦传统技艺,这是造成黎锦技艺后继乏人的原因之一。原因之二是,织成黎锦要求织者通晓纺染织绣四工艺,程序较为复杂,难以掌握,也影响了女孩子们对学习这门技艺的热情。此外,完成一件黎锦织品需要花费大量的时间和精力。比如要完成一条精美的黎锦筒裙,至少要花三至四个月或者更长的时间。这使得倾向快节奏现代生活的年轻人对黎锦劳作往往会失去耐心,以致学习黎锦传统技艺的人越来越少。在传统的传承方式日益式微、现有民间艺人年老多病渐渐离去的背景下,前人与后人之间无法交接,传承链条发生断裂,使得黎锦技艺后继乏人。

(三)原材料匮乏

黎锦技艺的主要原材料为当地产的棉花、麻等,根据调查显示,棉花占黎锦原料的60%以上,还有约20%的原料为麻纤维,约20%的原料为混纺纤维。但是,上述原材料的种植范围越来越小,外来的棉纱大量代替土纱。黎族织锦制作需要的其他纤维材料,如树皮纤维、藤纤维等,也因近几十年山区开发建设,被砍伐殆尽,而棉花、麻类又无法成片种植,野生麻和染料植物资源也因开山种橡胶和其他农作物而遭到破坏。生产原材料匮乏已成为黎族织锦面临的重大问题。

(四)黎锦技艺传统的纺织染色技艺流失

染,是黎锦中的一道工序,染色与纺织等糅为一体。黎族的染色工艺主要分为矿物染色工艺与植物染色工艺两种,是黎族妇女必备的技能。[4]但随着外来色线、色布、化工染料的日益增多以及植物染料资源的破坏,懂得使用传统染色技法的人越来越少。过去,黎族妇女能用多种染料染布、染纱,而现在染色植物越来越少,传统的染料植物,如假蓝靛、毛蓝靛、厚皮树、岭楣树、苏木等,已经少有人种植,如果能种植也无法形成规模。随着购买和使用现成色线的人的增多,人们接触和认识各种染料的机会进一步减少。

(五) 传统与现代的冲突

在现代化建设进程中,传统与现代的价值冲突,民族传统文化与现代文化的冲突,使得黎族织锦、黎族服饰文化面临消亡的危险。

1. 黎锦技艺传承模式面临挑战

过去黎族传统纺染织绣技艺不仅为全体妇女所传习,也是她们必须具备的一项基本技能。这种技艺主要为家庭式的传承,以母女相传最为普遍。女孩子从懂事起就开始学习纺染织绣的技艺[4]。如今,母女相传的黎族织锦技艺传承方式受到了现代教育方式的影响。女孩到了学龄阶段要去学校读书,已无暇花很长时间随母亲在家学习传统技艺,或者用几个月或更长的时间来为自己织出一条筒裙。由于黎族织锦花纹图案完全是以口传心授的方式传承,没有现成图谱保存,所以随着老艺人去世,传承了数千年的纹样面临着消失的危险。

2. 黎锦技艺传女不传男的习俗制约其传承

在黎族的传统观念中,织黎锦是女人的事,只有干不成大事的男人才会去织黎锦。[5] 女人织黎锦时,男人不要用手去摸或者碰,如果男人摸到或者碰着黎锦的器具,这个男人将会受到惩罚:上山打不到猎物,下河捕不到鱼虾,甚至难以找到女朋友,或者说女人也不愿意嫁给这样的男人。这一习俗观念使得黎锦技艺传承人的规模进一步缩小。

3. 物随人生、物随人亡的习俗影响黎锦的传承

可以说,黎族妇女是黎锦织品的创作者,同时也是黎锦织品的毁灭者。黎族妇女一生中要织造出数以百计或者千计的绚丽精美的黎锦,如筒裙、衣服、头帕、花带、被单等,然而一旦到其去世,就要按黎族传统的风俗习惯将其生前所织造出来的各类织绣产品,全部损毁,弃之于墓地或者野外进行销毁。不传世之俗,使后人难以觅到更古老、更系统、更完整的黎族织绣艺术品。过往如此,现在如此,将来亦如此。今天在民间存有的黎族妇女手中的各类织绣艺术精品,明天也许就会成为墓地或野外的废弃物品。这种黎族传统习俗,对于黎锦的发展极为不利。

四、黎锦技艺的保护与传承

(一) 抢救性保护

1981年4月,广东省海南黎族苗族自治州人民政府发文通知,要求全州各县选拔黎族苗族织锦民间艺人,着手落实"抢救、挖掘、整理、开发"黎族传统织锦工艺的八字方针。从1981年4月至1986年2月,举办全州民族织锦工艺织绣班共9期,参加办班培训的黎族苗族女青年共有300多人次。

1987年4月,在南京云锦研究所的帮助下,广东省海南黎族苗族自治州人民政府正式挂牌成立了广东省海南黎族苗族自治州民族织锦工艺研究所,让在培训班中选拔出的20名优秀青年继续参加民族织锦工艺的研制工作。

1988年,海南建省办经济特区,海南黎族苗族自治州民族织锦工艺研究所升格为海

南省民族织锦工艺研究所（正处级单位），隶属海南省民族宗教事务委员会管辖，海南省民族织锦工艺研究所承担着黎族织锦的抢救、挖掘、整理保护和开发的工作。

1991年6月，海南省民族织锦工艺研究所研制了六幅黎族大型织锦壁挂，分别为丰收图、婚礼图、祭典图、福魂图、兵马图、祖宗图。每幅壁挂高6.2米、宽1.5米。这六幅壁挂集黎族传统花纹图案为一体，充分反映了黎族采集、狩猎、农耕、习俗等风土人情，是黎族人民生活的缩影。1992年11月，中国工艺美术学会织锦专业委员会学术研讨会在海南省通什市（今五指山市）召开，经专家评审，这六幅织锦被确定为中国之最，现收藏在海南省民族博物馆中。

2003年4月22日，海南省民族织锦工艺研究所与海南省民族研究所合并，成为现在的海南省民族研究所，对民族文化保护和发展的范围更加扩大化，所承担的职责更多。

2000年和2004年，全国两会的黎族代表应广大黎族人民的要求，向全国人大和全国政协两会分别两次提案，要求国家保护海南黎族织锦技艺。2004年10月黎族传统织锦技艺被列入全国十大保护项目之一。

2004年8月，经全国人大常委会批准，我国加入联合国教科文组织《保护非物质文化遗产公约》，政府对黎锦的保护力度进一步加大。2005年3月，国务院办公厅颁发了《关于加强我国非物质文化遗产保护工作的意见》。

2006年6月20日，"黎族传统的棉纺染织绣技艺"被列入国家级非物质文化遗产代表性项目名录。

2009年10月1日，联合国教科文组织第四次政府间委员会常规会议正式批准"黎族传统纺染织绣技艺"进入联合国教科文组织首批"急需保护的非物质文化遗产名录"。

2012年至2013年，由海南省民族研究所研制、海南省民族宗教事务委员会监制、反映黎族社会传统的民俗民风的黎锦长卷完成。壁挂全长186.7米、宽1.38米，一次性牵经纱织造黎锦长度就达300多米，成为史上最长的黎锦。①

（二）五指山市黎锦技艺的保护与传承

近几年以来，五指山市为进一步加强全市的黎族传统纺织染绣技艺传承和保护也做了大量工作。

1. 政府主导，社会参与

这是五指山市黎锦技艺保护与传承的主要工作方法。市政府和各乡镇人民政府主导黎锦技艺保护与传承工作，市文体局、市文化馆是项目保护工作的主管部门，政府相关部门是各自职责范围内的责任部门。鼓励和支持社会力量参与黎锦技艺的保护工作，具体做法是：

（1）在五指山地区建立了黎族传统纺染织绣技艺保护代表性项目，一般按四个级别进行保护，即联合国教科文组织批准"急需保护的非物质文化遗产名录"、国家级保护名录、省保护名录和市级保护项目。

（2）五指山市及其各乡镇人民政府分别成立黎锦学会、黎锦传习馆、黎锦传习所、黎

---

① 海南日报，2013年11月21日，第一版，《锦绣黎家》黎锦获吉尼斯世界纪录证书，织造历时一年多，598个人物跃然"锦"上。2008年5月14日中华人民共和国文化部令第45号。

锦传习村等。从 2007 年至今，五指山市已经成立各种传习馆（所、村）共 14 个，其中，2012 年 10 月 20 日成立五指山黎锦文化发展学会，2013 年 4 月成立黎族传统纺染织绣技艺传习馆，2007 年 2 月 5 日成立五指山黎族织锦传习所，然后相继成立了通什百扣黎族织锦传习所、毛阳镇毛栈村委会方满村黎族织锦传习所、水满乡方龙村委会方响村黎族织锦传习所等。

（3）确立黎锦技艺代表性传承人，给予相应待遇。五指山市文体局严格按照《国家级非物质文化遗产项目代表性传承人认定与管理暂行办法》和《海南省非物质文化遗产项目代表性传承人认定与管理的办法》（琼文［2009］2 号）对全市各项非遗代表性传承人进行确立。五指山市现有黎锦代表性传承人共 43 人。确立代表性传承人必须遵照申报、审核、评审、公示、审批等程序进行，并给予代表性传承人一定的经济待遇。按现行相关非遗政策规定，国家级代表性传承人由国家每年补助 10000 元，省级代表性传承人由省政府每年补助 5000 元，县市级传承人的补助金额由当地政府的国民经济收入情况自行决定。而五指山市人民政府，从 2009 年开始把代表性传承人的补助资金纳入财政预算，每人每年补助 600 元。到了 2012 年，每人每年补助 1500 元，比 2009 年补助提高了 900 元。此外，在每年春节前慰问代表性传承人的同时，还要送上慰问金，对代表性传承人的身体、生活状况进行了解并及时反馈给市委市政府以及主管部门。[5]

（4）建设黎锦原材料种植基地。五指山市在南圣镇同甲村委会什眉村什道岭租借 157 亩土地，用于建设"五指山市黎族织锦原料和染料种植基地"，种植原材料植物海岛棉、苎麻，染料植物板蓝、假蓝靛、黄姜、山兰等。现已完成 100 亩种植任务，其中海岛棉 80 亩，假蓝靛 15 亩，黄姜 5 亩。

（5）整理黎锦档案。五指山市目前已收集到非遗代表性实物藏品 342 件、日常展览的实物 176 件，均制作了《资料汇编》，整理制作《非遗宣传册、页》系列，与海南大学传媒学院合作拍摄的《五指山黎锦》宣传片已经正式出版。

2. 长远规划，分步实施

坚持全局观念，统筹规划，将其与经济社会发展规划相衔接，立足长远，切实可行。首先，五指山市委、市政府把黎锦技艺项目的保护纳入本市经济社会发展的总体规划，确定管理目标，考评政绩。建立健全保护责任制度，市文体局、市文化馆和市非物质文化遗产保护中心，分工协作，职责分明，做到领导到位、责任到位、措施到位、投入到位。其次，争取财政支持，落实保护经费。财政部门每年拨出专款作为开展非物质文化遗产工作的专项经费，提高和加快保护与传承工作的效率。最后，每年制定黎锦技艺的保护方案，每年对黎锦技艺保护与传承工作进行绩效评定考核。根据上级对黎锦技艺保护的要求，结合本市黎族传统文化底蕴、民族特色，多次组织有关专家、学者，召开座谈会、论证会，进行协调，有针对性地制定五指山市黎锦技艺保护与传承规划和方案并层层落实。

3. 坚持"保护第一，合理利用"的原则

以黎锦技艺传承保护为重点，一边保护，一边生产，打造特色工艺品牌，为旅游业服务。2007 年 4 月 5 日，在市政府的支持下，通什镇番茅村委会黎族传统纺染织绣技艺国家级代表性传承人刘香兰女士，第一个挂牌成立了"五指山黎族织锦传习所"，这标志着五指山地区黎锦技艺的利用和传承突破了家庭模式。黎族妇女在农闲时、饭前饭后都到传习所里交流技艺、织制黎锦产品并对外销售。随着黎锦需求量的不断增大，经济收入也不断增加。2007年黎族织锦传习所成立之初，人均月收入200元，到2012年增加到人均月收入1000元。所织的黎锦产品，除了在本省海口、三亚、保亭、陵水销售外，还远销马来西亚、新加坡、泰国等国。现在市文化主管部门正在积极筹划，继续挑选条件好、成熟快的传习所挂牌成立黎锦织绣公司，让黎锦逐步走向市场化、走向产业化。

4. 创建平台，加大黎锦技艺宣传保护力度

第一是充分利用每年黎族苗族传统节日"三月三"和"世界非遗日"，对黎锦技艺项目进行展演，并且开展各项技艺比赛，以此激励广大民间织绣能手参与活动，积极投身黎锦技艺传承和保护之中。2011年，五指山市代表海南省参加全国在成都举办的"世界非遗日"展演活动取得了较好的成绩。第二是筹集资金摄制五指山黎锦技艺宣传片。五指山市相关部门工作人员与海南大学传媒学院摄制组走访近百个自然村，历时3个月拍摄完成《五指山黎锦》专题宣传片，为实现"黎锦强市"的工作目标起到了积极的促进作用。第三是深入基层开展非遗图片巡回展。利用送文化下乡活动到各个乡镇开展非物质文化遗产成果图片巡回展，在图片展现场也安排了工作人员解答问题，提高群众对非物质文化遗产的认识，让更多的人参与到黎锦技艺保护的工作中来。同时利用电视、网络和各种宣传媒体对黎锦技艺进行大篇幅的报道和宣传，掀起了一波又一波的黎锦技艺保护宣传热潮。通过一系列的黎锦技艺的保护成果进乡村、进社区、进部队、进学校巡展等，营造良好的关注黎锦的社会氛围。

5. 构建长效机制，培训黎锦技艺人才，为传承民族优秀文化注入活力

首先，针对黎族妇女举办各类黎锦技艺培训班。从2007年至今，五指山市文体局每年都组织举办各类黎锦技艺培训班。培训内容涉及黎族传统的纺染织绣四大工艺，培训对象包括优秀民间艺人、代表性传承人和对黎锦技艺有兴趣的黎族妇女，培训形式也随着需要不同而不断地变化，有在市文化馆集中培训，也有送培训到边远山区。通过每年的持续培训，黎锦技艺人才规模日益扩大。2007年普查时，全市懂得织锦的人数共有2196人，通过近几年来黎锦技艺培训，人数已经增加到3000多人。其次，五指山市文体局与海南省民族技工学校联合办学，从2011年开始，每年秋季招收100名学生，到目前为止，已有两批学生毕业。黎族织锦班，主要招收应、历届的初、高中毕业及同等学力30岁以下的社会青年，脱产学习，学制3年。黎族织锦技艺专业课程主要设有14门专业课程，包括黎锦历史文化、纺织技艺、单面织、反面织、图案设计等相关课程。总学时1620时，分为理论课620个课时，技能操作课1000个课时。教材或由海南省民族织锦所提供，或由学校本部统一编写。理论师资由海南省民族技工学校负责，织锦技艺实际操作教师由市文体局负责。最后，从2013年起，市文体局、市教育局联合举办黎锦进校园的"黎锦"校园实践课。目前五指山中学、市一小共有250名学生参加实践课教学，利用校本课程的多样性开展每周两个课时的实践教学活动。2014年下学年从两所学校增加到四所学校。2015年，市文化局又与五指山市中学合作，挂牌成立"黎锦培训基地"。黎锦进入校园，给黎族织锦技艺带来了一片生机。

(三) 保护措施的思考

非物质文化遗产是一个民族在文化实践活动中最为显著的变量因素之一，它不同于物

质形式的文化形态,"非遗"涉及民间技艺、手工艺、表演方式、表述形式、仪式程序、精神运动、意识状态等方面的内容,因而不具备物质性的载体,极易在历史进程中变形、残缺甚至被遗忘,因此对其进行有效完备的记录就是对其展开保护与传承工作的主要基础。

(1) 要建立黎锦技艺数字资料片,以高清数字设备对黎锦技艺的全过程进行真实、完整的摄制记录,应具有时空营造性、视听性、呈现性、现场还原性、细节展示性和现身说法性的特征和优势,这是将非物质文化遗产物质化长久保存的基本方式。

(2) 要记录黎锦技艺全过程,就要根据黎锦技艺项目的性质和表现形式采取不同的记录方式,要做到内容真实、细节详尽、过程完整。摄制采用设备最佳的记录格式和无压缩(无损)模式,以数据影像的形式永久保存,同时也可按照用途需要对素材进行后期剪辑、编辑和包装处理,制作出高质量的教学展示片、科研资料片、学术交流片及宣传推广片。

(3) 五指山市政府应对非物质文化遗产的保护工作给予高度的重视,严格按照《国务院关于加强文化遗产保护工作的通知》(国发〔2005〕42号)的精神和有关要求,认真贯彻"保护为主、抢救第一、合理利用、传承发展"的方针,切实做好非物质文化遗产的保护、管理和合理利用的工作。黎锦技艺是黎族劳动人民在长期生产生活实践中产生、发展和传承下来的文化精粹,是祖先留给我们的宝贵遗产,是凝聚着黎族人民群众的智慧与文明的成果。市委、市政府应把黎锦技艺保护与传承工作上升到继承、发扬中华民族优秀文化传统、维护中华文明的一个重要文化标志的高度来认识。协调沟通各级政府及相关部门之间、政府与学术之间、学术界各学科之间、政府与有关社会组织之间、团体和团体之间的关系,明确职责,形成合力保护的局面。

(4) 加大资金投入,保障工作经费。黎锦技艺的抢救和保护时间性强,在起步阶段更需要大量资金的投入。因此,市财政部门应在近几年内每年安排专项资金用于黎锦技艺保护、抢救。同时要加强协调,建立多元化的投资渠道,吸纳更多的社会资金,在"政府主导,社会参与"原则的指导下,推动五指山市黎锦技艺保护与传承工作的快速发展。

(5) 加强对黎锦技艺民间艺人的扶持和培训。要投入专项资金,给有造诣、有成就、有突出贡献的民间艺人颁发政府津贴,以表彰他们对社会的贡献,鼓励他们传承和发展优秀民间艺术。对年事已高、生活困难的民间艺人,给予基本生活补贴和必要的传承补助。建立传习所,组织老艺人积极培养新一代技艺传承人,做到以点带面、全面推进,积极发挥典型引导作用,不断扩大传承队伍,形成个人学习、群体传承、定期培训、讲求实效的局面,并以多种形式举办竞赛活动进行技艺交流,提高技艺水平。

(6) 建立黎锦技艺生态保护区。对一些资源丰富、保存较完整的传习所、传习村,要建立文化生态保护区。由市文体局、市民族宗教事务委员会共同保护,严禁破坏和损害,使黎锦技艺保护与新农村建设有机结合,相互促进。

(7) 把黎锦技艺打造成五指山市的一张名片。海南岛正在建设国际旅游岛,外来游客大量涌入。政府应结合海南旅游业的发展,把黎锦技艺项目融入旅游演艺中,既可宣传民族文化,又可产生经济效益。另外在市政府网上建立黎锦技艺保护工作专栏,及时将国家关于非物质文化遗产保护的方针、政策、外省和本省的动态等放在市政府网页上,给各级领导干部和群众提供学习了解的载体,广泛传播和大力宣传黎族技艺保护的重要性和紧迫性,提高全社会对黎锦技艺保护与传承工作的认识,使黎族技艺保护与传承工作成为全民的自觉行动，增强全民的保护意识，在全社会形成共同保护的风气和开展实际的保护活动。

（8）把黎锦技艺纳入中小学校的文化课程中。黎锦承载着黎族的社会历史、民俗、文化、宗教、信仰等，体现了黎族人民的人生观、价值观，在现实社会中具有优秀民族文化的价值和地位。作为优秀的传统文化，我们有理由将其纳入中小学校的文化课程中，让学生从小就了解黎族传统文化，了解古老的黎锦技艺，增强对民族文化的自信心和自豪感，唤醒他们保护与传承民族优秀文化的自觉性，从小就培养他们对民族传统文化的浓厚情感，让他们从小就接触民族文化、了解民族文化，从而使他们长大后意识到保护与传承民族文化的重要性和紧迫性，能够自觉性地去保护、去传承、去发展。此外，在条件允许的情况下，海南各大、中专院校应设立"黎锦技艺"专业，将"黎锦技艺"专业纳入海南省教育部门正规的专业设置行列中，承认其大、中专学历，大、中专院校中可以根据课程的需要设置适合的课程内容，培养更多的黎锦技艺传承人才。

（9）加快非物质文化遗产保护的法规建设。国家已经颁发了《中华人民共和国非物质文化遗产法》，建议市人大、市政府也要制定《五指山市非物质文化遗产保护条例》、《五指山市黎锦技艺保护与传承条例》，这样才能依法保护好我们的非物质文化遗产，这样做才是有效之举，也是黎锦技艺保护与传承的长久之计。

五、 结语

黎锦是黎族传统文化的重要组成部分，在海南，没有黎族传统文化的旅游业会失去其魅力、失去其吸引力。因此，旅游业需要文化，文化也需要通过旅游业的传播，才能得到更好的保护与传承。近年来，海南各市县的旅游业的文化色彩越来越浓重，文化对旅游业的影响力也越来越大。各地区以旅游为载体、以文化为灵魂已经成为当前国际性旅游业发展的主攻方向。

海南要建设成为国际旅游岛，就要大力发展旅游业，同样少不了黎族传统文化的支撑。我们要建设国际旅游岛，就要建设海南国际文化岛，文化的作用是不可缺少的。从目前来讲，五指山市的社会经济发展，离国家的要求还有一定的差距，五指山市旅游的文化内涵还不够浓厚，文化的支撑作用尚未体现出来。如何使文化与旅游业相结合，让文化与旅游业的联系更紧密，让五指山市的山山水水和黎村苗寨焕发出更大的文化魅力，是当前五指山人民政府所面临的大问题。事实证明，在五指山市的经济社会发展中，只有和独具魅力的黎族苗族文化相结合，才是破解这一难题的关键所在。

五指山市的经济社会发展的最终目的是精心呵护五指山市得天独厚的原生态环境和黎族传统文化资源。始终坚持生态立市不动摇，注重发挥生态环境和黎族苗族文化的综合效应，就要充分发挥五指山市独特优越的区位条件，维护好、利用好五指山市原有的丰富要素资源和国家赋予的经济特区和国际旅游岛的开放政策。海南是祖国的南大门，背靠13亿国人消费大市场等比较优势的条件，在国外具有影响力，形成绿色崛起的民族文化旅游效应，就能把人类文明的黎锦技艺转化为经济社会建设、科学发展的现实生产力。

参考文献

[1] 王学萍. 中国黎族 [M]. 北京：民族出版社，2004：215.
[2] 符桂花. 黎族传统织锦 [M]. 海口：海南出版社，2005：36.
[3] 林开耀. 黎族织锦研究 [M]. 海口：南方出版公司，2011：23，47.
[4] 中小学校试用校本教材编委会. 黎族传统纺染织绣技艺 [M]. 海口：南海出版社，2013：7，31.
[5] 海南省非物质文化遗产保护中心会议材料. 海南省省级"非遗"项目代表性传承人培训班、海南省黎锦技艺原材料种植经验交流会 [Z]. 2014：11.

（原载于《黔南民族师范学院学报》2017年第1期）

西南民族走廊空间结构与民族文化产业布局整合

邢启顺

文化产业化生产是当下人类社会面临的普遍文化基础,在网络数字技术得到广泛应用的前提下,使文化全球化成为可能,也导致了文化的大众化消费。文化成为人类全球范围的消费品,拉动着文化工业的生产机器不停运转。民族文化作为一种前现代的文化存在,被迫卷入这样的消费社会之中。毫无疑问,西南民族文化产业孕育于其间,离不开这个全球化的文化大市场,民族文化资本化路径是其必然的选择。民族文化如何资本化?围绕这个文化经济学命题已经有多重理论研究,并有具体实践。核心问题在于内部的差异化发展和外部的区域整合,从而形成内部充满活力、外部具有全球竞争力的区域性民族文化经济体。

一、西南民族走廊的空间结构

所谓民族走廊,是指一定的民族或族群长期沿着一定的自然环境如河流或山脉向外迁徙或流动的路线。在这条走廊中必然保留着该民族或族群众多的历史与文化的沉淀。[1]费孝通提出中国三大民族走廊包括南岭走廊、藏彝走廊、河西走廊,是中华民族多元一体格局理论的重要组成部分。徐黎丽等则从生态文化理论出发,认为"以长城与丝绸之路以北的高纬度生态文化区、长城与丝绸之路以南藏彝走廊以东的低海拔生态文化区、丝绸之路以南藏彝走廊以西的高海拔生态文化区等三种不同生态文化区,在时空变迁中,通过以不同民族为中心的人的融合与冲突相间的途径,最终使三大生态文化区的边界地带文化差异性消失,进而民族边界模糊,国家边疆拓展;拓展后的边疆地区则呈现出生态与民族文化各异的特征,最终使民族即边疆成为中国现代边疆人文特征"[2]。总体上看,中国的民族分布格局与中国三大阶梯状地形结构紧密相关,这是二者的理论基础。费氏理论从现当代民族分布而论,与地理分界基本吻合。地理特征是经济发展的基础,从而直接影响了民族、族群的形成和发展。三大走廊和三大生态文化区有重合之处,也有不同之处,此处不再赘述。

西南民族走廊是在此基础上的进一步深入探讨。西南民族走廊用来概括藏彝走廊和南岭走廊以及位于其间的武陵走廊和苗疆走廊,地理范围主要包括云贵高原、四川盆地、武陵山脉、南岭山脉西段，行政区划即四川西部、西藏东部、云南和贵州全境、重庆东南部、湘西和鄂西、广西北部区域。西南民族走廊西部大致包括我国青藏高原东部及其向东南方向延伸地带，即藏彝走廊所在区域，三条主要河流（怒江、澜沧江及金沙江）并流的区域和长江三条主要支流（雅砻江、大渡河及岷江）冲击切割形成的横断山区；西南民族走廊北部包括四川盆地东部的西南向东北延伸的武陵山脉山区地带，山脉主要为东边的雪峰山、西边的大娄山、北边的大巴山、南边的苗岭；西南民族走廊东部即南岭走廊的西段，连接云贵高原的苗岭和武夷山脉，西部深入到贵州境内黔西南为主的南北盘江流域，处于湘、黔、粤、桂、赣五省区交界地带，主要是西部高原和东部平原过渡的丘陵地带，也是喀斯特地貌的主要分布区域；西南民族走廊南部即云南和广西南部，处于三江（怒江、澜沧江及金沙江）流域向东南亚延伸的西南边疆地带，部分族群与缅甸和越南族群有直接的族源关系，此不赘述。

西南民族走廊位于低海拔生态文化区内，并且正好处于高海拔和低海拔的过渡地带，或可称为处于中海拔生态文化区内。这个区域适宜山地农业，立体气候明显，山间坝子以农业为主，包括山地梯田等，并辅以相对稳定的畜牧业，总体上属于半农半牧的农业经济形态。既不同于高海拔的游牧经济，也不同于低海拔的规模型种植业和养殖业经济。

在西南民族走廊范围内，几大族系民族在漫长的历史中交汇融合形成今天的分布格局：位于青藏高原的以藏族为代表的藏缅语族族群沿青藏高原向东发展，以彝族为代表的氐羌民族向东南方向发展，形成今天藏彝走廊的民族主体，主要分布在滇西、川西地带；南岭走廊西段以壮族和侗族为代表的壮侗语族族群沿江而上，主要在桂北、湘西、黔东南、黔西南、黔南以及云南南部纵深发展，与其他族系族群交汇；再就是南岛语系民族北上，进入西南山区，从而形成西南民族三大族系。根据王钟翰先生的研究结论：属于氐羌族系的族部是今天西南地区属于藏缅语族的彝族、白族、纳西族、拉祜族、哈尼族、傈僳族、基诺族、羌族、普米族、景颇族、阿昌族、独龙族、怒族等民族的先民；属于百越族系的族部是今天壮侗语族的仡佬族、布依族、傣族、壮族等民族的先民；属于百濮族系的族部是今天孟高棉语族的佤族、布朗族、德昂族等民族的先民。[3](P130)

西南民族走廊的民族结构除了上述属于"西南夷"的三大族系民族外，还包括另外几个族群。其一是自涿鹿之战失败后以蚩尤为首领的苗瑶族群。他们长期南迁，历史上被称为九黎、三苗等。秦汉时期在两湖流域，经湖南洞庭湖和江西鄱阳湖的两湖流域继续西进到西南地区，唐宋时期散布于云贵高原。[3](P208)现以贵州为主要聚居地的苗族，跨越武陵地区的湘西、鄂西、渝东、川南、贵州大部、滇东、滇南地区，人口达千万之众。这一线是苗瑶族群长期南迁进入西南腹地的民族迁徙路线，沿袭惯称，或可称为苗疆走廊。杨志强、曹端波等提出，以湖南常德为起点，经贵州东部地区到黔中安顺、贵阳一带，再向西进入云南昆明，自"元明以后方开辟的一条连接中原与西南边陲的最重要的交通命脉"、"'古苗疆走廊'一开始就是在强烈的国家意志下被开辟出来的一条'官道'"。[4]基于开发、稳定云南之需，以"屯"、"堡"、"卫"、"所"等军事控制为基础的行政管辖，集官道和商道为基础的交通动脉，形成了古苗疆走廊。窃以为，这条民族走廊最初是一个民族迁徙的通道，随着中原国家政权对西南边疆控制的加强，叠加上"官道"和"商道"的特征，它们是众多"官道"和"商道"之一，而不是唯一。如果从当下民族地区如自治州、自治县、民族乡分布倒推来看，这条线路经过南岛语系族群北上与南岭走廊西进的壮侗族群相互挤压，到遵义地区受到川渝汉族南迁的挤压，再往西到今六盘水一带，并未直接西进，受到了分布在滇东地区古代族群的阻止，转向西北的昭通地区进入云南，向滇东南方向发展，进入文山及东南亚等地，与藏语走廊族群和南岛语系及南岭走廊族群在今金平一带交汇。

其二是武陵走廊。潘光旦先生认定土家族与古代巴人有直接族源关系[5](P29)，地处我国第二阶梯向第三阶梯过渡的分界地带，是成都平原与江汉平原的分界线。古代巴人部分融入成都平原的汉族之中，滞留于武陵山区的古代巴人后裔相对独立地发展至今，形成以土家族为主的族群。在武陵山区，还融汇了南迁的苗瑶族群和西进的壮侗族群，主要在贵州苗岭山区交汇。

西南民族走廊总体上以藏彝走廊、南岭走廊、苗疆走廊、武陵走廊为基础，加上明清以来大量汉族融入西南各城镇，因此形成了星罗棋布的结合了地域文化特征的独特族群。自秦汉以来，以各种方式进入西南的族群大多融汇到这四大走廊的民族群体中，明清以来进入的汉族群体有的融入当地族群中，但大部分仍以汉族族群形式延续下来。在民族走廊的交汇地带，实现了民族文化的共享。

二、西南民族文化产业布局与民族走廊空间结构的一致性

如果从文化产业的全国视角看，从地域来进行粗略分类大致可以分为东部模式和西部模式，或者再细分出东部、中部和西部三种模式。这主要是根据我国当下经济发展的东西部不平衡性来进行划分的。"由于东部、中部、西部地区有着不同的特点，在文化产业的发展方面，又有着自身的区域化特征。"[6](P13-21)这一划分，与我国文化产业的内部特征大致吻合，东部地区主要是城市型的现代文化产业，倾向于后现代消费特征；西部地区主要以怀旧型的前现代文化为主要特征，常冠以"原生态"、"古城镇"、"探秘"等名号进行广告包装；中部地区由于经济社会和文化发展的现状，处于中间形态。这种宏观的文化产业格局是自然形成的，也体现出我国文化发展的地域差异性和文化异质性，同时也是经济发展不平衡性在文化领域的彰显。

进一步看西南文化产业，具有地域性和民族性叠加而成的文化产业特征，在意义上是西部民族文化产业的代表。一般习惯于按照西南少数民族进行分类，以此概括和表述西南民族文化产业的内部结构，或者按照一市（重庆市）、两区（西藏、广西）、三省（云南、贵州、四川）的省级行政区划进行分类表述。这样的习惯性分类方法具有一定的局限性，容易忽略民族文化产业本身的一致性和差异性。

认真对各地各民族的文化产业进行归类，其特征与西南地区民族走廊空间结构总体一致。如前所述，西南民族走廊与历史上四大族系先后在西南地区发展有密切关系，及至今日，所展现的民族文化产业也具有惊人的一致性。总体上可以将西南民族文化产业分为四大板块：藏彝走廊板块、南岭走廊板块、苗疆走廊板块和武陵走廊板块，具体领属不同的民族文化产业（如表1）：

表1 西南民族文化产业板块分类表

	领属民族文化产业
藏彝走廊板块	藏族、彝族、白族、纳西族、拉祜族、哈尼族、傈僳族、基诺族、羌族、普米族、景颇族、阿昌族、独龙族、怒族

续表

	领属民族文化产业
南岭走廊板块	仡佬族、布依族、傣族、壮族、佤族、布朗族、德昂族
苗疆走廊板块	苗族、瑶族、畲族
武陵走廊板块	土家族

民族走廊板块与民族文化产业空间布局图示如图 1：

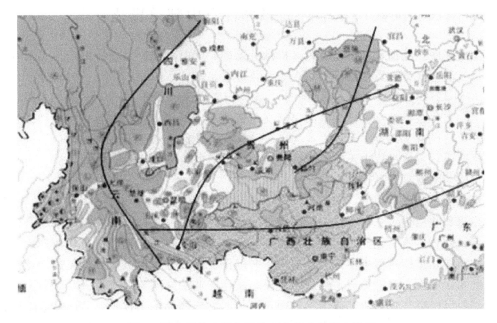

图 1　西南民族走廊与民族文化产业空间布局图

历史上经历过三次大的族群流动，在文化的空间布局上形成了三次文化叠加效应。氐羌族群、百越族群、百濮族群先后在西南地区繁衍发展，巴人族群逐渐形成，苗瑶族群进入西南，早期西南族群是现代民族形成的族源基础，也是西南民族文化的基本文化因子库；元明清时期大规模的战争和疆域变化，蒙古人和汉人等携其他族群随军进入西南地区，成星链状叠加其上；以鸦片战争为标志，西方文化撼动中国传统文化根基延伸到西南地区，进行三次文化叠加。西南民族文化大致在这三次文化叠加基础上定型，形成今天西南各民族文化。西方文化进入以后，在一定意义上具有超越民族性的文化重构驱动作用，促进新的族群文化特征的融合和差异化的产生。由于其现代性特征明显，还不是民族文化的构成要素。现代西南民族文化产业的基本要素主要来自前两次文化叠加形成的文化基质，即通常意义上所言的民族走廊板块的基本空间结构。大多数古镇和村落自 1980 年以来逐步在旅游业的带动下发展民族文化产业，如贵州镇远古城镇、云南腾冲和顺乡、贵州安顺天龙屯堡等，这些以清末民初的商业古镇文化和建筑吸引眼球，除以少数民族为资源基础外，这些以古村镇为资源基础的文化产业发展潜力极大，而这些古城镇大多是在二次叠加的基础上再叠加而形成的。

从民族文化产业空间布局上看，在四大民族走廊基础上形成的少数民族文化资源及其产业几乎占了总体文化产业的七成以上。从现在西南地区知名的文化品牌来看，壮族"印象刘三姐"，以云南少数民族文化为基本内容的"云南印象"，以贵州苗族"银饰刺绣"、布依族"八音坐唱"、侗族"大歌"、彝族漆器、水族"水书"等为基本文化元素的"多彩贵州风"，四川民族文化品牌如藏彝羌族的"尘埃落定"、"藏秘"、"康定情歌"、"羌风"，渝东南土家族"摆手舞"，西藏"青藏高原"，等等，基本上代表了四大民族走廊上的主要少数民族。

三、西南民族文化产业形态的多样性及内部差异化

西南民族所在的地理环境是文化多样性的基础，同时构成民族文化产业形态多样性的基础。从族群构成看，最基础的世居少数民族数量足够多，云南26个、四川14个、贵州17个、广西12个、西藏7个、重庆4个，除去相同统计，共计35个，占全国少数民族的一半以上。文化载体的丰富性导致了民族文化资源基础的富集性，也有足够条件转化成为体量足够大的民族文化资本，使之成为区域性民族文化经济体。并且这种多样性的富集使民族文化产业化发展过程中天然具有内部差异化发展的可能，是参与全球性文化市场竞争永不枯竭的动力源泉。

大众化的民族文化消费，却极易导致本来丰富多样的民族文化趋于同质化和快餐化，甚至庸俗化和肤浅化，更有可能因为消费者的猎奇，造成一味迎合和满足某些不合时宜的消费需要，导致民族文化被污名化。本来具有丰富多样性特征的民族文化产业形态，可能在市场化的文化重构过程中形成恶性竞争，非但没能形成合力促进区域性民族文化产业经济体的壮大，反而在内部形成内耗，阻碍民族文化产业的发展。

虽然西南民族文化产业总体上的空间布局与四大族群体系一致，但若细分成若干民族文化因子，为了差异化发展的要求，则更需要进行内部的差异化创造，生产出更加丰富多彩的文化产品。首先是四大民族走廊形成差异化的文化产业对外形象，然后是各民族相对独特的民族文化产业体系，将其细分成若干族群小范围的差异化文化产品。譬如，藏彝走廊板块中的以藏羌彝为代表的民族文化产业和品牌形象塑造，并在板块内部各民族原生态文化的基础上形成具体的文化产业体系和具体产品，如节庆、服饰、民间工艺品等，都充分体现民族走廊文化板块的总体特征，同时促成具体产品创意的差异化发展。再譬如，苗疆走廊以苗瑶族系为主，尤其以银饰和精美服饰最能代表苗疆走廊文化，而具体到苗族内部，三大方言区苗族又各具特色，各苗族支系的服饰又自成体系，最后具体到每个工艺师傅所创造的产品也不尽相同。

四、西南民族文化产业的整体性及区域整合

自由市场总是显得活力四射，但也常常给人眼花缭乱的感觉。西南民族文化产业化发展的现状正是如此。造成这样状况的原因，一部分是来自西南民族文化本身多样性的负面效应，更主要原因来自整个文化产业市场的混乱无序。我国文化体制改革是最近十多年逐步推进的，文化产业的发展时间更是短暂，加上西南地处我国欠发达地区，经济社会面临转型和赶超的任务，文化产业的发展还在摸索之中，尚未形成完整且成熟的文化产业链

条。民族文化产业正是在这样的环境中发展的，碎片化的散沙状态形成一种耗散力量，消解着逐步壮大的民族文化产业经济体。

事实上，西南民族文化产业的整体性也非常明显，主要表现为：文化生境的整体性、地理区位的整体性、文化产业资源的整体性、经济结构的整体性。四大民族走廊所在的地理环境总体上表现为山地文化特征，是中国三大文化生态区之一。就地理区位而言，中国西南在整个东亚经济体系中形成相对独立的经济板块，承接华中、华南、西北，对外直接与东南亚紧密相连，从而形成世界市场的组成部分之一。文化产业资源与东部和中部地区相比，具有独特性，以四大民族走廊为基础的多民族文化相互叠加，形成了以35个世居少数民族为基础的整体性文化资源。在全国经济结构中，形成了以民族文化产业为区域性特色的经济区，是国民经济的有机组成部分。

民族文化产业整体性的基本条件是进行区域整合的基础，宏观层面需要得到国家的总体规划和特殊政策的支持。在国家文化产业发展规划中，要体现西南民族文化产业发展的整体性和区域独特性，成为扎根西南而又成为全国重要组成部分的西南民族文化产业区，并给予相应的政策支持。相对独立的省级行政区划将族群间、民族走廊间进行人为区隔，形成相互的良性竞争和低级同质化的局面。同时要在全国统筹下打造区域性的民族文化产业区，对外形成具有强大影响力的民族文化产业集群。目前仅有《藏羌彝文化产业走廊总体规划》，南岭走廊、苗疆走廊、武陵走廊还未见具体规划出台。省区之间、民族走廊之间、民族之间、政府之间、企业之间、个人之间都需要一种区域性整合的机制，促成整合力量，推动西南区域民族文化产业全球竞争力的增长。可通过会展形式形成定期的跨省区民族文化商贸旅游活动，通过民族节庆活动形成传统与现代相结合的、文化传承与民族文化产业相互动的独特文化产业链条，并依托民间社会团体整合各民族群体之间集体文化记忆，发挥集体创造的潜力。

参考文献

[1] 李绍明. 李绍明民族学文选 [M]. 成都：成都出版社，1995.

[2] 徐黎丽，杨朝晖. 民族走廊的延伸与国家边疆的拓展——以长城、丝绸之路，藏彝走廊为例 [J]. 思想战线，2012（4）.

[3] 石朝江. 世界苗族迁徙史 [M]. 贵阳：贵州人民出版社，2006.

[4] 杨志强，赵旭东，曹端波. 重返"古苗疆走廊"——西南地区、民族研究与文化产业发展新视域 [J]. 中国边疆史地研究，2012（2）.

[5] 潘光旦. 湘西北的土家与古代的巴人 [A] //潘光旦文集（07卷）[M]. 北京：北京大学出版社，1993.

[6] 孟航. 中国文化产业的西部模式 [M]. 昆明：云南大学出版社，2011.

（原载于《黔南民族师范学院学报》2014年第3期）

水族民俗与稻作文化探析

周 艳

一、水族稻作历史简介

水族主要分布在贵州省黔南布依族苗族自治州、黔东南苗族侗族自治州及广西壮族自治区北部。《水族简史》指出:"根据水族民间歌谣的叙述,他们的祖先原来居住在邕江流域一带的'邕虽山',后来由于战争的影响,水族先民离开邕江流域一带的'邕虽山',经今河池南丹一带沿龙江溯流而上,往今黔、桂边境迁移,从此开始从骆越的母体中分离出来,逐渐向单一民族发展。"[1](P6-7)广西的左江右江及邕江流域,是一个自然地理环境十分特殊的流域。广西民族研究所的覃乃昌教授指出:"这一流域是壮侗语民族的发祥地之一,也是稻作农业起源的中心之一。"[2](P80)正是在邕江流域百越地区积淀的近千年的稻作农业文明,使水族先民自进入月亮山后,"畲山为田",创造了别具特色的山区稻作农耕文化。

研究稻作文化"除了从考古学和自然科学上研究水稻主体和它生产上有关的一些技术问题,以及它的起源、流变等等之外,还包括由于水稻生产而影响所及的民间的生活方式和生产中的种种习俗与仪轨以及稻作民族的特有的性格、爱好与文化心态等。"[3](P6)本文主要从民俗学的角度对水稻生产而影响所及的水族民间生产、生活中的种种习俗及仪轨进行探析,以期能对水族稻作文化有全面的认识。

二、水族稻作生产习俗

水稻生产包含了从播种落谷、种田插秧、耕耘除草、施肥治虫到灌溉排涝、收获储藏等诸多环节。在漫长的水稻耕作实践中,水族人民对水稻生长规律的认识逐渐深入,总结了许多水稻生产的经验,并因此形成了许多稻作生产习俗。

例如,在梯田开发上,水族人常在山区沿山麓的丰水地带,拾级开发梯田。梯田开发的最高海拔位置,一般限制在山泉出水位置稍低的高度,这样才能保证山泉自上而下实现对梯田的自流灌溉。这种开发模式,为水族后世的生存与发展,提供了丰富的经验、技术,从而获得了足够的生存空间。

又如，在稻田耕作方法上采用的是我国南方许多稻作民族传统的农业耕作方法——"火耕水耨"。"火耕"是在下种前的备耕阶段，先把田间的杂草连同稻田中的其他杂物一起烧掉。烧过的田土，土壤会发生变化，对于种子的正常发芽和发育都有好处。"水耨"，是指秧苗长到一定程度之后，以水淹死杂草的一种中耕除草方法。刚栽秧时，稻田中只能注入少量的水，这样便于增加土地的温度，有利于秋苗返青、发蔸，待秧苗长到一定程度之后，稻田中需注入更多的水，使水漫过杂草将其淹死，剩下的少部分水草再通过中耕（俗称耨秋）除去。"水耨"既可除去田间杂草，又可把杂草淹死于田中转而成为稻禾生长所需的有机肥料。[4](P36)

再如，在水稻田间管理上采用了"鱼稻共生"的管理办法。梯田中的鱼在水稻生长过程中，具有清洁稻田和防治病虫害的生物生态作用。稻田养鱼，反映了水族人民对鱼与稻作关系的独特认识，也诱导人们在水稻生产季节的田间管理中，倾注着更多的热情，从而使"饭稻羹鱼"成为水族稻作农耕文化的理想生活追求。

稻作生产离不开生产工具，水族的稻作生产有一套传统的稻作农耕工具，比较典型的有镰刀、摘刀、犁、耙、薅耙、谷桶、炕笼、戽桶、舂碓、水车、密篾箩、晒席等。

这些稻作生产习俗反映了水族人利用自然、改造自然的聪明才智，折射出他们丰富的稻作生产技术和经验。

在漫长的水稻种植历史中，水族人还逐渐形成了一些由原始信仰发展而来的水稻信仰与禁忌。如他们崇拜谷神，在开秧门时，要设席供祭，妇女们要着银饰、对襟银扣衣、石榴裙才能下田以表示对稻神的尊重；在插完秧苗后，要在田边以一团糯米饭、一根小树枝串上红辣椒敬谷神，他们认为经过这样的仪式后，虫就不敢来咬秧苗；在开镰收割时，发现某块田有成串且奇异的蜘蛛类卵巢时，人们认为是谷魂显形，他们会虔诚地把这些禾谷茬连根拔起带回家来挂在禾仓里，祈望谷魂不再走，希望稻谷满仓，来年更丰收。忌讳把掉落的米饭放在火里烧，认为这样稻秧就会变黄；忌插秧阶段将糯米饭放在火苗上烧，认为这样做会使秧苗发黄；稻谷出穗时，忌烧竹子，以免发出爆裂之声，认为如有爆响，稻谷也会爆杆倒伏。这些信仰与禁忌习俗，寄托着水族人希望水稻丰产、躲避灾害的美好愿望，显示了以水稻种植为核心的文化特征。

三、水族生活民俗的稻作文化内涵

1. 在岁时节日民俗方面，许多重要节日都与稻作农事有关

水族的民俗节日有20多个，其中端节、卯节是水族的重要传统年节。从水族稻作物候历的角度来审视，卯节、端节是水族不同部落联盟举行预祝稻作丰产、庆祝稻作丰收的庆典遗风，是稻作文化的产物。[5](P500) 栽秧节与吃新节是水族的农事节日。在栽秧节中水族人要举行引导谷魂下田的祭祀仪式。在吃新节中人们要举行仪式引导五谷之魂回家。这两个节日中"引导谷魂下田"、"引导五谷之魂回家"的思想表现了水族人对谷神的崇拜，这与稻作生产密切相关。水对于水稻耕种、作物生长、人畜生存都具有重要意义。敬霞节是水族敬奉雨水神霞神，祈求风调雨顺、年成丰收的传统节日，是水族稻作文化的典型信仰。

端节、卯节、栽秧节、吃新节、敬霞节都具有祈求农业生产风调雨顺、稻谷丰收的共同主题,体现了稻作农耕文化的特质。

2. 生殖崇拜与稻作文化

与其他稻作民族一样,水族有生殖崇拜的信仰,而且生殖崇拜与稻作生产紧密相连。这可从卯节、栽秧节、敬霞节三个节日举行的仪式得以证明。

潘朝霖先生在《试论卯节——稻作丰收与人口增殖并重的水家年节》中指出:"充满旺盛生命的青年无疑是卯节的主体,热恋情爱与旺盛生育力又是年轻人最突出的特点,人口增殖就是卯节核心的一个方面。借年轻人旺盛生命力转嫁到即将抽穗打苞的禾稻上,运用巫术原理期冀稻谷丰收,又是卯节核心的另一方面。"[5](P508)

栽秧节祭祀时,主祭一般为新媳妇、少妇或主妇。祭祀中由盛装的新媳妇或少妇提着秧苗到田里,先下田栽下几行秧苗之后,其他人员才下田劳作,通过这一仪式期望将年轻人旺盛的生殖力转嫁到稻作生产中,禾稻分蘖旺盛,迎来大丰收。[6](P494)

潘朝霖先生在《水家祈雨活动"敬霞"试探》中指出:仪式中水族男青年一系列与母猪有关的巫术行为,是"人们认识到雌雄交媾繁育后代原理之后,借此举把母猪旺盛生育能力转嫁到土地上,祈求增加土地繁殖能力,使禾苗受孕,获取更大丰收"。在祭祀霞神的仪式中,已婚年轻妇女围在祭坛前,有节奏地拍着手、跺着脚,用水语高唱着祈福的歌,用她们古朴、优雅、缠绵的吟诵,希望把神和人同时带到神灵的宫殿。水族妇女的这种表演,不仅娱人,也在献媚于神灵,祈求能引起天上神灵的欲望,使天不守贞降雨给人间,保证禾苗的正常生长,这也曲折地表现了水族人以生殖行为促进稻谷丰收的稻作文化内涵。

由此可见,水族人把生殖与稻作生产密切联系在一起,将祈求人丁兴旺的生殖文化与五谷丰登的产食文化内容合二为一,这表现出生殖文化与产食文化紧密相连的稻作文化的特点。

3. 在人生礼仪民俗中,稻米具有"礼信"意义

在水族的人生礼仪民俗中,水稻几乎达到了须臾不可或缺的程度。

首先,水族的诞辰礼需要稻米来庆贺。如,新生儿满三天时,人们要举行"三朝酒"庆贺。届时,外婆要约族内一些女性携带糯米、鸡、鸡蛋、背带、小衣服等前来看望,祝贺小生命诞生。在三都九阡及荔波一些水族地区,在婴儿诞生时还有用糯米酿造一坛糯米酒窖藏起来的风俗。这坛酒要一直窖藏到这个婴儿长大成人婚嫁或直到死亡时才开封,以之祭奠祖先和待客。

其次,稻米还贯穿于水族的婚俗礼仪中。如,男方请媒人去提亲时,媒人要带去两三斤红糖和三斤米酒。若女方家允亲,男方即约请近亲四五人,带着公鸡或小猪一只,糯米粑粑、红糖、猪肉若干斤,叶子烟一二斤再到女家去"认亲"。此后数月,如双方没有发生什么变化,男方再备红糖、糯米粑粑、首饰、礼金去女家"定亲"。迎亲时,迎亲队伍中有两对少男少女带着一挑礼物,一头的竹篮子里装的是一大筐糯米饭和三四斤熟猪肉,另一头是一小坛酒和罩鱼笼、一串篾穿的金刚藤叶。在新娘跨入夫家室内之际,男方恭立在门外等候,一妇人立即尾随其后而入,将提着的鱼罐置于新房内或正堂中。罐中装有水和两条小鱼。新娘的左手拿着一把稻穗。显然,在仪式中鱼、水、罩鱼笼、稻穗这些器物不仅体现着水家期望生儿育女、后裔昌盛发达、禳灾祈福、新人幸福和睦的心愿,亦有希

冀日后家道殷实、饭稻羹鱼之意。

最后,水族丧礼中稻米是沟通人与神的媒介。如当老人快断气时,其子女要将他(她)扶坐在铜鼓或米箩上;出殡时,孝子要披麻戴孝端着插灵牌的一升米走在前面;选好墓地挖墓穴前,人们必先请水书先生举行必要的祭土仪式。祭土仪式上的主祭品是两大盆(钵)糯米饭和酸汤素煮鲤鱼;挖好墓地后有的还要撒朱砂驱邪,并以大米画上八卦或写上"富贵双全"等字样。

由此,我们可以看出,稻米伴随着水族人走过出生、婚嫁、死亡的各个阶段,贯穿了人生的全过程。笔者认为水稻之所以在水族人的生活中占有如此重要的地位,发挥着主要的功能,与水族的稻谷崇拜信仰密不可分。如同南方诸多少数民族一样,水族崇信以万物有灵为基础的原始宗教,稻谷是孕育生命、繁衍后代的保证,自然就被赋予了神性,具有了祛鬼驱魔的神奇能力,被广泛运用于人生的各个历程,这是稻作文化的一个明显特征。

4. 饮食、建筑、舞蹈与稻作文化

(1) 饮食方面

水族有深厚的以稻米为中心的饮食习俗,形成了以大米为中心的饮食民俗文化。水稻品种主要有籼稻、糯稻和粳稻几种,日常生活中主要以籼稻为主食,糯稻产量低,不能大面积栽种,因此只能在节日、喜庆场合或招待贵宾时食用。以稻米为原料做成的食品有米饭、颜色糯米饭、香藤粑、粽子、扁米、糯米粑粑、米花、米糕糖、米酒等。

水族人喜欢食用糯米,由于糯米比较难消化,需要增加胃酸来帮助消化,因而酸食成为日常饮食必备之物。"三天不吃酸,走路打挠穿"这句话就是对喜酸饮食习惯的生动描绘。水族酸食品有坛酸、酸肉、酸菜等,而这些酸食的发酵原料主要是糯米。如坛酸,是用西红柿或者辣椒和糯米加工而成;酸菜的做法是将野生蕨菜等和糯米放入坛子中,加水发酵二十天左右而成。用糯米做天然发酵剂制作的酸制品,含有丰富的乳酸菌,能治腹胀、泻肚子等肠胃小毛病,起到医疗保健的作用。

(2) 民居建筑与稻作生产相连

水族人的传统干栏式住宅为木结构的两层楼。不少楼房盖有重檐,重檐下有走廊和栏杆,走廊连接着晒台。晒台在水族地区民居中,是晾衣及晒粮之处,故而,只要有条件,几乎家家户户都有一个晒台。据日本学者乌越宪三郎研究,百越(包括水族)干栏建筑上的晒台就是为适应晒谷而创造的。水族住宅中的晒台实际上也是由稻作派生出的文化事象。

禾晾和禾仓(粮仓)是水族地区常见的建筑。禾晾是晾晒小米、糯稻禾把以及苞谷棒子的专用禾架,多建在住屋的旁边,也可以全村集中修建在村寨的旁边,是晾晒稻谷的建筑。禾仓状如房屋,为简单的木建筑穿斗式结构,多建在村外边的鱼塘上或河边,是用来囤积粮食的建筑。

(3) 水族舞蹈承载着浓郁的稻作文化信息

斗角舞、铜鼓舞是水族的传统舞蹈。斗角舞主要是人扮演牛、模仿牛相斗,表演时有五支芦笙在前引导,两个手持牛头的舞者在后面模拟牛相斗,五个身着花裙的姑娘紧随其后,表演插秧、薅秧、收割等模拟稻作生产的动作。英国著名民族学家弗雷泽的"顺势巫术"、"接触巫术"理论认为,通过模仿或其他巫术手段可以沟通神人世界,来实现世人的种种愿望。由于牛是人们在种植水稻过程中必不可少的劳动工具,是稻民族动物崇拜的对象之一,因此,斗角舞中模拟二牛相斗的场面就表达出水家对稻谷丰收的渴望,而对插秧、薅秧、收割等稻作生产动作的模拟，则表达了水家在寓教于乐的审美形式中将祖祖辈辈积累下来的稻作生产知识传授给下一代的愿望。

铜鼓舞，主要流传于以三都水族自治县的都江为中心的水族地区。舞蹈以其古朴拙实的风貌、雄健粗犷的舞姿，反映出水族人民历史上执戈保卫部落安全的英雄气概以及庆贺栽插、收割、丰收、胜利等多种内容。

水族人在跳铜鼓舞时，常以铜鼓为中心，用骑马蹲裆式、屈肘抬臂、五指伸开、掌心向前的基本姿态起舞。据研究，铜鼓舞的舞步特征与水书中人形动态图像里大量出现双手弯肘上举、双腿成骑马蹲裆式的剪影形态一致，水族舞蹈家们把这种形态称为蛙形舞姿。王思民先生认为些蛙形人像图形当是水族人崇拜蛙的礼仪场面的记录。[7](P162)蛙，是稻作文化常见的动物，曾是骆越人的图腾。作为骆越人后裔的水族人，自然也曾以蛙作为自己的保护神，因此，铜鼓舞中的蛙形舞姿是模仿蛙的一种祭典舞蹈，有乞求神灵保佑部落安全和风调雨顺、农业丰收的内涵。铜鼓舞中撒秧、栽秧、打谷等动作，则是稻作劳动的真实再现。

由此可见，水族舞蹈承载着稻作文化的相关信息，是稻作文化的载体之一。

5. 语言与民间文学中的稻作文化

（1）语言是文化的载体，水族的语言中有一批与稻作技术有关的词语，承载着丰富的稻作文化内涵。

与牛耕相关的词汇有：

犁 ȶoi1　　　　　牛鼻环 ndu1　　　　轭 it7

与水利灌溉技术有关的词语有：

水笕 lin2　　　　水田 ʔɣa2　　　田峒 ta5 pieŋ2　　水渠 ʔnjaaŋ1
水沟 kui3　　　　水坝 pa1　　　 水车 fit7　　　　田埂 jan1
塘 poʔ4（小的）　ʔd m1（大的）　 溪 kui3　　　　 沟 ʔnja1

与耕作、收获、加工技术有关的词语：

锄头 tsai4　　　　秧 ka3　　　　 种子 wan1　　　 插秧 dam1
耘（田）ne2　　　播种 tau5　　　 庠水 von 5　　　籼稻 au4tsjem1
粳稻 au4fən1　　糯稻 au4 daai1　 镰刀 ljem4　　　截禾刀 tip7
打谷桶 loŋ3　　　臼 kəm1　　　　杵 toi5　　　　　碓 kəm1
舂 fuk1　　　　　簸箕 ʔdoŋ3　　　筛子 xaŋ1　　　　谷仓 ho4
稗子 faŋ1　　　　秕子 ka5　　　　细糠 pja6　　　　稻草 naaŋ3
爆米花 pjok7　　糍粑 ɕi2　　　　 三角粽 ʔjut7

与稻田生物有关的词语：

蛙 qup7　　　　　泥鳅 ljʔ t8　　 螺蛳 qʔ ui1　　　黄鳝 liu6
蚂蟥 ʔbi3　　　　蟾蜍 qup7kwaʔ4　蝌蚪 ʔdjet7ʔjo1　鱼 mom6
鲫鱼 fik8　　　　草鱼 waʔ n3　　 鲇鱼 ju3

这些词语是水族稻作农耕生产状况的活化石，显示出水族发达的稻作文化。

（2）作为反映水族社会现实生活的民间文学，水族的稻作文化得到了充分的反映。

如，神话故事《九仙和九阡》讲述了水族先民古隆和扎哈在九位仙人的指引下，用糯米粑和米酒献给主宰祸福的神牙花离、牙花散，用诚意和决心感动了他们，在他们的帮助下使九阡变成了千百亩肥沃的锦绣田畴的故事。这个故事反映了水族先民"畲山为田"、开发山区梯田所付出的心血及其艰辛的历程。

又如，《端节的由来》中说道：水家头领拱登（祖公）率众溯江而上，随之，大家就散居各地安家立户，并约定三年之后谷熟之际再相聚。三年之后，大家都骑着马，驮着丰收的谷物、瓜果来欢聚。由于当时共过一个端节，各地走访不便，便设定各地分批过节。为解决端节先后批次问题，拱登叫各地头人将手伸进色篓里抓鱼，按量依次排列。套头老大哥因抓的鱼最重而过头批端节，依次是拉佑、水婆、水潘、三洞、牛场，兰岭殿后关尾。该传说"与水族以稻作文化为基础制定的水历紧密相联"[5](P414)。

再如，水族的古歌《造粮造棉》和《造五谷》分别有"初造人，有俄王公。俄王公，造粮造棉。有粮种，才栽长田。糯米种，栽深水田"、"糯米秧，栽寨脚田。白糯米，盘成甜酒；香糯米，打糍粑吃；黑糯米，炒成米花；过端节，款待亲戚"的唱词，唱词的内容反映出水族先民对水稻起源及功能的认识。

水族的神话、传说、故事、古歌等民间文学作品生动地反映了水家稻作文化悠久的历史，是水族先民为了生存和发展不懈地同大自然作斗争的缩影，它们是稻作文化的产物。

6. 水田稻作农业，磨炼了水族人求是务实、刚强坚韧、平和不躁、精细耐心、团结协作的精神性格

水稻的耕耘、播种、管理和收获必须遵循自然法则，严格按照水稻生产规律办事，这就使水族人民深切认识到遵循自然法则的重要性，从而形成了求是务实的精神品格。水稻生长周期长，从春播到秋收，要经过繁杂艰辛的劳动付出和与各种自然灾害进行艰苦斗争才能获得收成，这就培养了水族人刚强坚韧的性格。种植水稻各个环节所要求的精细耐心、认真观察、适时管理，培养了水族人民精细耐心、平和不躁的心性。而种植水稻中栽秧、收割以及兴修水利，甚至祭祀神灵求丰收的活动等则要求群策群力协作完成，这样就养成了水族人民团结协作的共同信念。

四、结语

水族的生产、生活、宗教、信仰、意识、语言等一系列习俗及仪轨深深植根于漫长的稻谷种植历史之中，它们适应了稻作生产的需要，带有祈求稻作丰收、免于灾荒和贫困的目的，并发挥着调适族人心理、慰藉族人心灵、增强民族凝聚力的实用功能。目前，随着水族社会现代化进程的加快，一些关于稻作的信仰发生了变化，一些传统耕作方法渐渐被摈弃，代之而来的是新的稻作耕作方法和劳动方式。但稻作农耕仍是水族农业生产的主体，只要稻作生产存在，水族民俗中的稻作文化因素就不会消亡，新的生产习俗和生活民俗也必将顺应发展变化的稻作生产而产生。

参考文献

[1] 水族简史编写组. 水族简史 [M]. 贵阳：贵州民族出版社，1985.
[2] 覃乃昌. 壮族稻作农业史 [M]. 南宁：广西民族出版社，1997.

[3] 姜彬．稻作文化与江南民俗［M］．上海：上海文艺出版社，1996．
[4] 韩荣培．水族的传统农耕文化［J］．古今农业，2006（2）．
[5] 潘朝霖，韦宗林．中国水族文化研究［M］．贵阳：贵州人民出版社，2004．
[6] 杨昌儒，陈玉平．贵州世居民族研究［M］．北京：民族出版社，2009．
[7] 王思民．水书图像与水族舞蹈关系解析［J］．民族艺术，1995（2）．

（原载于《黔南民族师范学院学报》2012年第4期）

水族丧葬忌荤习俗的文化解读

蒙耀远

"事死如事生,事亡如事存",这是中华民族传统的丧葬理念。人们认为只有让死去的人满意,活着的人才能得以安宁。水族同胞更是如此。他们觉得亡人既可福佑后人又可降灾于人,非常讲究冥冥之中的感应。水族丧葬中的忌荤习俗正是水族民间在水书文化环境下形成的一种习俗,只有从水书文化切入,找到一种符合地方民俗文化的解读方式,才能诠释这种在水族地区特有的文化现象。

一、水族丧葬忌荤习俗概说

忌荤习俗最早可见于《礼记》"行吊之日,不饮酒食肉焉"的记载。水族歇后语"南低宇——吃不得"[1](P489)讲的正是忌荤之讳,水话说 ɬi⁶ mən²,俗称"忌油"。水族主要在两种情况下忌荤,一是老人过世至即时入土安葬之前,如果开大控(控,水语音译,指举行丧葬仪式,分小控、中控、大控)停棺待葬者,用泥土将灵柩封存于神龛下或屋檐下期间不忌,禁忌范围是孝家家族及外嫁女儿及女婿,如若是母亲去世还包括外家亲属,对这些具有血缘关系的成员群体,也可称为"忌油圈";[2](P64)二是水族重大节日"端节"祭祖仪式,忌油范围是家庭或分支家族内部。《贵州省民族志》如是说:"水族丧葬,行棺木土葬,分为即时安葬与停棺待葬。据说,远古时期,行'食老制'习俗,尔后,以牛、马代替。故水族丧葬在未安葬之前,丧家要为死者杀牲以祭,所宰杀的牛马猪鸡肉,丧家及同宗的族人不能啖食,全部或作礼品回赠异姓异宗的送礼者,或用于待客。"[3](P607)对于"食老制"或称"食人族",不单水族有此传说,国内外诸多民族均有此说,而"宰杀牛马以替"的水族丧葬习俗,俗称砍替,现在有的讹为"砍利"。水族地区的传说是,远古时期,老人去世,合族分享其肉,后来有两兄弟在老人去世时于心不忍,悄悄将其掩埋并有意隐瞒族人,终被察觉,最后被罚砍一头牛来代替,让整个亲族分享才了却此事,由此积风成俗。

忌荤的要求为,"得知噩耗的亲属,要立即忌荤(水族忌荤,只忌禽兽、牲畜的油肉,不忌水产动物和植物油)"[4](P185);"若是死女性,内外家均需忌荤;若是死男性,内家全房族则忌荤吃素,但不忌鱼,以鱼为必须供祭品,可食植物油"[5](P351)。"开荤时,用一碗凉水，将烧红的火炭放于水中，称'鬼茶'，每人用鬼茶清口后即可开荤。"[5](P351)对犯禁所产生的后果，所见方志都说得比较笼统，"若有违反者，必遭家族及众亲戚的强烈反对和社会舆论的谴责。在他们看来，死者在未安葬之前，其亲属和家族不忌荤，就是对死者最大的不尊敬，其后果是他本人以及整个家族都要遭到意想不到的灾祸"[4](P185)。而在某些水族地区则有这样的说法：犯禁者上年纪之后，神志恍惚，个人卫生邋遢，个人形象非常糟糕，并且后代子孙愚笨。前一种说法作为一种舆论导向具有很强的社会约束力，但对于产生的灾祸其危害程度没有说清楚，而后一种说法符合人的规律，人上了年纪，尤其是年事高的老人，大多如此。这两种说法都没有找到较为有说服力的依据，都是停留在"礼法限制"的层面上。对此笔者从水族特有的文化载体水书中找到了与民间大众认识和说法不同的答案，水书中对此禁忌的解释，除了具有上文提到的"礼法限制"之外，对犯禁者的惩罚是死亡的威胁，并且认为正是这一点才是水族同胞将忌荤作为禁忌来赋予其灵力的原因。

二、 忌油习俗的水书条目解读

在水书中原始记载与此禁忌习俗有关的水书条目，据诵读卷本共四条（见图1、2、3），总称"tai³ va³"，汉字音译"歹晚"，有的书写为"打哇"、"打晚"或"歹瓦"，分"歹晚六家"和"歹晚女婿"两类。要求亡人家门族下恪守称为 tai³ va³ ljok⁸ ŋan²，汉译"歹晚六家"，水族有"三老六家"的说法，泛指整个忌油圈，如若是母亲，包括母亲外家亲属在内；要求其女儿及女婿恪守称为 tai³ va³ ᵐbjek⁷ ha:u⁴，汉字音译"歹晚女婿"。

图1　　　　　　　图2　　　　　图3

图1，独山县本寨乡天星村第十三代水书传人、首批高级水书师韦光荣先生藏本《正七传用》一书列四条，均用汉字对其用法做详细说明。图2，系家乘本"打晚女儿"条的汉字注释。
图3，系家乘本歹晚条目的朗读与讲用。

因版本和师传不同，禁忌范围界线并不是非常明确的，注释内容在主家与婿家上存在多处交叉。为使水书原本内容清晰明了、浅显易懂，所以我们将诵读卷水书条目断句横排，用国际音标按水书读法进行注音并对应直译，接着对整个条目内容进行意译，最后再根据水书师的解读，详细注明其具体用法。就具体择用而言，必须说明，这些条目都只是诵读卷本上的纲目，只具有择用的导向作用，并非凡此即犯禁，当以与此对应之实用卷本的《水书分割卷》所记载的时日为准。因只做现象分析，故对《水书分割卷》上的内容暂不涉及。文中之年月日时均为水历。

（一）歹晚-1

原文：	一	辛	○	一	古	一	丘	○
读音：	tsjen¹	tsu¹	ȵi⁴	ma⁴	ha:m¹	ȵu⁴	toi⁶	
直译：	正	猪	二	马	三	牛	对	

原文：	田	申	○	世	◁▷	○	兴	衣
读音：	ɕi⁵	ʁau¹	ŋo⁴	thu⁵	ljok⁸	qau³	tau²	
直译：	四	猴	五	兔	六	狗	伴	

原文：	十	丂	○	火	壬	○	古	丰
读音：	ɕət⁷	ɕa²	pa:t⁷	su³	tu³	ja:ŋ²	ljoŋ²	
直译：	七	蛇	八	鼠	九	羊	龙	

原文：	十	美	○	十	酉	○	十	衣
读音：	sup⁸	hu³	sup⁸	ljat⁷	ti¹	pu²	sup⁸	ȵi⁶
直译：	十	虎	十	一	鸡	也	十二	龙

（以下两句是口传歌诀）

读音：	ɕi⁵	tai³	va³	va³	pu²	nu⁴	lian⁴	li¹
直译：	试	歹	晚	晚	也	弟	垂	涎

读音：	qo ŋ³	tai³	va³	va³	pu²	nu⁴	ljok⁸	ŋ ŋ: n²
直译：	公	歹	晚	晚	也	弟	六	家

意译：正月亥日，二月午日，三月丑日，四月申日，五月卯日，六月戌日，七月巳日，八月子日，九月未日，十月寅日，十一月酉日，十二月辰日。老人去世逢此日，荤腥之菜不能食，家族内部当恪守，否则合族无宁日。

注释与用途：本条目系月上忌日，即老人去世时恰好遇上当月所定的这些日子，孝家的家门族下及共同奔丧的至亲不能吃砍杀来祭祀亡人的牲畜之肉，此肉并不专指开控捆在木桩上的牲畜之肉，凡本次用来办丧礼的肉食均在禁忌之列，只有等到亡人入土安葬妥当之后才能食用这些肉，俗认为犯禁者有命丧黄泉的灭顶之灾。对此，王品魁先生在《水书正七壬辰卷》是这样注释的："'代哇'，水语音译，是丧葬方面的凶鬼。岳父母死亡或举行追悼活动，婿方不能去看望，也不能去吊丧送礼或扎旗幡伞盖送葬，甚至还不能听到丧堂笙鼓之音，违之则死，如是大代哇日，婿方儿孙亦不能看望。"[6](P23-24)在此依家乘之说，下同。

此条目指出忌油圈内之人犯禁者则死亡。

（二）歹晚-2

原文：	一	一	一	○	禾	丂	▽	○
读音：	tsjen¹	ȵi⁶	ha:m¹	tsi⁶	ljoŋ²	ɕa²	su³	
直译：	正	二	三	忌	龙	蛇		

原文：　❏　　　 世　　 ⺼　　 ⺸　　 ⬦　　 歨　　 ◯
读音：　ɕi⁵　　ŋo⁴　　ljok⁸　tsi⁶　　ji²　　ma:u⁴　ma⁴
直译：　四　　　五　　　六　　　忌　　　寅　　　卯　　　马

原文：　⼗　　 ⼂　　 古　　 丑　　 酉　　 申　　 ◯
读音：　ɕet⁷　pa:t⁷　tu³　　tsi⁶　　su³　　ju⁴　　sən¹
直译：　七　　　八　　　九　　　忌　　　丑　　　酉　　　申

原文：　夅　　　丙　　　丰　　　丕　　　市　　　兀　　　尺
读音：　tua:ŋ¹　foŋ²　tsu¹　t'on³　mi⁶　　sa⁵　　ȵan²
直译：　冬　　　　　　　逢　　　猪　　　犬　　　　　　　未

（以下两句是口传歌诀）
读音：　ɕi⁵　　tai³　va³　va³　pu²　　nu⁴　　lian⁴　li²
直译：　试　　　歹　　　晚　　晚　　也　　　弟　　　垂　　　涎

读音：　qoŋ³　tai³　va³　va³　pu²　　p'a⁵　　ljok⁸　ŋa:
直译：　公　　　歹　　　晚　　晚　　也　　　损　　　六　　　家

意译：一月二月三月忌辰巳子日，四月五月六月忌寅卯午日，七月八月九月忌丑酉申日，冬季（十月十一月十二月）忌亥戌未日。老人去世逢此日，荤腥之菜不能食，家族内部当恪守，否则合族无宁日。

注释与用途：本条目属系季节上忌日，即如果老人去世正好是这些季节所指的日子，只有等到亡人入土安葬完毕之后，孝家及家族才能吃砍杀来祭祀亡人的牲畜之肉，犯禁者有食用这些肉之后暴病身亡之虞。对于犯禁者，一旦因此得病，即使花再多的银两去设法禳解也是回天乏术的。此外还忌安葬、放腊，犯之后代少人丁，不吉；又忌牵牛去亲戚家，犯之则牛在路上会因种种原因导致其死掉；只宜春制火药，宜去狩猎易获。

此条目指出忌油圈内犯禁者要么死亡，要么因此得病，极难治愈，导致贫穷。

（三）歹晚-3

原文：　盾　　　川　　　夕　　　丕　　　共
读音：　so¹　　sən¹　ljoŋ²　ha:u³　la:ŋ⁵
直译：　初　　　春　　　龙　　　酒　　　狼

原文：　攵　　　川　　　夕　　　市　　　◯
读音：　ja³　　ja:ŋ²　ja³　　hju¹　pa²
直译：　夏　　　羊　　　夏　　　怕　　　耙

原文：　㐱　　　川　　　夕　　　酉　　　◯
读音：　hju¹　ti¹　　kjik⁷　kjet⁶　mja:ŋ²
直译：　秋　　　鸡　　　擦　　　枝　　　狼藉草

原文：　夅　　　川　　　夕　　　▽　　　◯　　　⽔　　　川
读音：　tua:ŋ¹　q'a:ŋ³　m³　pjan⁷　ŋan⁶　ɕi⁵
直译：　冬　　　坎　　　欲　　　　　　　有

（下面一句是口传歌诀）
读音：　nda:u³　pai³　ni⁴　tai³　va³
直译：　犯　　　去　　　母　　　歹　　　晚

意译：春忌龙日，夏忌未日，秋忌酉日，冬忌子日，对此犯歹晚。

注释与用途：本条目属"歹晚六家"一类，也是季节上忌日，其用法和上面相同，死人逢此日，家门族下在未安葬好亡人之前不能吃用来办丧礼的牲禽之肉。又说如果岳父母去世遇此日，女婿要避忌，否则会受伤害；没有女儿的人家更要注意，其魔力会因找不到女婿而直奔主家的儿子身上。此外又忌安葬，犯之子孙穷困潦倒，安葬之日犯之要用一只鸭子请水书师禳解才可以。

按家乘《正七朗读本》注释（见图3），老人去世遇上这些日子时，可以按照书上提到所需的东西请水书师禳解化煞，可以避免或减轻灾祸。水书记载"春要酒树叶来改"，"改"当作"解"（下同），意思是春季犯此日要一种水语叫 mai⁴ ha：u³ 的树叶来请先生念咒化解；水书记载"夏月要耙齿来参改"，意思是说夏季要从木耙上退下一支耙齿和相关祭品一起解煞；而"树桠改"，即秋季所犯，要用"叶上果"树，即水语称 mai⁴ pjan⁷ 的枝条来请先生念咒化解；所说的"郎机草改"，"郎机草"即"狼藉草"，就是冬季犯此，要用狼藉草请先生念咒化解。

此条目指出犯禁者所遭的危害非常特别，将危害关系与舅舅和姐夫、妹夫连起来，当找不到姐夫、妹夫时朝舅舅作祟，形成独特的现象。

（四）歹晚婿女

原文：							
读音：	ɕi⁵	ŋo²	ma：	u⁴ ju⁴	tsi⁶	ma：	u⁴ sən²	njet⁷
直译：	子	午	卯	酉	忌	卯	辰	教训
原文：							
读音：	su³	mi⁶	sən²	hət⁷	tsi⁶ma：	u⁴ sən²	fa：	ŋ¹
直译：	丑	未	辰	戌	忌	卯	辰	方
原文：							
读音：	jan²	sən¹	ɕi⁴ a：	i³	tsi⁶ ma：	u⁴	sən²	si²
直译：	寅	申	巳	亥	忌	卯	辰	时

（以下两句是口传歌诀）

读音：	la：	k⁸ni⁴	mi⁶	ʔɲe³	tsi⁶	tsjeu⁵	fən²
直译：	儿	母	未	哭	忌	看	坟
读音：	la：	k⁸ni⁴	mi⁶	ʔɲe³	tsi⁶	tsjeu⁵	ʔbən¹
直译：	儿	母	未	哭	忌	看	天

意译：子午卯酉年忌卯辰日，丑未辰戌年忌卯辰方，寅申巳亥年忌卯辰时。儿子未哭忌看坟，儿子未哭忌看天。

按水书师说，此条目又名"歹晚突"，强调岳父或岳母去世逢此日，外嫁女儿及其丈夫不能在外家用餐，更不能动用来办丧礼的牲禽之肉，其程度要比"歹晚六家"深得多，不仅在岳父（母）入土之前不能吃，而且安葬完毕也不能吃，就连砍给其作礼信（礼信，指主家回赠给送礼客人的礼物）的肉带回自己家了也不能食用，所以通常懂得这一禁忌的人家是不送这一份礼信的，即使要给，也只能到市场上重新买一份送过去，免得害了女儿和女婿。犯禁者则致人死亡。对此王品魁先生在《水书·正七壬辰卷》是这样注释的："'代哇'，水语音译，是丧葬方面的恶鬼，本章为'代哇片'，即对幺女婿威胁最大的'代哇'鬼，相传，岳母岳父死对此日，主要对幺女及幺女婿危害最大，忌探亲，忌送礼，违之横祸迭至，而独生则不怕，念解鬼之后可去参加治丧。"[6](P118) 又忌此日放腊开控，将损伤女婿；另老人死逢这些日子，孝子、孝女、孝媳在老人断气时，要用力克制不能哭，要是有人犯禁失声必死无疑。

此条目指出,犯禁者遭受的危害较大,所涉及的范围也比较广。

三、文化现象分析

在水书中记载关于"忌荤"的条目共有四条,并且所指的犯禁日干时辰没有涵盖所有时日,这样怎么会演化为民族的为之循规蹈矩的习俗呢?这还得从水书的精神地位说起。从神话传说和古歌中水书的创制者陆铎公的社会地位和精神地位来看,他是民族的保护神,被尊崇为正神;又从水书传承与运用来看,陆铎公及后来的水书师,他们是由民族原始的文化贞人演化而来,是民族的神职人员。从这个层面来看,陆铎公和水书师已经被神化,具有人神共有的特性。由此,水书师所说的话语具有超自然的灵力,一般民众都视为清规戒律,通常情况下没有人有意去抗拒或违犯。自古以来水书只掌握在为数极少的水书师手上,按照民间大众的思想观念,不论亲人去世时是否犯"歹晚日",也不管是否涉及婿家,但凡亡人亲属一概忌荤,免得稍不注意,便产生无穷之后患,这是民间共同的心理需要,由此忌荤便约定俗成,积风成俗。那么,在水书中为什么又会有这样的记载和说法呢?又为什么非得要人们如此忌讳呢?下文初步讨论水族民间的这种文化现象。

1. 群体内团结和谐的需要

在农村尤其在偏远的山村,死人当是民俗活动中最大的一种事象,死了一位老人,并不是小范围内的一个家庭所能解决得了的事情,在"事死如事生"观念的影响下,需要大量的人力物力作支撑,自然需要共同出资出力来解决,加上水族村寨多聚族而居,一个寨子或相连的几个寨子同是一个家族的现象比较普遍,在互惠心理的作用下,整个家族被无形地捆绑在一起,为了能够对该范围内产生一定的约束力,只有"超自然的力量"最为有效,死亡的威胁让忌油圈内的人产生了心理恐惧,这种恐惧又可转移到"忌荤"的行动之上,让人们在死亡的阴影下,只要通过不是非常困难的行为来遏制仍可找到希望,可以让人们找到心理支点。因此,通过忌荤即可化解问题是大众所能接受的事情。过去,在农村极少有人家一年四季都能吃上荤菜,所以办丧事所备办的荤菜很有诱惑力。加上水族村寨有"人死甑子开"的说法,也就是说寨上有人去世,整个寨子男女老少不约而同地前去帮忙,一般都在丧家吃饭,其他人家在此期间是不开火煮食的。在此情况下,只有通过禁忌的方式控制一部分人忌荤,用客荤主素的方式来表示对吊唁客人的尊重,同时又可减少备办荤菜的开支,因而具有血缘关系的群体便自然形成所谓的忌油圈。因此,丧葬忌荤是水族文化发展中带有典型和标志作用的事情在亲族间共同需要、共同心理的基础上所形成的结果,是人们对忌荤现象感受上升到理论概括的认识产物,印证了"禁忌是原始社会惟一的约束力,是人类以后社会中家族、道德、宗教、政治、法律等所有规范性质的禁制的总源头"[7](P184)这一说法。

2. 族际间的和谐需要

水族地区的民谚俗语有"女婿同儿子"的说法,水语称为 la:k^8ha:u^4toŋ^{2}la:k^8ŋa:n^2,即女婿和儿子在父母的心目中,地位是一样的,一视同仁,平等对待。"女婿同儿子"的观念较其他民族的"女婿作半子"的观念程度要更深些,关于岳父母去世女婿忌荤的禁忌在《正七传用》一书中运用汉字注明："打哇女婿，无女婿打哇登儿子。"这里的"登"是水语音译，即主家的意思，该注释是：本条目岳父母去世逢此日，女婿不去看（避免黏滞荤腥之食物），去看者必死，如果没有姑娘的人家，儿子在忌荤上更应加倍小心，否则找不到女婿作祟，反而残害家中的儿子。不难看出，有女找女，无女找儿，郎舅之间所遇到的灾祸密切相关，在忌荤的吉凶祸福上具有相同的利害关系。从条目内容交叉上看，把女婿和儿子视为同一级别的亲属关系，是在本家族之外最亲的一层亲情关系，把亲和戚捆绑在一起来加强其族际关系。前文提及的如果是母亲去世，外戚亲属也要忌荤，这是婚姻缔结的情感基础，是族际间亲情巩固的需要。

能把几个族际有效地关联起来，避免家族派系之争对促进社会的和谐起到了很关键的作用，强化亲戚间的团结和谐正是水族禁忌的社会功能。

3. 偶然事例成为经验之说

死人是经常发生的事情，同一家庭、同一寨子，这个人死了，下一个是什么时候？轮到谁？大家都无可预料，不得而知。以前山区医疗条件极其落后，疾病不断肆虐，因为思想不开化，有时一个人因恶疾身亡，后人不慎感染而死去，或者因某些偶然因素而死去，因为人们没有科学的认识，反而认为是第一个人死的日子时辰不吉利或安葬日子的不吉利所致，在这种思想观念的支撑下，在社会发展的过程中，水书师便不断做下记载：某年某月某日某时谁死，之后又发生了些什么事情。笔者认为这是水书成书的初始阶段，再通过具有人神功能的水书师进行解释与传播，与此相关的诸多禁忌便有了文化解释，使大众更加笃信无疑。用某些纯属偶然的事例加以渲染之后变成了思想认识上的"必然性"，并不断地从中找到他们思想认识中的某种联系和规律，把没有在本质上有直接关系的事物串联起来，从而变成在某年某月或某日的某个时辰去世的人就犯某种禁忌的不可避免性和确定性，使得这种偶然现象在水族丧葬习俗发展过程中变成了直接经验。我们知道，用科学的观点看，在"歹晚婿女"一条中，凭借一些树枝树叶、一支耙齿、一把狼藉草是不能化解能致人丧命的煞气的，也不可能通过化解就可转危为安，而这正是民间禁忌的神秘性所在。实际上很多民间禁忌已经不再注重产生什么样的后果，而旨在于设法赋予神秘性之后让人们自觉遵守，起到约束警示的作用。

参考文献

[1] 潘朝霖，韦宗林. 中国水族文化研究 [M]. 贵阳：贵州人民出版社，2004.
[2] 张兴雄. 水族端节祭祖仪式"忌油圈"——以贵州省三都水族自治县三洞乡板告村板鸟寨为个例 [J]. 西南民族大学学报（人文社科版），2008（1）.
[3] 贵州省地方志编纂委员会. 贵州省民族志 [M]. 贵阳：贵州民族出版社，2002.
[4] 何积全主编. 水族民俗探幽 [M]. 成都：四川民族出版社，1992.
[5] 黔东南苗族侗族自治州地方志编纂委员会. 黔东南苗族侗族自治州志·民族志 [M]. 贵阳：贵州人民出版社，2000.
[6] 王品魁. 水书·正七壬辰卷 [M]. 贵阳：贵州民族出版社，1994.
[7] 徐明德. 民间禁忌 [M]. 广州：广东教育出版社，2003.

（原载于《黔南民族师范学院学报》2010年第1期）

论贵州毛南族民居特色及开发利用

孟学华

民居建筑，作为一种社会文化现象，体现了一个国家、一个地区、一个民族在一定时期的生产力发展水平，综合反映出其特有的文化内涵，是社会发展的历史见证。不同的气候条件、地理环境、民族文化习俗及生存环境，是形成不同民族建筑、地方建筑风格的重要因素。民居建筑是民族历史文化的一种载体。考察贵州毛南族的传统民居，挖掘其传统建筑特色，对传承贵州毛南族民族传统文化有着十分重要的作用。

一、贵州毛南族民居的历史考察

贵州毛南族，自称佯僙人，有三万多人口，主要分布在平塘县卡蒲毛南族乡、者密镇、摆茹镇、大塘镇和惠水县的高镇镇、独山县的羊凤乡等乡镇。其中平塘县的卡蒲、者密是其主要聚居地，以石、刘二姓为主，多聚族而居。他们在村寨的选择和布局上有自己的特点，一般在平坝水源较好或者依山傍水的坡地建房定居，村寨大小不一，房屋建筑也没有严格的规划，分布比较自由，整体布局顺应地势和自然环境而为，或在平地横向并联排开，或依斜坡纵向梯次修筑，或在凹地和山谷两侧相向呼应，讲究与自然相和谐、与环境相适应。毛南族村寨建筑特别注意居住地的生态保护，凡毛南村寨一般都有护寨林、保寨树，家家户户房前屋后栽种果树，村口或者村中显要位置都供奉有土地菩萨，对土地和自然的敬畏使毛南人在民居建筑过程中非常注意顺应自然。

毛南族民居的发展也和其他民族一样经历了漫长的发展过程。据史籍和地方志记载，明朝以前"以岩穴为居"，明朝以后逐渐改住"落地棚"。《黔记》上说："……杨黄，其种亦夥。都匀、黎平、龙里……万山之界往往有之。生理苟且，荆壁四立而不涂，门户不扃，出则以泥封之……"清朝以后，出现了以竖柱木架为主体结构的茅草屋，后来逐渐发展为木架青瓦房，建房子时也开始用石头垒屋基，地基一般高出地面1~3尺不等。整栋木架子全由木匠凿榫眼，用木枋穿柱构连，搭建成架。房屋外壁根据当地条件，或夯筑土墙，或者以荆条、竹条横编之后敷以黄泥，也有以木板围房成壁或者以石头砌墙作壁的。总的看来，毛南族民居修建多为就地取材，风格朴实，造型美观，功能完备，经济实用，体现出毛南人的智慧和适应自然的能力，独具毛南族民居的建筑特色。

二、毛南族民居的平面结构及其功能

典型的毛南族民居一般都是三间一套,一楼一底,但主要住底层,楼上贮放粮食。其平面结构图如下:

房屋宽为 12 米左右,进深为 8 米左右,高 6 米余。人字屋顶。大门前留有 1.5 米左右宽的吞口,相当于都市楼房的门厅,平时可以在此休息,一般进屋必经吞口到火塘。火塘常年生火,上面架有铁质"三脚",方便坐锅煮饭、烧茶,这是就餐和接待宾客的主要场所。睡房主要是家长的卧室,外人不得入内,是住房中最隐秘的空间。堂屋空间很高,上面不覆楼板,这里主要供奉祖先,是神圣之地,是举行各种仪式的主要场所。毛南人把厨房叫灶房,很讲究灶门的方位,不准正对东方,他们认为东方是日出的方向,火对火容易"被掳"(音 lù),即容易引起火灾。厨房和神龛背后有门相通,神龛背后可做储藏室兼作卧室,让子女居住。如果子女多可以住楼上。毛南人非常重视牛,所以毛南人的牛圈设在正屋里,但一般要挖下去 1~2 米深,使牛圈和厨房形成落差。而且毛南族还在牛圈里养猪,猪和牛关在一起。上图所示的牛圈、猪圈,根据各家房屋的朝向,可以在右边,也可以在左边。一般人家都把圈设在东南方,有"圈在东南方,喂猪不用糠"的说法。有的人家在圈上方铺设楼板,呼作矮楼,设睡房,让长大了的孩子居住。有的人家在圈上方放置圆枕木,平时堆放农具或者柴草之类的杂物。如果另外修圈的人家,则把本应做圈的正屋改为客房。有的人家把神龛背后的楼上一层作粮仓,并根据房屋地基的宽窄,在与楼上一层等高的侧面搭建"偏厦"或者修建晒台,方便晾晒谷物,而地面一层则可以建成猪圈、柴房、灶房等。经济条件好的家庭还要修建厢房,起门楼,围成院子,但所修房屋的高度都不能超过正房。毛南人的厕所与正房分开,在房前屋后适当的位置单独修建。毛南族男子结婚后必须建房子自己居住(多数是父母修好后把孩子分出去另居),弟兄之间不可常居一室,这叫"树大分杈,崽大分家"。

在毛南族的建筑装饰上,有非常精巧的木雕和石刻艺术,多用于房屋建筑和家具的装饰。一些比较富有的人为了装潢门面,显示其荣华富贵,屋基所用的石料,都通过精细加工,石梯及两侧的栏杆石也全用精工刻成白果形、万字格、寿字形、一炷香等不同花纹。石梯两侧的栏杆石上,还刻着花草龙凤、野鹿含花、孔雀、贵人等图案。在屋檐下每排柱头加上一个吊脚瓜,雕有美丽的图案;窗户的窗叶也雕有美丽的龙凤花草之类的图案。家用的水缸和庭院中的鱼缸,常用极美观的石刻加以装饰;火塘边的春凳,神龛脚的供桌,作为嫁妆的脸架、衣柜等,也雕有各种奇花异草、飞禽走兽。佯僙人的雕刻,有很高的艺术水平,所雕的各种图案,填上红、黄、蓝等各色油漆,各种飞禽走兽,栩栩如生;花草虫鱼,形象逼真。这些在廊柱、门窗、屋檐、家具上的漂亮木雕装饰和垒砌屋基、石梯、石缸上的石刻艺术为民居建筑增色不少。

三、毛南族民居的建筑特色

我国南方少数民族民居多为"干栏"式结构,毛南族却有自己独特的建筑风格。与其他民族一样,毛南族的祖先初期也是利用自然的洞穴或树洞作为防御猛兽和抵制酷暑严寒的避难所。后来,随着定居生活的开始,就需要一处能够适应这种长时间驻留一地的生活方式的场所,于是建造了临时住居,这就是最初人工建造的住居方式——巢居和穴居。夏季,为防止潮湿、为防御猛兽毒虫侵害和袭击,就会像鸟一样筑巢于树上。他们在大树的树杈上架以枝条,上铺树叶、茅草等物,营建成鸟巢状的休息之所。到了冬季,由于气候寒冷、潮湿、大风,人们无法在巢里生活,为了抵御冬季的严寒,他们形成了"穴居"、"半穴居"或者"棚居"的居住习惯。毛南族先民在认识自然和改造自然的过程中,提高了自己的生活能力,如利用火塘长期生火取暖、除湿并形成一年四季吃火锅的习惯等,使毛南族先民的居住方式上了一个新的台阶。他们摆脱了过去的穴居式居住方式,开始在地上建造固定的居住场所,由"落地棚"逐渐形成以木架为主体结构的毛南族传统民居。定居于平塘、惠水、独山的毛南族,为适应当地的地理特点、气候条件和农耕文化的需要,多选择背风、依山、临水、靠近耕地的地方建屋定居,于是固定的地面住居方式传承了下来。现在毛南族地区留存的年代稍微久远一点的房屋都是地面居室,虽吸收了汉式住房的一些建筑形式和构造方法,但从结构上看,主要应是穴居屋和半穴居屋升迁到地面的表现形式,是他们改进和发展的结果。

毛南族建造房屋非常讲究风水和择吉。建房前基址的选择,地基的方位、朝向、地势都要请风水先生认真选定,还要择定吉日吉时请石匠动土奠基,吉日吉时请木匠砍树发墨,砍中柱、梁柱、立房、上梁、钉大门等都有许多讲究。毛南族的建房材料多是就地取材,房屋的立柱、大梁、瓜、椽、檩、楼枕、楼板、壁板均用木材,多为当地最常见的松树,但必须以杉树为梁,以柏树为大门,屋顶用青瓦覆盖。过去经济落后、交通不便的地区多数建泥坯草房、木板房,现在随着经济的发展,多数地方建青砖瓦房和夹用石料的木石结构房屋,有的毛南山村还建起了砖混平房、楼房。

毛南族民居的构造方式和装饰装修非常简洁朴素,以牢实耐用、经济美观为主。屋内装饰的重点是神龛,那是供奉祖宗和举行重大活动的场所,即使没有能力的人家建房子也要先考虑堂屋神龛的装饰效果,把本家的姓氏牌匾放置在正中,设立祖宗灵位,请专人书写对联和吉利之语张贴或者镶嵌悬挂在神龛两侧。许多人家要打制"八仙桌"或祭台以方便摆放供品。另外需要装修和装饰的还有门窗,大门上一般悬挂连蒂水牛角和一面镜子,制七把木剑用稻草绳连接横挂在牛角下方,用以避邪。年轻夫妇居住的房屋还要请村里德高望重的老人将一个老式的双罐相连的盐辣罐挂在镜子的上方,祝愿这对夫妇婚姻美满、子孙发达、富贵双全、和谐幸福。

传统毛南族民居有其简易性、经济性、实用性、淳朴性的特点,与自然环境相和谐,具有明显的地域性特征。表现为:因地取材,土木结构,建筑材料随处可取;经济实用,利于生产生活，房檐、堂屋上方都可以顺梁悬空横放圆枕木，秋收之后，将半干的玉米或者辣椒编成串悬吊在圆木上，让其自行风干，还可以起到防鼠害和防腐防虫的作用。刚收回家的稻谷可以直接倒在楼上，因为楼板是木板，稻谷不至于受潮。毛南人重风水，尊重自然，顺应自然，民居与周围环境浑然一体，村寨和民居大都背风、依山、临水，靠近耕地和水源，村村有保寨树，寨寨有风景林，家家户户房前屋后还有果树，显得淳朴、和谐与优美。

毛南族民居是毛南先民为了适应农业生产和地理环境的需要而逐渐发展起来的。它的建筑方式较为简单，建筑面积、空间布局和使用功能相适应，木架主体，黄泥土墙，青瓦覆顶，自然而质朴。置身毛南山寨，倍感安全和温暖。那种人与自然和谐相处的美感无处不在。毛南族民居反映了毛南族的民俗文化，是物质文化和精神文化相互作用的结果，是毛南族人们的生活需求、风俗习惯、思想感情的综合体现，是民俗文化的重要载体。贵州毛南族传统民居的建筑特色与相邻布依族、水族、汉族、苗族等民居都有所不同。但随着社会的变革和经济的发展，毛南山村的一切也都在悄然改变。也许有一天，我们再也看不到毛南族传统民居的踪影，再也无从了解毛南族传统民居的传承发展和附着于传统民居之上的毛南族文化内涵，这正是我们所深深忧虑的。

四、重视贵州毛南族民居文化的传承、开发、利用

毛南族聚居地区的地理条件和自然环境以及毛南人长期沿袭的风俗习惯，决定了毛南族不同于其他民族的建筑风格，从而形成了毛南族地区特有的民居文化现象。村寨的布局、建筑风格以便于生产为前提，以顺应自然为基础，与环境融为一体，适应了农耕文化的需要。在特有的民族文化支撑的背景下，毛南族民居凸显出独特的美学和文化旅游价值，成为促进区域经济可持续发展的积极因素。

现在，由于经济的发展，人们追求现代生活的愿望越来越强烈，多数毛南族聚居区受汉族同胞的影响和城镇化建设的冲击，传统民居已不多见。笔者在毛南地区的考察中发现，在平塘县卡蒲毛南族乡河中村课寨组原有一栋保存得最完好、最有特色的毛南族民居已于近年拆除重建，能够反映毛南族建筑风格和建筑特色的元素已荡然无存；仅在平塘县者密镇六洞坝子发现几栋略显沧桑的毛南老屋，还可看到毛南族传统民居的一些影子，在惠水县高镇镇的一些民居建筑中也还依稀保存了毛南族的石刻和木雕艺术。而在政府耗资修建的毛南新村几乎没有发现传统民居文化的影子，这不能不说是一大遗憾。

毛南族作为贵州的世居民族之一，其文化特征正在消失。民居是一个民族传统文化的重要载体，也是一个民族村寨的物化标志，理应纳入民族村寨的建设发展规划之中。现在毛南族地区正在大力推进新农村建设，许多民族新村不断涌现，但仅从房屋建筑来看都没有体现毛南族的传统特色。许多现代平顶楼房取代了毛南族的人字顶瓦房，在空间布局和功能上也有了一些改变。与传统民居相比，它们失去了房屋通风透气便于贮藏粮食的优势，并不适应农业生产的需要。这已引起当地政府和毛南族同胞的高度重视。不可否认，随着经济的发展和人民生活的改善，现代社会生活使得毛南人提高了对民居建筑的卫生条件和用料标准的要求，扩大和改造了传统民居的空间布局和使用功能，屋内的家具摆设和屋面的外观装饰也有了较大变化。但从发展旅游经济和传承民族文化的要求来看，有必要

对毛南族村寨进行规划建设，把毛南族民居景观建筑作为当地发展旅游经济的重要项目，选取毛南族聚居的村寨集中打造毛南族风情文化村，在尊重毛南族民族传统文化的基础上，重点挖掘毛南族传统民居的建筑元素，在保持毛南族原有住房合理因素、功能的基础上加以现代化改造，集中展示毛南族传统民居的建筑风格，充分体现毛南族民居文化的内涵。

在毛南族民居文化开发中，要将民族传统历史文化与旅游景观要素综合考虑，避免其随意性。作为传统文化的载体，民居文化开发失真或者缺乏文化内涵等，都将导致传统民族文化的消亡。在今后毛南族风情文化村的规划设计中，应加深对毛南族民居建筑文化的理解，打造乡村旅游民居景观的品牌。

毛南族民居是一种具有明显地域性特征的乡村景观，是毛南人适应地域气候、自然环境及人文过程的物质形态的表露，它使我们能够更为透彻地、更深层次地了解毛南族的民俗文化内涵，更好地为毛南族地区的经济社会发展把脉和定位，更有针对性地为毛南族地区的科学发展进行设计规划。

随着经济的发展和社会进步，传统民居的保护和传统文化的传承面临着巨大的压力。在现代文明和强势文化的冲击下，毛南山村老百姓的观念也在急速改变，现代建筑的兴起和传统建筑的迅速消失使传统民居建筑越来越少。在传统民居消失的同时我们失去的是珍贵的文化遗产和优秀的建筑艺术以及弥足珍贵的旅游资源。如何在保护的前提下传承和发展这些珍贵的遗产与文化，还需要更多的学者去研究和探索，提出更多的措施与建议，从而在保护遗产的同时促进社会的文明进步和可持续发展。

（原载于《黔南民族师范学院学报》2010年第1期）

民族村落文化景观遗产保护评价研究
——以雷山县控拜村为例

李 亮 但文红 黄 娟

民族村落文化景观遗产是遗产保护体系的重要组成部分。[1](P84-93)伴随着国内民族村落文化景观遗产保护研究的深入，对民族村落文化景观遗产的研究范围逐步扩大，取得了许多新的成就，主要集中于民族村寨聚落的物质层面：地域特征、建筑结构与空间布局、环境风貌等[2-4]；非物质层面：宗教文化、歌舞文化、农业景观与蜡染刺绣等[5-7]。但对村落文化景观遗产的价值的量化评价则鲜有研究[8-9]，当前仅限于价值定性的描述与说明[10-13]，常存在研究者的主观性和片面性，从科学的角度来看缺乏精确性，难以对不同区域、不同类型的村落文化景观遗产进行精确的评价与对比。

基于上述问题，在贵州省村落文化景观遗产系统性保护工程即将启动的背景下，本文以层次分析法与德尔菲法作为技术手段，构建具有地域特征的贵州省民族村落文化景观遗产保护评价体系及其评估模型，并以雷山县西江镇控拜村为例进行实证研究，以此为民族村落文化景观遗产资源更好地保护与利用提供基础资料和依据。

一、 民族村落文化景观遗产

村落文化景观是农业社会创造的人类智慧的结晶，是一种融合"物质与非物质"文化遗产与自然遗产的复合遗产类型，其蕴含的自然和文化多样性，具有重要的文化象征意义。

民族村落文化景观是自然与人类长期相互作用的共同作品，体现了地域民族乡村社会及族群所拥有的多样的生存智慧，折射了人类和自然之间的内在联系，是农业文明的结晶，展现了人类与自然和谐相处的生活方式，记录着丰富的历史文化信息，保存着本民族特有的传统文化精髓，是人类宝贵的文化遗产。民族村寨因不同的形成、发展过程而各具特色，记录着各个村寨历史文化的发展脉络，是人类宝贵的村落文化景观遗产资源。其所蕴含的自然和文化多样性是未来理想生活的活力源泉，具有如下两方面重要的价值意义：第一，承载着民族村寨的物质文化形态，即可以被视觉所观察到的有形物质形态，包括村庄的山川、河流、聚落形态、民居、街道、农田、服饰、碑石、水井、娱乐场所等。民族村寨的产生和发展都具有悠久的历史，在特定的地域范围及历史阶段内，民族村落文化景观具有不可替代的价值。第二,记录了村寨的风俗习惯、民间文学、民间艺术,凝聚了人们的精神内涵、行为生活方式,在一定的历史阶段逐渐形成人们的风俗习惯、宗教信仰、审美观念、道德观等,是民族村落集体记忆的源泉,对民族村落文化景观的形成、演变具有重要意义。

二、村落文化景观遗产价值评价的指标体系

(一) 指标体系的构建

在民族村落文化景观遗产概念与价值内涵基础上,结合对贵州省典型民族村寨的实地调研,从体系设置、指标选取两方面构建以"民族村落物质文化景观遗产"、"民族村落非物质文化景观遗产"为主要评价要素的贵州省村落文化景观遗产保护评价因子和评价模型,同时考虑到评价对象的科学性、实用性、完整性、村民认同性等因素,最终研究设计四层保护评价体系,即目标层 A、综合评价层 B(2 项指标)、要素评价层 C(6 项指标)、方案评价层 D(23 项指标),见图 1 所示。

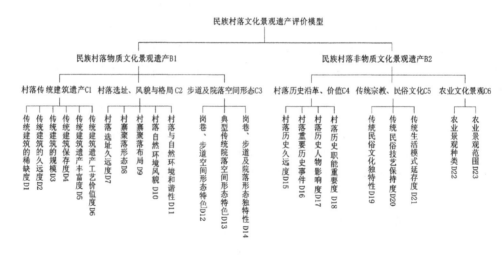

图 1 民族村落文化景观遗产评估框架

(二) 采用德尔菲法与层次分析法确定指标权重

评价成功的关键在于评价因子权重的确定。权重的评判方法与过程的科学性与合理性,制约着评价结果的准确性和客观性。目前评判指标权重值方法仍主要采用主观经验,因此具有较大的主观随意性,为了规避这一问题,笔者通过引入数理统计方法确定评价指标权重值,以降低民族村落文化景观遗产价值评价过程中的主观性。综合考虑上述因素,结合民族村落文化景观遗产评价的特点,本研究主要采用德尔菲法和层次分析法相结合的方式来确定评价指标的权重。

1. 获取指标权重咨询值

德尔菲法是集中专家意见和智慧的一种方法。首先根据保护评价的体系制定问卷的内

容，对所涉及知识领域进行选择、确定专家范围，然后采用德尔菲法进行指标权重值的调查。本研究邀请贵州省文化局和高等学校的社会学、建筑学、环境、地理、文化遗产等相关专家20人，并向其发出征询问答卷，经过多轮专家调查咨询，直到每个专家不再改变自己的意见为止。

2. 权重值计算过程

回收答卷后，根据专家对指标权重的最终意见，通过数量计算，从而得出B~D层各层权重值，考虑到评价时以D层为依据，故继续计算各因素总排序权重值。层次分析法计算指标权重的一般流程如下：

（1）将矩阵按列归一化：$b_{ij} = \dfrac{a_{ij}}{\sum\limits_{i=1}^{n} a_{ij}}$

（2）按行求和：$v_i = \sum\limits_{j=1}^{3} {}_{ij}$

（3）归一化：$w_i = \dfrac{u_i}{\sum\limits_{i=1}^{3} v_i}$

（4）一致性检验：$C.I. = \dfrac{(\lambda_{\max} - n)}{(n-1)}$；$\lambda_{\max} = \dfrac{1}{n} \sum\limits_{i} \dfrac{(AW)_i}{w_i}$；$C.R. = \dfrac{C.I.}{R.I.}$

$R.I.$为平均随机一致性指标，需要查表。当$C.R. < 0.1$时，可以接受判断矩阵的一致性（表1）。

表1 平均随机一致性指标值

N	1	2	3	4	5	6	7	8
RI	0	0	0.52	0.89	1.12	1.26	1.36	1.41

指标权重值层次总排序及其一致性检验：确定某层所有指标对于总目标相对重要性的排序权值过程，称为层次总排序。在求得B、C、D各单一准则下各指标的权重后，再计算各个层次所有指标对于从最高层相对重要性的权值及排序，特别是最底层的各个备选方案相对于总目标的权值及排序，即层次总排序，可依据表2计算。从最高层到最低层逐层进行：设：A层m个元素$A_1, A_2, \cdots A_m$，对总目标Z的排序为：$a_1, a_2, \cdots a_m$，B层n个元素对上层A中元素为Aj的层次单排序为：

$b_{1j} b_{2j} \cdots b_{nj} (j=1,2,\cdots m)$，

B层的层次总排序为：

$B_1 : a_1 b_{11} + a_2 b_{12} + a_m b_{1m}$

$B_2 : a_1 b_{21} + a_2 b_{22} + a_m b_{2m}$

……

$B_n : a_1 b_{n1} + a_2 b_{n2} + a_m b_{nm}$

即B层第i个指标对总目标的权值为：$\sum\limits_{j=1}^{m} a_j b_{ij}$

表2 层次总排序的合成权重计算

层次 A	A_1	A_2	…	A_m	B层指标对目标的权重
层次 B	a_1	a_2	…	a_m	
B_1	b_{11}	b_{12}	…	b_{1m}	$\sum_{j=1}^{m} a_j b_{1j} = b_1$
B_2	b_{21}	b_{22}	…	b_{2m}	$\sum_{j=1}^{m} a_j b_{2j} = b_2$
⋮	⋮	⋮	…	⋮	⋮
B_n	b_{n1}	b_{n2}	…	b_{nm}	$\sum_{j=1}^{m} a_j b_{nj} = b_n$

(三) 指标权重值的确定

根据专家反馈结果，利用层次分析法中的指标权重计算程序，最终得到各指标权重值（保留四位）（表3所示）。经一致性检验，$C.R. < 0.1$，判断矩阵具有满意的一致性。

表3 民族村落文化景观遗产评价指标权重

B层因子及权重	C层因子及权重	D层因子及权重	总排序权重
民族村落物质文化景观遗产 B1 0.4952	村落传统建筑遗产 C1 0.5368	传统建筑的稀缺度 D1 0.0826	0.0220
		传统建筑的久远度 D2 0.0690	0.0183
		传统建筑的规模 D3 0.2804	0.0745
		传统建筑保存度 D4 0.1348	0.0358
		传统建筑遗产丰富度 D5 0.2874	0.0764
		传统建筑遗产工艺价值度 D6 0.1458	0.0388
	村落选址、风貌与格局 C2 0.1726	村落选址久远度 D7 0.1782	0.0152
		村寨聚落形态 D8 0.2392	0.0204
		村寨聚落布局 D9 0.1225	0.0105
		村落自然环境风貌 D10 0.2648	0.0226
		村落与自然环境和谐性 D11 0.1953	0.0167
	步道及院落空间形态 C3 0.2906	岗巷、步道空间形态特色 D12 0.5286	0.0761
		典型传统院落空间形态特色 D13 0.2478	0.0357
		岗巷、步道及院落形态独特性 D14 0.2236	0.0322

续表

B层因子及权重	C层因子及权重	D层因子及权重	总排序权重
民族村落非物质文化景观遗产 B2 0.5048	村落历史沿革、价值 C4 0.1357	村落历史久远度 D15 0.1896	0.0130
		村落重要历史事件 D16 0.2148	0.0147
		村落历史人物影响度 D17 0.2536	0.0174
		村落历史职能重要度 D18 0.3420	0.0234
	传统宗教、民俗文化 C5 0.6215	传统民俗文化独特性 D19 0.3612	0.1133
		传统民俗技艺保持度 D20 0.4218	0.1323
		传统生活模式延存度 D21 0.2170	0.0681
	农业文化景观 C6 0.2428	农业景观种类 D22 0.5198	0.0637
		农业景观范围 D23 0.4802	0.058

由于目前省、市、县各级人民政府财政支持力度有限,只能对部分颇有价值的村落景观遗产进行保护,通过计算获知影响村落文化景观遗产价值的因子权重大小,指导相关人员在保护工作中抓住问题重点与要点,使得保护资金、人员配置和保护政策的效用最大化。

三、评分标准

在获得评价因子的权重后,需要进一步对评价因子制定评分标准,同时简化评价体系框架,仅保留D层评价因子,为了更符合人们的认识习惯,对最终分值进行处理,将指标的评分设置为满分100分。在问题设置上,采用模糊综合评判方法,以绝对标准与相对标准进行调查研究。绝对标准,即对部分评价因子的评判,尽可能查阅文献、碑帖、家谱等资料,给予客观的回答,以增强准确度和精炼性。相对标准,即由于某些评价对象受多个因素的制约影响,反馈的信息难免带有模糊性与主观性,因此在评分标准的设置上,采用相对模糊的方式(表4所示)。

表4 民族村落文化景观遗产评分表

权重值	评价因子	评分标准(100分制)			
		100~90分	80~60分	50~30分	20~0分
0.0220	传统建筑的稀缺度	世界级	国家级	省级	市、县级
0.0183	传统建筑的久远度	明代及以前	清代	民国	新中国成立至1980年
0.0745	传统建筑的规模	5公顷以上	3~5公顷	1~3公顷	0~1公顷

续表

权重值	评价因子	评分标准（100分制）			
		100~90分	80~60分	50~30分	20~0分
0.0358	传统建筑保存度	完全保持原状	20%以下经过修复	40%以下经过修复	40%以上经过修复
0.0764	传统建筑遗产丰富度	极丰富	丰富	较丰富	一般
0.0388	传统建筑遗产工艺价值度	极高	高	较高	一般
0.0152	村落选址久远度	明清以前	明清	民国	新中国成立后
0.0204	村寨聚落形态	十分优美	优美	比较优美	一般
0.0105	村寨聚落布局	规划布局理论	布局十分完整，传统功能保存齐全	布局较为完整，传统功能尚在	空间布局较为一般
0.0226	村落自然环境风貌	自然环境完整优美	自然环境较完好	自然环境一般	自然环境有一定破坏
0.0167	村落与自然环境和谐性	和谐共生	较和谐	一般	不和谐
0.0761	岗巷、步道空间形态特色	极鲜明	鲜明	较鲜明	一般
0.0357	典型传统院落空间形态特色	极鲜明	鲜明	较鲜明	一般
0.0322	岗巷、步道及院落形态独特性	空间构成要素独一无二	空间构成要素十分独特	空间构成要素较为独特	一般
0.0130	村落历史久远度	宋及以前	元代	明清	清及以后
0.0147	村落重要历史事件	10件以上	10~7件	7~4件	4件以下
0.0174	村落历史人物影响度	在全国范围内产生过重要影响	在地区范围内产生过重要影响	在本地范围内产生过重要影响	没有
0.0234	村落历史职能重要度	在全国范围内具有重要地位	在地区范围内具有重要地位	在本地范围内具有重要地位	没有
0.1133	传统民俗文化独特性	极独特	独特	较独特	一般

权重值	评价因子	评分标准（100分制）			
		100～90分	80～60分	50～30分	20～0分
0.1323	传统民俗技艺保持度	很好保持	保持	基本保持	较差
0.0681	传统生活模式延存度	完整延续	延续	基本延续	不延续
0.0637	农业景观种类	8种以上	8～6种	6～4种	4种以下
0.0589	农业景观范围	占土地总面积的比15%以上	占土地总面积的比15%～12%	占土地总面积的比12%～10%	占土地总面积的比10%以下

四、实证研究——控拜苗族银匠村遗产价值评价

（一）控拜银匠村概况

控拜银匠村位于贵州省雷山县西江镇，是雷公山区典型的苗族聚居村落。村寨坐落在海拔1000余米的半山腰的阳坡上，其地理方位为：东经108°11′739″～108°14′39″，北纬26°33′45″～26°30′30″，由上寨、中寨、下寨三个部分组成，共191户1292人，有李、穆、龙、杨、潘五大姓。干栏式木质吊脚楼依山而建，鳞次栉比，疏密有致。村寨四周是层层叠叠的梯田，延续着古老的稻鱼生产传统。海拔较高处是茂密的杉木林，涵养村寨的水源，提供房屋建造的材料。村寨、稻田和森林构成了人与自然和谐相处的悠远宁静的田园景色。

控拜在明、清两代进入雷公山的战略要地，最早建有9个寨子。雍正十三年（1735），清廷"改土归流"政策引起当地苗民起事，9寨尽毁于兵燹。流落他乡的控拜村民学会了银饰锻造技艺后，陆续转回故土修建了现在的寨子，并改为汉姓。农闲时，各家的成年男子走村串户为苗族群众制作银饰，足迹遍布西南各省，形成了远近闻名的银匠村。

控拜银匠村至今仍保留着丰富的雷山苗族非物质文化遗产，如祭祀、婚嫁、丧葬、服饰、歌舞、刺绣、蜡染、纺织等，积淀了以"寨老"管理世俗生活、"鼓藏头"执掌精神生活的传统村落治理结构，反映了雷公山地区苗族先民创造的人与自然和谐相处的生存智慧。独特的自然环境与人文环境，构成了独特的村落文化景观。现存百年以上典型苗族吊脚楼式民居35栋以及祭祀场所鼓藏坪等文物。2008年，省文物局将控拜银匠村作为首个"村落文化景观保护与发展研究"试点村寨。2012年6月10日，其成为贵州省"百村计划"保护工程中首批"村落文化景观保护示范村寨"。

（二）综合评估结果

根据上述确定的贵州民族村落文化景观遗产保护评价指标体系，在通过计算求得指标权重值和确定指标评分标准之后，邀请了20位专家、学者及相关专业研究生对控拜村文

化景观遗产进行评价，通过对回收的《贵州省民族村落文化景观遗产保护评价指标评分表》进行数理统计，得出评价结果（表5）。

运用评价模型对控拜村进行实际评估，并分析计算评分结果，可以从总体上把握控拜村村落文化景观遗产的综合价值，同时，通过各指标价值得分的状况，比较分析发现控拜村村落文化景观价值的优势项和弱势项，以此有针对性地对控拜苗族银匠村的遗产保护提供相关的建议、解决问题的途径与方法。另外，对同一县、镇域内，加入不同村寨的遗产评价，可直观对比分析村落文化景观遗产之间的现状差距，为保护工作的重要性排序提供数据支撑。

表5 控拜银匠村村落文化景观遗产价值统计表

目标层	分数	综合评价层	分数	要素评价层	分数
控拜银匠村村落文化景观遗产	81.2	民族村落物质文化景观遗产	38.8	村落传统建筑遗产	21.8
				村落选址、风貌与格局	6.7
				步道及院落空间形态	10.3
		民族村落物质非文化景观遗产	42.4	村落历史沿革、价值	5.1
				传统宗教、民俗文化	26.8
				农业文化景观	10.5

五、结论

民族村落文化景观遗产价值评估包括物质文化景观遗产与非物质文化景观遗产两方面的内容。其中，物质文化景观遗产考虑到村落单体建筑、院落与建筑群乃至整个村落的格局及空间形态、村落整体风貌、与环境和谐性、岗巷、步道空间形态等方面，总体上反映了村落居民生活的物质层面；非物质文化景观遗产包含有村落的历史沿革（重要历史事件、人物）、民俗文化、民俗技艺等，使得民族村落文化景观价值评价既有客观评价，又有主观感受，因此是具有综合性、较为完整的评价体系。同时，考虑指标间的相互关系和内在联系，在评价因子的选择与设计上突出文化景观遗传保护的整体观念，因此是一个较完整的综合性民族村落文化景观遗产评价体系。

研究利用德尔菲法，在将专家权重咨询值和主观经验统一的基础上，采用层次分析法分层计算、分配权重，尽可能利用严密的数理计算规避主观因素，并对评价因子权重进行一致性检验，使评价因子的权重在符合客观实际的同时又满足于定量表达，从而提高评价体系的合理性、客观性和准确性。

评价模型是在基于长期从事民族村寨调研的基础上构建的，能够合理地、准确地反映出贵州省民族村落文化景观遗产的客观实际状况。根据具体情况适当调整指标体系，对于其他地区民族村落文化景观遗产价值评价同样适用。整个评价体系的层次结构简明，评分标准易于设计，权重的数理计算可通过Mathtype、Eviews等软件来实现，可操作性强。

通过对民族村落文化景观遗产的价值计算与统计，能从总体上反映出民族村落文化景观遗产价值的高低优劣，有利于民族村落文化景观遗产保护重要性排序工作的开展，对于如何在众多村寨中遴选出具有典型代表的村寨，以进行必要保护与发展的研究工作就显得极为必要。

参考文献

[1] 吴小华. 村落文化景观遗产的概念、构成及其影响 [J]. 古今农业，2010（4）.

[2] 彭思涛，但文红. 基于社区参与的村落文化景观遗产保护模式研究——以贵州省雷山县控拜社区为例 [J]. 原生态民族文化学刊，2009（2）.

[3] 宋江，但文红. 控拜村传统民居景观保护的问题与对策研究 [J]. 贵州大学学报（社会科学版），2009（6）.

[4] 王伟，刘海裕. 村落文化景观保护利用的原则及制度思考 [J]. 山西省政法管理干部学院学报，2013（1）.

[5] 吴忠军，吴少峰. 苗族旅游村寨村落文化景观变迁研究——以贝江景区的沟滩屯为例 [J]. 重庆工商大学学报（社会科学版），2013，30（1）.

[6] 但文红. 银匠村怎样保护村落文化景观 [N]. 中国文化报，2008-12-14.

[7] 张成渝. 村落文化景观保护与可持续发展的两种实践——解读生态博物馆和乡村旅游 [J]. 同济大学学报（社会科学版），2011，22（3）.

[8] 张文静. 民族村落文化景观的保护 [J]. 中国民族，2011（4）.

[9] 蒋盈盈，王红. 浅谈贵州民族村落文化景观保护与利用——以花溪镇山布依族村寨为案例 [J]. 贵州工业大学学报（自然科学版），2008，37（5）.

[10] 程晓玲. 西递古村落建筑评价方法初探 [J]. 安徽工业大学学报（社会科学版），2012，29（3）.

[11] 童乔慧，刘天桢. 历史建筑评估中的结构方程模型研究 [J]. 华中建筑，2008（12）.

[12] 朱晓明. 试论古村落的评价标准 [J]. 古建园林技术，2001（4）.

[13] 汪清蓉，李凡. 基于模糊综合评判法的我国历史文化名村（镇）综合价值评价研究 [J]. 生态经济（学术版），2006（02）.

（原载于《黔南民族师范学院学报》2014年第1期）

民族习惯法变迁的不同路径
——两个水族村寨的比较

文永辉

少数民族习惯法是"中国习惯法体系的主要组成部分,是中国习惯法体系中内容最丰富、影响最大的一种习惯法。"[1](P11) 近年来,相关研究成果可谓非常丰富,探讨的主要内容包括各民族习惯法的比较研究、习惯法与国家法的断裂与调适等。纵观各类研究可发现,多数研究都以某一民族作为一个习惯法的主体。诚然,某一民族共同体在习惯法方面具有大致相同的共性。然而,在外来文化的冲击下,习惯法却并非总是铁板一块。笔者通过在贵州省三都水族自治县的两个典型水族村落——塘党寨和水各大寨的田野调查中发现,在不同的外来文化冲击下,水族习惯法从形式到运行都表现出了细微的差别,其在水族人心中的地位也多有不同。这为我们探讨民族习惯法的内部差异、理解格尔茨的名言——"法律说到底是一种地方性知识"提供了一个参照,也为思考和观察当代中国的法治进程提供了一个小小的特别视角。

一、 汉文化浸润的塘党寨和旅游文化冲击下的水各大寨

笔者分别于 2005 年 7 月和 2009 年 8 月在三都水族自治县南部的塘党寨和水各大寨进行了一个多月的田野调查,这两个水族村寨可以说是受外来文化影响的典型。

塘党寨隶属于三都县恒丰乡,距县城 46 千米,距恒丰乡政府驻地 4 千米,是一个典型的韦氏单姓宗族村落,现有 168 户 750 多人。塘党受汉文化影响较早、较深,民国时期(1931 年),塘党乡绅韦学霖筹建省立恒丰小学,后来该小学发展成为"边疆教育的典范",为水族地区文化教育事业和人才培养做出了不可磨灭的贡献。而塘党小学从 1931 年开办以来,一直没有停过课。1949 年以后,一个小小的塘党寨就有 50 多名子弟考上包括清华大学在内的大中专院校,其中有人后来当了县长、(副)州长、大学教授、高级工程师,有人出国留学等。这种情况在贵州教育相对发达的汉族村寨也不多见。因此,塘党寨

收稿日期:2010-02-17

作者简介:文永辉(1976—),男,贵州贵阳人,贵州师范大学法学院副教授,法学博士,研究方向:习惯法、民商法。

是一个深受汉文化和现代教育浸润的典型的水族村寨。

水各大寨隶属于三都县九阡镇，离九阡镇政府 5 千米左右，是九阡镇水各村 8 个自然寨中最大的一个寨子，174 户，总人口 720 余人，大多为吴姓，除两户属布依族和 1 位嫁入的汉族女子之外，绝大部分人皆为水族人。大寨自然风光优美，气候宜人，山、水、田园、村寨和浓厚的民族风情构成了一幅美丽的风景画。水各大寨是水族卯文化的发源地，是所有过卯节的地区中最有名的地方。当地有句话说，"九阡卯最大"，就是指水各的卯节。另外，水各大寨的水族建筑、服饰、语言、饮食（九阡酒和九阡李）等文化都保存得较为完好。从 1990 年起，水各大寨就开始有意识地发展旅游业。2004 年前后，黔南州城乡规划设计研究院为水各大寨做出卯文化景区的规划，而且州县政府投入了大笔资金进行旅游景区的建设和人员的配置。2005 年通过广泛宣传，策划举办了海内外数万人参加的卯节。目前，该寨已经初步具备了作为民族文化旅游景点的轮廓，水各是在现代旅游经济冲击下的一个典型的水族村寨。

二、 塘党寨和水各大寨习惯法的表现形式

塘党寨和水各大寨同属三都水族自治县南部的水族腹地，二者相距不过二十多千米，但在风俗上有一定的差异。水族最重要的节日是"端节"和"卯节"，但在民间都是"过端不过卯、过卯不过端"。塘党属于"过端"的地区，水各则是三都"过卯"的中心。二者在习惯法表现上，则大同小异：

1. 维护水族宗教信仰方面

水族民众信奉万物有灵，石头、古树、水井都可能成为人们信奉的对象，如果是村落公共信仰的自然神灵，任何人都不得破坏。

塘党人信奉石头菩萨，特别是猪头形状的石头菩萨被认为最灵验。寨子里有两座供奉石头菩萨的小庙，为塘党人的公共信奉区域。另外，几乎每家都在房前屋后供奉了自家的石头，作为私家祈福的神灵。

塘党人普遍相信，塘党寨之所以培养出那么多大学生，是风水好的缘故，而这种好风水则被归因于寨子中央的几根大杉树以及离寨门 1 千米处的三棵大杉树，这些树都是神树，不得砍伐。如果有人敢动这些树，就会遭到众人惩罚，也会受到树神的惩罚——生病或死亡。

水各大寨亦信仰石神、树神、井神、霞神等。石神是寨子西南边 200 米左右的两块大石头，被称为"石公"、"石奶"，是人们祈福、还愿的主要神灵。笔者看到，石神周围摆满了人们还愿的木架、猪笼、挂的红布。石神还是在卯坡上对歌成为情侣、夫妻的男女爱情的见证人，水歌唱道："拜上石神来证婚，谁敢负心报应深；哪天二人喜婚配，回头重谢月老恩。"在调查中，水各人告诉笔者，在传统习俗中水族青年成婚大多不领结婚证，但由于有石公、石奶作证，一般人不敢背叛婚姻，有些外出打工的水族男人即使在外风流，也不敢抛弃家中妻子，担忧石公、石奶会罚他断手断脚、不得好死。

水各大寨的树神是寨子西边一座山上的两棵千年红豆杉，被称为"树公"、"树奶"。根据传说，树公名"阿林"，"树奶"名"阿月"；另一棵较小的红豆杉是树公和树奶的儿

子,名叫"阿月下";还有一棵更小的红豆杉则被认为是树孙,都有神性。树神也是男女爱情的见证和保证,更主要的功能是保障夫妻生育,正如水歌所唱:"哥拉妹登树神山,同把树公树奶参;保我双双添贵子,保我夫妻白头欢。"另外,如果为小孩生病祈福、找"保爷"(一般找树作保爷),也会到树神面前献祭。寨子门口还有几棵大树,是护寨树,是整个寨子的保护神。

井神是寨子南边的两口水井,被称为龙井和凤井,传说喝龙井水生男孩,喝凤井水生女孩。

霞神是一块人形的石头,是雨神,据说要十二年才能祭拜一次。但水各寨是每年都可以拜"霞"的,由寨子里的水书先生确定祭拜的日子。现在,为了旅游的需要,水各大寨的霞神被搬来放在修建的卯文化博物馆前的院坝上,修建了专门的神台供奉。

2. 维护社会治安方面

对于偷盗等危害社会治安的活动,若盗贼被抓住,除了对被盗人家进行赔偿外,还要"吃榔",只是具体的做法不太一样。

塘党寨的"吃榔"被称为"三个1",即按寨子户数,盗贼按每户1斤酒、1斤肉、1块钱的标准出资(后又增加了1包烟,称为"四个1")。每户人家出一人,共同聚会"吃榔"。

水各大寨"吃榔"的做法是罚"三个120",即罚盗贼120斤肉、120斤酒、120斤米,全寨人到龙凤井去"吃榔"。

3. 婚姻家庭方面

据资料记载,水族传统有"舅爷家讨外甥女"的习俗,即舅爷家儿子有娶外甥女的优先权。如果舅爷家没有儿子,则外甥女在出嫁前必须交外甥钱,由婿家支付。[2](P430)笔者在塘党和水各的调查中,人们都说这一习俗早就不存在了。在婚姻家庭方面,主要是"兄弟寨不通婚"、对事实婚姻的承认这样的习惯法。

"兄弟寨不通婚"是指一些寨子被认为与本寨是有血缘关系的兄弟寨,不能通婚。违背此规定的男女,传说有被"浸猪笼"的危险。塘党本寨人由于被认为是同一祖先三兄弟的后代,因此本寨的通婚是绝对禁止的,也没有人违犯过。至于周边的哪些寨子是"兄弟寨",则十分模糊,老人们都说不清楚。不过塘党青年人都尽量避免在周边村寨找对象,塘党的媳妇大多来自较远的三洞乡和荔波县内。这表明"兄弟寨不通婚"被一定程度地遵守着。

水各大寨也有"兄弟寨不通婚"的习俗,水各大寨的兄弟寨明确就是指不远处的母下寨,水各人认为母下寨的人与他们是未出三代的亲属,因此不能通婚。虽然大家都知道水各大寨与母下寨早就过了三代的亲属关系,但这一习俗一直被很好地遵从着。

在结婚礼俗方面,以前水族也有一些"三媒六聘"的规矩,现在已发生了巨大的变化,按照水族的文化专家石国义先生的说法:"父母已经驾驭不住男女青年的婚恋了"、"以前是三媒六聘,现在几乎都是先'通车'(女方先到男方家去)后送礼了"。水族人对这种国家法律不承认的事实婚姻是认可的。笔者在周覃镇法庭(塘党的民事案件由周覃法庭审理)翻阅了一些离婚案件的卷宗,发现当地婚姻很多都没有领取结婚证。但是,对于这种事实婚姻,现在已经形成了一定的礼俗来确保世俗的承认,在塘党和水各大寨,这种礼俗基本是这样的一个程序：

女方先到男方家同居，男方家办一个"小酒"，住一段时间或有了小孩后，男方父母在过端、过卯时带上小聘礼（一头猪、糯米粑、糖烟酒等）去女方家认亲（也称"赔礼道歉"）。女方父母如果不同意，就不杀猪，男方只好再找媒婆说和，直到女方父母同意。双方父母根据男女生辰选定"大酒"日子，男方带上大牛、猪到女方家，女方陪嫁牛或马。办完"大酒"后，婚姻即为社会所承认。

水族人大多知道，这种事实婚姻并不为现行国家法律所保障，但他们完全认同，并认为有石公和石奶作保，婚姻也相当稳定。

4. 继承、收养和赡养老人方面

过去，水族的继承方式是男子继承，女子没有继承权。父母也可将少量土地分给女儿，这些土地叫做"姑娘田"，但女儿对其只有使用权，没有所有权。[2](P426)

在塘党和水各大寨，没有听说"姑娘田"的存在。在塘党寨，很多人都知道法律规定女子与男子享有同等的继承权，但嫁出去的女儿实际上不能继承土地，但有继承其他财产的情况。水各大寨的人则认为女儿没有继承权是理所当然的，那些没有儿子的人家，如果想要收养儿子，一般应当收养同族"三家六房"的孩子（"三家"是三代以内的血亲；"六房"则是以己身为中心，上溯三代，下溯三代），收养的孩子既可继承亲生父母的遗产，也可继承养父母的遗产。无儿子的人家的遗产，由同族的"三家六房"进行分配，有"三家"存在，则"三家"之外的"六房"没有继承权。

女儿没有继承权，但同时也没有赡养父母的任何义务。只有女儿没有儿子的人家，父母年老后，嫁出去的女儿不回来照顾父母，任何人都不会谴责女儿不孝。照顾老人的责任相应由享有继承权的"三家六房"承担。在水各大寨，还流行"幺儿"赡养的习惯，一户人家有几个儿子的，在分家时，最小的儿子可以分得父母的房屋和其他更多的财产，但最终赡养老人的责任就落到"幺儿"身上，其他儿子的赡养义务相对减少。

当然，上述习俗已有移易。在塘党，有一户人家因为儿子在外工作，女儿女婿回到老人身边居住，照顾老人，老人表示，死后在农村的财产均会交给女儿女婿。另外，"三家六房"的作用也在发生变化，笔者在调查中发现，由于相互之间亲属关系近、权利义务多、利益纠葛多，因此，"三家六房"之内的矛盾也较多，很多"三家六房"的内部关系比外部关系还要差，其所享有的继承权和赡养老人的义务也就经常不能实现，其在调解纠纷方面的作用也大大降低。

5. 村规民约和族规族约

塘党寨和水各大寨的村规民约都是在1992年前后制定的，由村民小组干部会议通过，报乡（镇）政府批准后生效。由于村规民约是在政府引导下制定的一种制度规范，内容也大同小异，涉及农村生活的一些主要方面，包括山林管理、农作物生产、社会公益劳动、水源管理、对偷窃行为的处罚等方面。执行的手段较为单一，多以罚款为主。

从实际效果来看，塘党寨的村规民约宣传和执行过一段时间，还成立了村规民约执行小组，但规定的罚款过重，很多村民难以承受，很快就执行不下去了，执行小组也最终解散。水各大寨的村规民约的命运也大致相似，现在，只有在水书先生家里能够找到一份村规民约，大多数村民都已经不了解其内容。

在塘党寨还曾经有一份宗规族约,是 2005 年 2 月 4 日在水梅(三都九阡镇的一个寨子)召开的三都韦氏宗族大会上通过的。塘党当时有 50 多个老人参加会议,但带回来的宗规族约从未向寨子上的人公示过,青壮年人多不知其存在。笔者在一个老人家里看到,其内容主要包括:一是规定同族的人不能通婚;二是要求族人相互协助,保护家族利益;三是对偷盗、拐卖妇女进行惩罚;四是要求族人尊敬、孝顺、赡养老人等。在处罚措施方面,有罚"吃榔"、逐出宗族、不予帮忙干重活等。从塘党人对宗规族约的知晓程度来看,这份压在箱底的宗规族约恐怕永远没有执行的机会。

另外,塘党寨还有一些新近形成的习惯,如寨子工匠建房只收 280 元,寨子着火全寨人共同扑救等。关于"神判",在很多少数民族中存在。据塘党寨的一些老人回忆,新中国成立前看到过捞桐油、鸡判等方法,但现在几乎绝迹了。水各大寨的人记忆中也不曾有过类似的神判方法,但在如果双方发生纠纷难以解决时,也有双方在石公和石奶面前赌咒发誓的情况。如果单方面怀疑某人偷窃自家东西又没有证据,会找巫婆或在石公和石奶面前去诅咒对方。另外,水各大寨的老人死亡,必须在当天下葬,不能过夜,而塘党寨没有这样的习惯。

三、 外来文化对水族习惯法的影响分析

应该说,水族社会一直以来就并非完全自足封闭的社会,而是和外界社会存在交流的,外来文化也一直在不断地影响着水族的习惯法。其中,1949 年后国家权力在乡土社会的扩展影响至深,"公社化造就了一套自上而下的经济控制与行政控制网络,使得国家权力对乡村社会的渗入和控制达到了前所未有的规模和深度"[3](P418),水族社会原有的宗族互助网络被撕裂,"最重要的关系已改换成国家政权与农民的关系"[4](P194-195)。同时,不断的"送法下乡"运动和普法教育,也对水族民众的法律意识形成了冲击。特别是在改革开放以后,持续不断的市场化、商品化、全球化的冲击,也使水族社会中的个人选择面增大,职业范围和生活方式的转变以及谋生手段的多元化,使原来基于土地和自然经济而建立起来的"生于斯、长于斯"的村落、家族的认同进一步受到破坏,建立在自然经济和家族血缘基础上的水族习惯法的变迁也就不可避免。

基于上述宏大的国家政治和经济制度的变迁给乡土社会及其习惯法所带来的变化,放在任何一个民族及其习惯法上也许都是适用的。不过,当我们抛开这些宏大叙事,单纯地去关注民族内部的个性及细微差别时,我们可以发现,在塘党和水各大寨这两个相距不过二十多千米的水族村寨,由于分别受到汉族文化的浸润和旅游经济的冲击,其在习惯法方面开始表现出细微的差别。

1. 在习惯法和国家法的认识方面

笔者在塘党调查期间,曾有意无意地向很多村民提出了这样的两个问题:(1)你感觉法律是否有用?(2)日常生活中大家遇到矛盾纠纷时,是用国家法律还是地方习惯来解决?对此,大多数人回答"法律当然用处很大"、"我们都是用国家法律解决问题"。很多人还给笔者解释:"现在都是法治社会了,一切都要依法办事,传统的那一套早就不时兴了。"个别村民甚至当场向笔者展示他们所拥有的一些民法、婚姻法或刑法的基本知识。在塘党,甚至有一名自学成才的法律工作者韦前(塘党人都称他为"律师"),他于 20 世

纪 80 年代开始自学法律，后来曾获得过司法部"全国司法系统先进个人"等表彰，目前在三都县周覃镇从事法律服务工作，拥有国家颁发的法律从业人员资格证书。由此可见，塘党人对国家法有相当的认识和认同，只有在与他们不经意闲聊到一些事情时，才能感觉得到上述习惯法也在实实在在地影响着他们的生活。

水各大寨的人对习惯法和国家法关系的认识则不一样，笔者在水各大寨调查时，同样向村民提出了上面的两个问题，当地人则多数回答："我们这个地方都照我们的习惯，大家都不太懂法律。"当问到"如果遇到偷牛、杀伤杀死人之类的重大案件时怎么处理"时，当地人说可能会把他们交给公安机关，但是多数也会私了。几个村民还举了一个例子：前些年有一个人到村子里偷牛，被发现后遭村民追打致死。公安机关来调查时，全寨村民都说小偷是自己摔死的。公安机关调查过后，虽然可能明白是怎么回事，但最后还是按自己摔死来处理。村民们都说，他们有事一般在族内、寨内解决，遇到和外面的纠纷时，他们异口同声地进行指证，执法机关往往也没办法，只能按照他们说的办。由此可见，现代法律渗入的程度，在水各大寨要比塘党寨浅得多。

2. 对习惯法本身的认同方面

习惯法本身包含着大量民间宗教信仰、维系家族血缘利益和关系的成分在其中。在塘党寨的访谈中，笔者发现，多数塘党人特别是年轻人将找巫婆、拜树、拜菩萨等行为直斥为"封建迷信"，言语中对于家族本身也颇为不以为然。当然，笔者调查中也能感受到，即使有些人不信或者说口头说不信"迷信"，他们也会避免直接和上述带有神性的物品发生冲突，更不会主动去破坏树神、石神等，这使塘党在宗教信仰方面的习惯法得以维系。即使政府正大力保护的水书，很多人也把它们当成是落后的标志。笔者在塘党调查的一个月间，尽管和寨子里的一位水书先生很熟悉了，但是他始终不承认自己就是"水书先生"。可见，带着传统习惯的一切文化、物品、习惯法等，塘党人本身的认同度并不高。

而在水各大寨，村民普遍将他们的信仰及习惯当成是民族文化的一部分，骄傲地对外展示。水各大寨的石神、树神、霞神、井神都得到了很好的安置和保护，地位显要。水各大寨的很多年轻人回到寨子从事旅游活动，在与他们聊天时，他们也会毫不避讳地说起找巫婆占卜、请水书先生禳解等活动。传统的一切似乎都使他们感到骄傲。

3. 在习惯法的维护机制方面

据资料记载，以前水族寨子里有些能说会道的老人，称为"补改"（讲理公），他们会用水族的习惯来排解纠纷。有时，纠纷的双方会各自去找自己的"补改"，由"补改"去辩论是非，直到一方无话可说，这时，另一方就服从"补改"的裁决。另外，族长也具有相当的权威。[2](P425) 可见，以前的习惯法主要靠传统的老人权威来维护。

而笔者在塘党和水各大寨的调查表明，两地的习惯法由"三家六房、寨老、村委会、乡政府和派出所、乡镇法庭"来综合维护。

在塘党，村支书在乡村习惯法的执行机制中地位独特，他在职已经二十多年，很多村民对他又恨又怕，同时又离不开他。一方面，村民们认为他不公道、自私；另一方面，村民们承认他有本事、能说会道，掌握法律和政策很到位，有了矛盾纠纷必须靠他来解决。而村支书除了"会说话"、能解决问题（纠纷）之外，他对人的惩罚最直接的手段就是在某个人遇到纠纷时不帮忙解决，让他直接暴露在国家权力面前。在塘党调查期间，很容易感受到塘党人对于习惯法的这一套维护机制的不满，希望国家法律能保护他们。可以说，塘党人对国家法律的公正性有相当的企盼，在他们的直觉中，国家法律可能会带给他们公正，只是国家法律的运行成本是他们难以忍受的。

在水各大寨，没有出现如塘党那样强势的村支书，村民们对目前的这一套习惯法维护机制，似乎较为满意，水各大寨的寨老的地位比塘党寨的寨老的地位高得多。在调查中，也没有感受到他们如塘党人一样对国家法律的企盼。

笔者认为，造成塘党和水各大寨这两个相距并不远的水族村寨在习惯法方面的差异，直接原因就在于塘党和水各大寨分别受两种不同的外来强势文化的影响，形成了两个寨子村民不同的思维习惯和文化心理。塘党由于受汉族文化和现代教育浸润较深，因此，在村民中形成了一种固有的"山内、传统、落后—山外、现代、先进"的比较性思维，对固有的信仰和文化本身并不自信，对外来的文化（如法律）接受程度较高。而水各大寨则不同，他们可能也曾有过"山内、传统、落后—山外、现代、先进"的思维，但由于旅游经济的冲击，大量代表外来文化的人涌入原本封闭的村寨，将他们的信仰、建筑、语言、习俗等视为瑰宝、大加赞美，由此水各人又重新建立起了一种文化的自信，重新发现了他们本来习以为常的文化的价值。由此，也就比较容易理解水各人对自己那一套习惯法体系的认同和自足。

目前，我们还不能预测塘党和水各大寨的习惯法体系在未来是否会发生更大的分野。不过，通过对这两个水族村寨的比较，应该注意到：学者们习惯上把少数民族习惯法想象成为一种原始、民主、悠远的自足体系，是"铁板一块"[5]，研究农村法律的学者大多注意到了国家法律在基层社会的延伸对地方习惯法的影响，但同时也强调国家法没有完全内化进入村民们的生活，相对于习惯法而言，国家法往往易被看成是"外来者"、"破坏者"。上述研究结论或许在水各大寨可以适用。但在塘党寨，习惯法的认同程度要低得多，习惯法解决纠纷的一套体制也并非总是受欢迎的，反而引起很多水族人的不满，使他们对国家法律的公正有一种隐隐的企盼，只是运用国家法的巨大成本使他们望而却步而不得不借助于习惯法。习惯法在相隔不远的两个村寨表现出了完全不同的变迁路径。

在外来文化冲击下，少数民族习惯法早已不是一个自足的体系，也并非所谓应对外来冲击的"铁板一块"。即使相隔不过二十多千米的同一民族村庄，由于受不同的外来文化的冲击，其习惯法也会呈现出不同的样态，在从事农村的法治工作时，必须注意到这样一种地方性知识的多样化。

参考文献

[1] 高其才. 中国少数民族习惯法研究 [M]. 北京：清华大学出版社，2003.
[2] 潘一志. 水族社会历史资料稿 [M]. 三都水族自治县民族文史研究室编印，1981.
[3] 梁治平. 乡土社会中的法律与秩序 [A] //王铭铭，王斯福. 乡土社会的秩序、公正与权威 [M]，北京：中国政法大学出版社，1997.
[4] 黄宗智. 长江三角洲小农家庭与乡村发展 [M]. 北京：中华书局，2000.

（原载于《黔南民族师范学院学报》2010 年第 2 期）

简论南方少数民族继承习惯法的几个原则

潘志成 吴大华

与现代法律上的遗产继承不同,我国南方少数民族的继承习惯法较为复杂。继承人从被继承人那里承受的不仅有财产权利,而且还有身份上的权利。因为一个家庭的大部分财产是以家庭集体共有形式出现的,家庭的子女们既参与创造了这部分财富,且本已拥有这份的共同所有权,分家析产时此部分财物的继承,只能说是子女们继承了父母对该财物的支配权,所以我们也可以看出,财产的转移部分地取决于身份的转移。[1](P43)且与南方各少数民族的文化、习俗及历史发展等差异相伴生的,是这些少数民族在继承习惯法领域表现出的各有特色的继承原则。

一、单系继承原则

(一) 母系继承

近代我国云南的拉祜族、布朗族、傣族、佤族等民族都曾经有过母系继承制,如云南孟连县公良乡公吉村的佤族,男子外出结婚,女子结婚五六年后分家立户。分家顺序一般由长及幼,父母分给长女、次女等人一部分牲畜、粮食及土地,幼女留家与父母共同生活,财产主要由幼女继承。[2](P90)这是罕见的女儿继承制,男性没有任何继承权,男子外出结婚时只能带走自己的衣物被盖、背袋和烟袋,若带走长刀和火枪,到分家时也要归还姐妹。宁蒗摩梭母系社会中却并不排斥男子的继承权,儿女有同等继承家庭财产的权利,只不过儿女只能优先继承其母亲的私人财产,而其父亲的私人财产则由其甥男、甥女优先继承。不过最终继承住宅的,只能是女儿,而不能是儿子;若家中无女继承人,则意味着家族绝嗣了,须过继养女作为房屋的继承人。

(二) 父系继承

除上述我们提到的少数几个民族外,南方少数民族近代以来多数实行的是父系继承制度。这一继承与现代法律概念上的遗产继承有很大的不同,因为土地分散等原因,父母在世时随着某一个或某几个儿子结婚,即以分家析产的方式对家庭财产进行分割,有的还要举行分家仪式，邀请亲族长辈见证，并要订立契约，下面是笔者在贵州锦屏县文斗苗寨收集到的一份分家文书，其内容如下：

  立分阄字人姜绍略、绍熊、绍齐三人兄弟，为父亲分占祖遗之田并父亲所买之田，至今人口日增，田产益广，欲合种以同收，恐彼早而此晏，幸承严父精公平均派，我等弟兄俱居心平意愿，自今以后各照分阄殷勤耕种，世代管业，日后不得异言。

  其有山场杉木尚未分拨，俟后砍伐售卖仍照三人均分，恐后无凭，立此田产分阄永远发达为据。

  绍略收：党庙祖田二块，魁元长田一块，党宜田大小六块，南鸠平鳖、张化田二块，南鸠水沟田一块，岩板坡、平敖田一块，坎下旧田一块，污鸠、绍舜田三块，水沟下二块，又收蔼田一块，捕生与绍滔共一块，党卡一处，皆党令一块，又一小块，内除朝押田上下二块，祖田一块，在严党田上坎共除三块与绍略名下耕种管业。

  绍熊收：……（内容略）。

  绍齐收：……（内容略）。

  嘉庆廿四年正月朔九日 绍略 笔立

  经济考量是分家析产的重要原因，从以上这则分家契约及其后附的阄书（具体内容略）可知，贵州苗族家庭通常的分家做法是在亲邻及家族长辈的主持和见证下，先将家产分为大致相等的几份，制成阄书，由诸兄弟抓阄决定家产的具体分配，并订立契约，以免日后引起纷争。

  当然，儿子继承也并不是指这一财产将成为儿子个人的私有财产，或者是他享有绝对的处置权，名义上或许是如此。但在实质上，他从父母亲那里继承的更多的是这份财产的处分权，此份财产从被他继承那一刻起即成为他的新家庭甚至是他子孙后代的共同财产，日后他将此份财产再分给他自己的后代时，也必须如他父亲一样遵循习惯法律规定的分配原则，而不能肆意而行。

  在父系继承制度下，女性原则上没有继承权。土家族人认为，女子"只吃得肉，吃不得骨"。分家时，父母要留三五挑谷的田给未婚女食用，但女儿出嫁时，不俲带走，要留给父母。[3](P431)

  "在任何有秩序的社会体系中，某种形式的单系制度（指继承：引者注）即便并非完全是，但也几乎都是必需的"[1](P49)，这种单系继承最为重要的功能即在于对血缘家族的维系。美国人类学家罗维认为，继承法实质上是血族观念的基础，其结果使一个属于死者血族的远亲占取较血族之外的近亲更优先的地位。[4](P296)关于血族内继承的原则，下文我们还要谈到，这里要说的是，极端的单系继承极为罕见，一般说来都可能会有一定的调和，当一方的亲属具有优势权利时，另一方面的亲属也具有某些得到认可的权利。[1](P43)这种权利可能是舅父对财产分割事宜的监督权等等，又如在藏族、彝族、排瑶等民族社会中，若一个男子受到伤害，则其舅父等母系亲族有权向凶手索取经济赔偿。藏族部落的继承法则，对财产继承方面的调和亦有一定的阐明。吐蕃时期的《狩猎伤人赔偿律》规定子女妻室是第一继承人，父母是第二继承人，兄弟近亲是第三继承人。[5](P229)近代藏族大部分部落规定，女儿与儿子一样享有财产继承权，姑娘出嫁时陪嫁物也可以看作是她从父母处继承的财产。姑娘离婚后返回娘家或入赘于他人家庭的儿子重回自家定居，他们都有和在家的成员一样的继承权。当然，有些藏族地区女儿所得的份额则要比儿子少一些，极个别的地方女儿也没有继承权，如庙顶藏族等。

二、幼子继承制与长子继承制

（一）幼子继承制

近代南方少数民族中曾广泛流行幼子继承制，幼子是诸子中宠命优渥的特殊对象，在身份继承、财产继承甚至是权力继承方面，均有优先权。

在羌族社会中，有所谓"皇帝爱长子，百姓爱幺儿"的说法，除了幼子外，其他的儿子一旦结婚成家，父母就分给其一部分家产，让其自立门户、分开居住，年老的父母则与幼子居住在一起，大部分家产包括父母居住的房屋也交由幼子。而生活在云南怒江流域的白族人也有类似的做法，家产由幼子继承，其余诸子须自立门户，除了有权和幼子同耕家庭共有土地、平均分配收成外，无权享有任何牲畜及生产工具的继承权。

关于景颇族的幼子继承制或可详尽地说明这种继承法则，景颇族的幼子继承制不仅通行于百姓等级的财产继承方面，亦通行于官种等级的山官官位的继承，这种以幼子身份继承的称为乌玛官，即正统山官。幼子继承使幼子的地位比诸子要高，兄长们即使已经离开老家，另立门户，仍要尊重老家和幼弟，当老家和幼弟遇到什么困难时要尽可能给予帮助。[7](P121-122)按理说，长子、幼子都是家长的直系血统的继承人，都是家族香火的传承者，因此，重长重幼与宗法上要求维护以父权为中心的继承制并不矛盾，都是维护血缘家庭的方式。[8](P236)但其社会原因在于：首先，幼子继承制的形成，可能是财产积累刚产生时，掌握着财产权的父亲，在群婚制残余及婚前性自由的影响下，怀疑长子不一定是亲生子[9]，相比较而言，幼子为亲生子的概率更大，为了确保父系的直系血亲的继承权，故推行幼子继承制。当然这只是表象，对景颇族来说，更本质的则是与低下的经济水平相关。景颇族原先主要从事砍倒烧光的旱地农业，而其所处的环境较差，山区地方狭窄，可供轮歇丢荒的土地是有限的，这种农业无法承受大量人口，换言之，有限的土地和低下的生产力无法养活更多的儿孙，所以男子长大结婚后要携带妻子离开老家，出去开辟山头，在新的土地上自谋生计。同时，诸子年龄差距较大，长子已结婚，理应独立承担家庭责任，而幼子可能尚未成年，父母还要承担抚养其长大并为其娶妻的责任，待父母年迈时幼子年富力强，能够更好地照顾父母，这样在父母还有能力抚育幼子时先分出长子独立生活是适宜的，留下幼子让其长大后赡养年老的父母并继承父母留下的家庭财产也是适宜的。幼子继承制与砍倒烧光而相对定居的旱地农业生产方式相适应。如果长子没有能力独大出去，就只好从属于幼子，被视作无能之辈。[7](P120-127)

（二）长子继承制与诸子均分制

与幼子继承情况恰好相反的是，长子继承中的长子，作为第一序列的财产继承人，有权继承较多的甚至是全部的家产。云南沧源县佤族家庭的财产全部由长子继承。父亲死后，长子为家长，财产由长子分给各位兄弟，孰多孰少，全凭长子个人意愿决定。长子是父宗亡故之后的一家之长，兄弟们对他尊若"小父亲"，就连母亲也不能取代他在家中的绝对权威。这种长子继承制有浓厚的宗法色彩，但比较罕见，即使在长子享有较优越地位的地方亦复如是,更多的是在长幼之间不做任何歧视,这就是诸子均分制,主要流行于苗族、侗族等少数民族中。

三、其他原则

在上述几个法则之外,仍有一些因素需要在此一并考虑:

(一)族内继承原则

鉴于对血族观念的强调,人们把个体家庭的财产看成是夫家家族财产的一部分,如同有些民族中土地的买卖必须在本家族内进行一样,遗产一般也只在本家族内进行分配,防止本家族财产外流,以维护继承过程中家族成员的切身利益以及家族的整体利益。在父系社会中,女儿成人后要出嫁到夫家,所以并不会被看成是父系家族的成员,也正因此,女儿在父系继承制下并没有继承权。男子去世以后,其寡妻尽管可以继续占有亡夫的家产,但实质上也只是家产的代管人而已,待儿子成年后,这些家产都归儿子所有。且如果寡妇改嫁,她是无权带走亡夫遗留的土地、房屋等财产的。有的民族还盛行收继婚,把妇女看成家庭的财产,为了防止其外流,有兄亡收嫂、弟亡收弟媳的习俗,称为转房或坐床。珞巴族博嘎尔部落中,不仅死者的妻子要转房,而且若死者没有成年的儿子,其儿女亦归其兄弟所有。[10]

某些时候,即使父母立有遗嘱,但如果该遗嘱并不符合当地的习惯法,家族长辈也会出面予以制止。下面这个发生在珞巴族内的家产处置纠纷将有助于我们很好地认识家产族内继承原则的重要性:珞巴族博嘎尔部落仰崩村的仁波有三个儿子,两个儿子先后死去,且留有遗妻。活着的那个儿子又是个傻瓜。仁波觉得如果自己一旦死去,两个儿媳及两个孙子都将归自己的侄子布英、布都继承,他的家庭就消失了(这种奇异的继承原则在上文我们已经谈到过)。因此,他思考再三,觉得把这些子媳交给妻弟,即儿子的舅舅更可靠。于是他约请妻弟巴东、巴都,决定在自己辞世后,把子媳、孙子交给他们领养。为表示自己的决心,他们一起起誓。不久后仁波的两个侄子便上门来质问:"我们是同一个杭隆的近亲,有重要事为什么不跟我们商量?你背着我们同外族人立石为盟,这怎么成?"还把仁波的一头犏奶牛拉走了。对于侄子的这种做法,仁波无法申辩。为了求得他们的让步,临终前他把一对名叫达宁和亚马的奴隶夫妇送给他们均分。虽然如此,仁波的做法还是没有取得两位侄子的认可。他死后,两位侄子还是坚持传统的继承法,不许外族人继承叔父的遗产。[10](P7-8) 以此看来,即使立有遗嘱,立嘱人真正能自由处置的只是自己的私人物品,他对家庭共同财产的处置必须在习惯法所容许的框架内。

(二)继承的有效应用原则

所谓继承的有效应用原则,罗维解释说这是在规则许可的范围内,人们总是把财产留给用得着的继承人。[4](P294) 这很好理解,最常见的例证是妇女的首饰,一般都归个人私有。有意思的是,在贵州有些地方,出嫁姑娘的首饰必须传给她本人的女儿或其儿媳,如果姑娘出嫁后不久即去世且没有后代,则这份财产要回到姑娘的娘家。[11](P261) 藏族也有"父业由儿依次继承,松耳石由女儿保管"的说法。而在摩梭人的社会里,被继承人个人所有的衣物等零星日用品，一般按性别留给下一代，如母亲的衣物首饰等，母死首先由亲生女继承，无亲生女则由其姐妹或姐妹的女儿继承，舅父的衣物等用品，由甥继承。

参考文献

[1] [英] 拉德克利夫·布朗．原始社会的结构与功能 [M]．潘蛟，等，译．北京：中央民族大学出版社，1999．

[2] 云南社会历史调查资料丛刊编辑组．佤族社会历史调查（二）[M]．昆明：云南人民出版社，1989．

[3] 严汝娴．中国少数民族婚姻家庭 [M]．北京：中国妇女出版社，1986．

[4] [美] 罗维．初民社会 [M]．吕叔湘，译．上海：商务印书馆，1935．

[5] 陈庆英．藏族部落制度研究 [M]．北京：中国藏学出版社．1995．

[6] 李鸣．羌族继承习惯法试析 [J]．政法论坛，2004（6）．

[7] 龚佩华．景颇族山官社会制研究 [M]．广州：中山大学出版社，1988．

[8] 张冠梓．论法的成长——来自中国南方山地法律民族志的诠释 [M]．北京：社会科学文献出版社，2000．

[9] 杨怀英．滇西南边疆少数民族婚姻家庭制度与法的研究 [M]．北京：法律出版社，1988．

[10] 西藏社会历史调查资料丛刊编辑组．珞巴族社会历史调查（二）[M]．拉萨：西藏人民出版社，1989．

[11] 民族问题五种丛书贵州省编辑组．苗族社会历史调查（二）[M]．贵阳：贵州民族出版社，1987．

（原载于《黔南民族师范学院学报》2014年第1期）

贵州世居壮族传统制度文化的变迁趋势

金白杨 欧　黔

　　传统的贵州世居壮族社会是一个"血缘＋地缘"为本位的社会。清中叶以前，贵州壮族传统社会不是被租佃制度严重分裂的两极社会，阶级矛盾并没有民族矛盾那样突出，基本上是一个由寨老乡公治理的内聚性的自治的共同体。[1](P340) 尽管清末及民国时期强制推行保甲制度，使贵州世居壮族的制度文化在形式上发生了比较大的变化，但是家族或村寨的村民议事和习惯法规仍然保留并发挥着作用，不因改朝换代而中断。直到今天，壮族聚居地乡人民政府仍然要依靠传统制度进行乡村治理。贵州世居壮族传统制度文化尽管不断在顺应时代而变化发展，但传统制度文化始终是壮族村寨社会治理的构成要素，从壮族头人的产生、商品经济的发展以及与周边民族友好相处中可以看出，壮族共同体具有一定的现代社会的因素。

一、贵州世居壮族传统制度文化

　　壮人来到贵州时，其定居地属于化外之地，并没有纳入中央王朝的编户齐名之中，直到清朝末年，壮民社会成为一个"血缘＋地缘"的自治共同体。元朝时在今从江县刚边乡以东西山、丙妹地区建有西山阳洞长官司，明朝的洪武初年把西山阳洞改为西山阳洞蛮夷长官司。10 年后，因苗族吴面儿反叛，官府对这些以夷治夷的蛮夷土司无法控制只好废除。明朝永乐元年又设置西山阳洞蛮夷长官司，任命壮族寨老韦万木为长官，韦万魁为副长官。30 年后，当地壮族反叛，韦姓长官向官府辞职。官府对西山阳洞壮民的反叛束手无策，于明正统年间废除。西山阳洞的壮民又过起了远离皇权专制的生活。此后，明朝廷几次任命流官治理西山阳洞，但都没有得到壮民的认可。就是在蛮夷长官司设立期间，真正纳入编户齐名的也并不多，范围也不广，大多数壮人游离于官府的控制之外。直到清朝顺治时期，西山阳洞又建起了壮族韦有能任长官的蛮夷长官司，37 年后于康熙年间又被废除。[2](P66-70) 废除的直接原因是韦有能助何新瑞反叛，其实质是"改土归流"的大势所趋，朝廷加强了对贵州壮族的控制，实行流官统治，此后逐渐推行保甲制度。到了民国时期，保甲制度已比较成熟。在这期间，为了维护中央集权在壮族地区的统治，官府利用寨老乡公在壮乡的影响力实行对壮乡的统治，但寨老乡公的治理已经有了"官办"的性质。

在蛮夷长官司设了被废、废了又重建的反反复复281年的过程中，贵州壮族民众比较强烈地依附于贵州世居壮族社会。这一时期大一统的皇权专制还没有渗透到壮乡，贵州世居壮族社会就已经有了"私有制"，贫富差距已经形成，有一定的"个体本位"现象的存在，可以自由买卖田土及各种生产资料，其土地可以租给外村人，也可以卖给外村人甚至是外族人。人际关系主要包括租佃关系、主雇关系、家长与房族关系，还有因宗族不发达，村寨之间有一定的联盟关系。这些关系主要靠传统的制度文化进行调节。在贵州传统壮族社会中有声望者多富有，出头抗官者也多是富人，他们往往站在壮族民众的立场上与官府对抗。贵州传统壮族社会就是这样一个封闭的自治共同体，但这个自治共同体没有公共的田土和林场，没有发育出政权组织形式，寨老乡公都是自愿为民众服务的，不取报酬。他们的产生有如习惯法法理学中的契约关系，习惯法将那些有丰富的生产和生活经验、精明能干、热心公众事务、能言善辩的人推举为寨老乡公，通常情况下被称为头人（以下统称头人）。当头人有私心杂念、处理公众事务不能让人信服时，习惯法规定其头人地位就会丧失。在本质上头人与民众之间就存在一个权利与义务的契约关系，其中没有任何强制的成分，双方是完全自愿的。当这一契约关系成立后，头人享有处理公众事务的权利，同时也有为公众服务、公正处理公众事务的义务，而民众则有了对头人进行监督甚至罢免的权利，但同时有接受头人管理和支持头人正确处理公众事务的义务，当头人不能正确履行自己的义务时，其头人的地位和权利也随之丧失。[3](P32-35)这种头人的选举产生确实有"小共同体政治"的现代功能，但贵州壮族这样的自治社会并非是完美和谐的。贵州世居壮族社会很早就进入到地主经济制度时代，贫富差距产生的时间较长，壮族民众虽然对本族的小共同体比较依赖，但是贵州世居壮族共同体没有发育出政权组织形式，仅靠传统制度规范人们的行为。在清末推行保甲制度以前没有秦帝国以后各朝代吏治文化奉行的"法治"，也没有中国传统社会思想中"儒表法里"、"法道互补"的传统，所以小共同体对人们的限制能力并不十分强烈。清康熙二十三年（1684）废除西山阳洞蛮夷长官司后实行流官统治，逐渐推行保甲制度，到了民国时期保甲制度已较为成熟，但是壮族村寨传统社会组织仍然存在。为了维护中央集权在壮族地区的统治，官府常利用头人在壮族村寨的影响力来处理公共事务，寨老乡公多半由地主或富农担任，也由他们来担任保甲长。寨老乡公等头人与壮族民众之间的契约关系已大大"注水"，当头人面对壮族群体利益时，不得不维护保甲长的利益而优先考虑"行政"，此时由保甲长显示出来的利益已经不能等同于"壮族人民的利益"，这一时期的贵州世居壮族社会与清中期以前的内聚性的小共同体距离现代社会制度却更远了。1684年废除西山阳洞蛮夷长官司，官府通过保甲制度对贵州壮族"编户齐民"以后，贵州世居壮族社会逐渐受制于国家的土地统治，随着国家"大共同体"不断膨胀的结果，贵州壮族本来发育就不成熟的小共同体几乎停止发展。这时，相对于国家强权而言，世居壮族民众对世居壮族社会来讲是比较自由的，但他们却强有力地隶属于国家强权。

二、贵州世居壮族传统制度文化的特征

壮族在元末明初从广西逐渐迁入贵州的九万大山中已有600多年的历史，在与侗族、苗族等各民族友好相处以及与中央皇权专制融和冲突中形成了贵州世居壮族传统制度文

化,此制度文化渗透于壮民生活的各个方面,调整的对象广泛,主要有以下特征。

(一)"血缘+地缘"小共同体为本位的社会

传统贵州世居壮族基本是一个由寨老乡公等头人管理下的以"血缘+地缘"小共同体为本位的自治社会,壮族民众依赖"小共同体",受它的束缚,同时也得到它的保护。但是这样的小共同体发育并不成熟,没有公田和公产,没有形成政权组织形式。到清中叶"改土归流",强制推行保甲制度以后,逐渐认同国家大共同体的统治。在面对国家大共同体时,"血缘+地缘"小共同体对壮族民众的束缚和保护就显得弱小和松散。但是壮族传统制度文化的现代因素仍顽强地为自己创造条件去走向现代化,1978年改革开放以后,传统制度文化中小共同体自治在复苏,个体本位的现代社会正在形成之中。

(二)"血缘+地缘"小共同体具有现代政治学智慧

如前文所述,贵州世居壮族寨老乡公等头人,与壮族民众有契约关系;西山阳洞蛮夷长官司建了被废,废了又重建,反反复复的281年间,封建王朝的势力均不能到达贵州世居壮族聚居地。贵州世居壮族有与当地的苗族、侗族等友好相处的传统,比如,在从江县壮族聚居地区的宰便区和下江区,传说过去都是苗族聚居的地盘,宰便的蒙姓壮族来到此地居住,此后专门开辟场地,每三年一次邀请附近的苗族来跳芦笙舞,届时壮族备糯米饭、酒、肉各三挑招待他们,表示民族团结友好。[4](P292)这些习俗反映出贵州壮族懂得不同权力之间的相互制衡,在各种权力冲突、妥协之中寻求一个平衡点的现代政治学智慧。

(三)"私有制"成熟较早

在皇权专制还没有渗透到贵州世居壮族聚居地时,壮族社会较早地进入了地主经济阶段,且长期处于封闭式的自给自足的自然经济状态之中,地主经济发展缓慢,有一定的公民权利。民国时资本主义经济有所萌芽。如:1920年,下江县西区(辖今宰便、加鸠、平正、刚边等乡镇)团总、地方富裕户莫寅发开辟大寨(宰便区所在地)河边为集市,招来榕江、荔波和广西邻近的宜北、罗城等县的小商小贩以及周围百里的各族民众到新开辟的集市做买卖,莫姓家族随着宰便集市的繁荣而不断积累资本。如今市场经济模式在壮乡已经建立并发展迅速,宰便因集市而发展成为从江县西部贸易中心。[1](P348)

三、贵州世居壮族传统制度文化的现代化变迁趋势

(一)现代化变迁趋势

在康熙二十三年实行流官统治以前的贵州世居壮族社会是一个以"血缘+地缘"小共同体为本位的社会,那么在实行流官统治以后,就逐渐认同并形成了国家"大共同体"本位的社会,但"血缘+地缘"的小共同体社会依然存在。1949年以前贵州世居壮族社会还保留了较完整的民间自治组织,但已经很松散,其功能的发挥已大不如还没有被官府"编户齐名"前的社会了。1949年以后,推翻了地主经济,废除了保甲制度,壮族民众人人都分得了田地和部分生产资料,干劲十足,生活得到了很大的改善,先后建起了作为黔

东南苗族侗族自治州必要补充的壮族民族乡,实行民族乡制度,大大提高了壮民对国家的认同感。1958年民族乡改为人民公社制,实行集体经济,壮民的劳动热情不减。但是,大跃进导致壮民生活水平大幅度下降,后来由于贯彻中央"整顿、调改、充实、提高"的精神,放宽了政策,很多壮族民众上山开荒,增加了收入,生活大有改善。然而"四清"运动,对开垦荒地增收粮食的干部群众进行了所谓的"排队"清理,赔退兑现,一部分壮民只能卖房卖猪用于赔退兑现,生活再度陷入困境。1966年"文革"初期,公社领导受到冲击和批斗,县级机关又忙于派系斗争,农村暂时出现了"自理"状态,壮乡民众自己安排农业生产,有的地方还分田到户搞起了"单干",因余粮无人收取,壮民生活有所改善。随着"文革"的深入,县革委成立以后,1970年各种宣传队纷纷下乡驻队,分出去的土地又重新收回合种,还补交三年(1967年、1968年、1969年)没有上交的公余粮,宣传队又要求生产队虚报高产量,结果造成群众生活困难。[4](P66)值得注意的一个现象是,人民公社和工矿企业一样是社会主义行政管理下的集体经济,生产由国家统一安排,所不同的是,国家承担工矿企业的生产结果,而人民公社却是要由农民承担生产结果的。[5](P50)所以壮乡民众生活困难,每年平均有四个月以上要从广西买木薯、杂粮充饥。在政治国家的建构过程中,政权下乡、政党下乡、法律下乡,壮乡自治的空间被压缩,自治资源的减小和自治精神的流失使得贵州世居壮族自治社会进入了历史低潮时期。1978年以后,我国实行波澜壮阔的改革,这场改革深刻而全面地改变着中国大地。经济体制改革的目的是建立社会主义市场经济体制,政治体制改革的目标是建立中国特色社会主义民主政治制度。贵州世居壮族和全国同步进入现代化建设的新时期。以从江县秀唐乡杆洞寨为例,2012年全寨有一半的人外出务工,由于外出务工和学习的人较多,为了家庭成员在过年时能聚在一起,所以头人组织村民讨论决定将传统的壮年(农历冬月三十为除夕)延迟到春节来过,壮年除夕改为农历十二月末,秀唐乡政府尊重本民族的意愿,积极帮助他们过好春节。该寨的蒙支书也是外出务工多年后回到家乡、建设家乡的。如今贵州世居壮族聚居地城镇化也在如火如荼地建设中,外出务工、自办企业、经商的人越来越多,贵州世居壮族社会已显示出多种经济成分。"血缘+地缘"小共同体自治社会在复苏,当地政府常常依赖"头人"进行乡村治理,个体本位正在形成,传统制度文化现代化变迁趋势明显。

(二)市民社会制度文化的培育是现代化的必由之路

我国自鸦片战争开始,被西方列强以战争的方式打开国门,在拯救民族危亡的历史主题下开始了现代化探索。[6](P96-113)从广义上来说,现代化作为一个世界性的历史过程,是指人类社会从工业革命以来所经历的一场急剧变革,这一变革以工业化为推动力,导致传统的农业社会向工业社会的全球性的大转变,它使工业主义渗透到经济、政治、文化、思想各个领域,引起深刻的相应变化;狭义而言,现代化又不是一个自然的社会演变过程,它是落后国家采取高效率的途径(其中包括可利用的传统因素),通过有计划的经济技术改造和学习世界先进经验,带动广泛的社会改革,以迅速赶上先进工业国和适应现代世界环境的发展过程。[7](P17)无论广义还是狭义都透露出现代化有自发性和诱发性两种现代化模式。我国的现代化模式属于诱发性的,其制度变迁模式是自上而下强制性的,文化滞后于制度的变迁。现代化过程本质上是人身依附的共同体社会向个性自由的公民社会转变的过程,所以社会现代化的基础是人的现代化,目前农民实现现代化必须要经历农民市民化这一过程，为此农民将实现自身在生活方式、思维方式、生存方式和身份认同等方面的转变。[8](P115-116)当前的城镇化建设作为正在进行的现代化历史，明确地体现在社会主义市场经济制度的不断完善和中国特色社会主义民主政治制度的不断完善之中，然而与制度变迁相适应的中国特色社会主义文化的建设却并非一日之功。

相对于传统中国而言，当代中国制度文化正在经历第三次转型。其中第一次是以辛亥革命为契机的传统制度的革命，它推翻了皇权"帝制国家"，建立了一个由资产阶级领导的"政治国家"。第二次是中华人民共和国的成立，它进一步强化了国家与社会在中国合一的情形。第三次就是以经济领域为先锋的，涉及政治、文化领域的一系列的"改革开放"，从根本上说，其使命是为了使统揽一切的"国家主义"有所变化，实现"政治国家"与"市民社会"的分野。[9](P50-55)我国正处在社会主义市民社会的形成、发展和建设之中。研究贵州世居壮族传统制度文化的变迁，首先面临着"城市社会"（也是一定意义上的"市民社会"）和"乡民社会"的分野。我们不得不同时考虑三种独特的社会结构：强大的"政治国家"、微弱的"市民社会"以及底蕴深厚的贵州世居壮族乡民社会之间形成"三元结构"的独特景观。事实上，这不仅仅是贵州世居壮族传统制度文化所遇到的问题，也是当代中国制度建设普遍遇到的难题。"政治国家"与"市民社会"是从功能的角度来说的，而"城市社会"与"乡民社会"的分野则是从结构而言的，只有中国的城市化发展达到相当程度以后，这两种不同视角的社会结构组合才可能被同一视角（功能视角）的社会结构组合，即"政治国家"与"市民社会"的结构组合所取代。毫无疑问，这是一个长远的过程。在这一制度变迁过程中，存在着如何建设"社会主义市民社会"这样一个独特而又紧迫的现实问题。这一问题的有效解决，必将在培育市民意识的文化建设中，丰富中国特色社会主义文化。

和全国一样，贵州世居壮族社会也正处于社会主义市民社会的产生、发育和成长的崛起之中。我们完全可以从壮族传统制度文化中挖掘出具有现代化因素的成分，培育适合市民社会的制度文化，这是现代化的必由之路。

参考文献

[1] 向零. 民族志资料汇编——水族壮族（第七集）[M]. 贵州省志民族志编委会，1988.
[2] 韩荣培，覃东平. 贵州瑶壮文化研究[M]. 贵阳：贵州人民出版社，2012.
[3] 李洪欣，陈新建. 壮族习惯法的法理学思考[J]. 广西大学学报（哲学社会科学版），2002（12）.
[4] 贵州省民族事务委员会，贵州省民族研究所. 贵州"六山六水"民族调查资料选编——回族白族瑶族壮族畲族毛南族仫佬族满族羌族[M]. 贵阳：贵州民族出版社，2008.
[5] 张乐天. 告别理想——人民公社制度研究[M]. 上海：东方出版中心，1998.
[6] 任洁. 唯物史观视野中的文化与制度变迁关系研究[M]. 北京：中国社会科学出版社，2010.
[7] 罗荣渠. 现代化新论[M]. 北京：商务印书馆，2004.
[8] 黄爱教. 农民市民化模式及其法律应对[J]. 重庆社会科学，2008（4）.
[9] 伍俊斌. 国家与社会关系视野中的中国市民社会建构[J]. 福建论坛，2006（1）.

（原载于《黔南民族师范学院学报》2014年第5期）

荔波县瑶族民间古籍的调查与反思

兰庆军

瑶族是一个历史悠久、文化底蕴十分厚重的跨境民族。据统计，国内外瑶族人口约有350万，其中国内瑶族有280余万人，主要分布在我国南方的广西、广东、湖南、云南、贵州、江西等省份，国外则主要分布在越南、老挝、缅甸、美国、加拿大等国家。瑶族在语言使用上主要属于汉藏语系苗瑶语族中的苗语支与瑶语支，另外有一部分操行壮侗语族侗水语支的拉珈语也认同为瑶族。瑶族民间古籍是瑶族传统文化的重要组成部分，本文系2016年寒假期间笔者对黔南布依族苗族自治州荔波县瑶族民间古籍留存现状进行调查所得，现将我们搜集到的一些资料整理出来，供大家参考。

一、荔波瑶族概况

荔波县是贵州省黔南布依族苗族自治州所辖的一个少数民族聚居区，这是在清朝雍正年间由广西划入贵州所管辖下的一个多民族聚居区域。荔波县的东南与广西壮族自治区河池市的环江县、南丹县毗邻，东北与贵州省黔东南苗族侗族自治州的榕江县、从江县接壤，北面与西面分别与本州的三都水族自治县、独山县连接。全县总面积有2400平方千米，这里的喀斯特地形地貌高度发育，山峦重叠，山多地少，属于中亚热带季风气候区。荔波县辖1个街道、5个镇、2个乡，总人口17.28万人（根据2010年人口普查数据），其中瑶族总人口有5802人，占总人口的29.7%。荔波县境内的瑶族属于苗瑶语族苗语支的布努语支系，其内部分别自称为"多摩"（tou53! u33°）、"努摩"（nu55! au33）和"多猛"（tou55! EG33）三个支系。其中自称为"多摩"的瑶族是他称中的"白裤瑶"；自称为"努摩"的瑶族是他称中的"青瑶"；自称为"多猛"的瑶族是他称中的"长衫瑶"。白裤瑶主要集中居住在瑶山瑶族乡和捞村乡，总共有3500多人；青瑶主要分布在瑶麓乡，总共有1550多人；长衫瑶分别散居于翁昂乡、洞塘乡、茂兰镇等地，总共有740多人。[1] 三支瑶族所说的语言属于布努语中的不同方言土语，各个支系之间的语言相互交流存在一定的困难，但在词汇的同源关系上极为密切。

二、荔波三支瑶族民间古籍传承现状

(一)"多摩"支系

自称为"多摩"(tou53！u33˚)的瑶族支系,其自称的汉译即"瑶族人"的意思,他称为"白裤瑶",这支瑶族主要集中居住在黔南布依族苗族自治州荔波县瑶山瑶族乡拉片村、英盘村、菇类村、懂别村的拉片、拉朝、板附、郎与、拉懂及、白蜡坳、懂蒙、更威、懂书、板告、九加、上英盘、下英盘、懂保、瑶沙、懂别、懂瓜、更龚、拉更莫、林场等19个自然村寨。[2]此外,这支瑶族还有部分集中分布在广西在自治区南丹县的里湖瑶族乡和八圩瑶族乡等地。目前,在黔桂两省区的白裤瑶人口约4万人。

据我们在荔波县瑶山瑶族乡的田野调查中统计,该支系瑶族老人能够口述传承本民族母语古籍者不足6人,生活在广西南丹县的瑶族歌师也仅仅有10多人。现存的瑶族民间古籍有古史歌、铜鼓源流歌、木鼓来历歌、"捞油锅"祭祀辞、巫事祭祀辞、开路辞等。据通过采访瑶山瑶族乡拉片村的瑶族歌师何吉木(63岁)得知,该支系瑶族的民间古籍内容十分丰富,仅《铜鼓源流歌》就有10000余行;《木鼓来历歌》有5000余行;《"捞油锅"祭祀辞》有8000余行;当地《巫事祭祀辞》的内容极为丰富,瑶族的古语古词及历史文化底蕴也极其深厚。

(二)"努摩"支系

自称为"努摩"(nu55！au33)的瑶族支系,他称为"青瑶",其主要聚居在荔波县瑶麓瑶族乡,该瑶族乡位于荔波县的东部,东北与佳荣镇毗邻,东南与茂兰镇接壤,距县城35千米,全乡总面积为25.99平方千米,辖1个行政村13个村民组。全乡辖有上韦、下韦、欧家、覃家、卢家、打里、洞干、洞闷等8个自然村寨,共有352户1550多人,是贵州省人口最少的一个民族乡。[2]

瑶麓瑶族乡境内的瑶族人口虽然不多,但这里是荔波县少数民族中受汉文化教育最早的一个地区。民国二十七年(1938),祖籍福建南洋的华侨胡文虎、胡文豹两兄弟捐洋三千五百元,置地建房,由覃质成、白正邦、覃以介等管其事,建成贵州省立荔波水庆乡初级小学校,招收当地瑶族及其他民族子弟进入学校读书,到1949年前夕,在这所学校毕业的各民族学生达200多名。正是在这样的教育背景下,瑶族同胞学到汉语语言文字后将当地的婚俗中存在的问题通过"石碑律"的形式刻成文字,以达"留求后记"。碑文的内容为:

盖闻我瑶麓风俗习惯,自古以来,覃姓与卢姓原系同宗共族,不能通婚,乃有卢金贵,先暗与覃姓之女通奸,后又娶妻为妻室,查与地方规律有坏伦纪,经地方众老等议定,立碑革除条例如下:

一、不准卢金贵与瑶族即卢、覃、欧、莫、姚、常、韦各姓互相工作;

二、不准交借工具;

三、不准与亲戚及房族往来;

四、不准其子女与本瑶族通话；

五、办理婚丧事不准参加；

六、如有违反本规律者罚洋七百二十豪，猪一百二十斤，酒米供全瑶民尽量饮食，不准包回；

七、今后有人败坏伦纪者，按照地方规律赔椰，否则亦照章实行立碑革除，恐后无凭，立碑切记。

碑文左侧刻有地方父老参与者的名字，碑文右侧刻有创立者保长、副保长、代表和甲长的名字。[3]

尽管瑶麓的汉文化教育起步比较早，但当地的传统文化至今仍完整保留，当地瑶族一直到现在还保留着传统岩洞葬的丧葬习俗，因此，一些口传古籍如《丧葬祭祀辞》在人们的日常生活中得到了保存。而民国时期所立的婚碑，在新中国成立以后，随着时代的发展与婚俗改革的需要，于一九八七年五月在废除旧立婚碑内容的基础上又做了新的改革，当地瑶族把这个"石碑律"称为"页硖"（Vei55Can21）。在瑶族的婚礼仪式中，作为瑶族口碑古籍的《婚礼祝颂辞》、《敬祖礼仪辞》等仍在相关婚俗中广泛使用。此外，瑶麓的瑶族自古就有驯养猎狗狩猎的文化传统，因此在每次狩猎活动中都有一定的民俗仪式，因而伴随着这些仪式的民间古籍还有《狩猎经》等。

随着经济全球化的发展，在外来文化的冲击下，瑶族上述传统文化面临濒危的状况，目前能够口述本支系瑶族古辞、唱颂古歌的老人不到3人，一些建筑样式和传统的文化环境也被城镇化的"现代建筑"逐渐取代。

(三) "多猛"支系

自称为"多猛"（teu55! EG33）的瑶族支系，汉译是"瑶族人或瑶人"的意思，他称为"长袍瑶"或是"长衫瑶"。该支系瑶族主要聚居在荔波县洞塘乡板寨村瑶寨组、翁昂乡已拢村洞长寨、茂兰镇瑶埃村洞开组和瑶埃两寨，少部分分布在立化镇立化村铁埃寨。其中洞塘乡板寨村55户350人，翁昂乡已拢村洞长寨35户134人，茂兰镇瑶埃村洞开组与瑶埃两寨共48户196人，立化镇立化村铁埃寨21户68人。[1]

这支生活在喀斯特地貌高度发育的黔桂两省区革命老区的瑶族，在红军长征时期，这里是早期中国工农红军第七军会师的重要地带，同时也是抗日战争期间日本侵略者由广西进入贵州的主要通道。由于历史文化背景比较复杂，本支系瑶族长期散居在布依族、水族、壮族和汉族之间，因而在民族传统文化上也受到周边民族的广泛影响。现在很多瑶族虽然还能保持自己的本民族母语，但大部分人都会说布依族语言，甚至在进行民间祭祀活动时都使用布依语来开展，而民间的一些文化风俗，如建房、丧葬等选址和日期的确定，则以汉字中的风水文化为依据。在这支瑶族中，目前还保留下来的民间古籍主要有《颂辞》、《动植物名物辞》、《狩猎经》等，而能够用本民族母语念唱者已经不足3人。

三、 对荔波三支瑶族民间古籍抢救整理的一些思考

对于荔波瑶族民间古籍的收集整理，新中国成立前的相关资料几乎是空白的。新中国成立以后，在各级党委、政府的关心和帮助下，瑶族民间古籍的收集整理才提上议事的日

程。特别是在党的十一届三中全会以后，随着民族工作政策的恢复与重申，当地的瑶族民间古籍才逐渐被人们所知晓。1981年12月22日，新华社记者杨锡玲到荔波县瑶山瑶族乡采访后写成的《贵州瑶山见闻》在《内参》上发表，时任中共中央总书记的胡耀邦同志在这份《见闻》中做了批语称："少数特别落后地区，要派大员去用心研究，切实帮助那些的人民在二三年内翻过身来。"[1]此后，在1982年和1983年期间，贵州省民族学会成立以后，该学会与贵州省民族研究所一起组织联合调查组对瑶山瑶族进行了综合性的调查，形成了《月亮山区民族调查集（贵州民族调查之一）》中瑶山瑶族的民族学调查资料。随后，有关瑶族民间古籍也得到整理，如1985年由贵州人民出版社正式出版的周隆渊选编的民间故事集《射岩箭》，其他成果如玉时阶著的《白裤瑶社会》（1989）、柏果成等著的《贵州瑶族》（1990）、彭兆荣著的《文化特例》（1997）、瑶族学者黄海著的《瑶山研究》（1997）和《瑶麓婚碑的变迁》（1998）、荔波县政协文史委员会编的《荔波瑶族》（2010）等，其中都涉及有大量瑶族民间古籍文化资料。遗憾的是由于在这些研究成果中，虽然也有当地瑶族语言语音的调查发表，但仍然没有使用国际音标记录的瑶族古歌、古辞、史诗等母语口传古籍。到目前为止，由于懂瑶族语言的专业人才缺乏，贵州仍未启动相关项目。

民族民间古籍是中华民族古籍宝库的重要组成部分，瑶族是我国56个民族大家庭中的一员，其传统文化的传承与发展对我国民族多样性的丰富与发展同样有着重要的意义。党的十八大以来，以习近平总书记为核心的党中央对弘扬中华民族传统文化高度重视，而且我国各个民族的传统文化体现了社会主义核心价值观。因此，加强民族古籍的抢救、搜集与整理是增进各个民族之间互相了解与团结的重要举措，对促进各民族共同繁荣与发展将有着重要的作用与意义。

参考文献

[1] 荔波县政协文史文员会编. 荔波瑶族 [M]. 北京：中央文献出版社，2010：3，113.
[2] http://www.gzjcdj.gov.cn/wcqx/detailView.jsp? id=4073.
[3] 黄海. 瑶麓婚碑的变迁 [M]. 贵阳：贵州民族出版社，1998：83-84.

（原载于《黔南民族师范学院学报》2016年第5期）

试论贵州侗族地区碑刻古籍的文献价值

欧阳大霖

为完成《贵州省志·民族志·侗族卷》的编撰任务，笔者多次深入贵州侗族地区调研，并有幸得见张子刚先生搜集整理的《贵州侗族地区碑文荟萃》[1]及姚敦屏先生汇编的《天柱碑刻集》[2]。这些碑刻文献记录了丰富的历史事件，涵盖了历代封建王朝对侗族地区的政策以及贵州侗族地区农林经济、民俗文化、传统教育、环境保护、民间法规等诸多领域，具有丰富的史料价值，值得学界广泛关注。兹特作简要论述，敬祈学界专家及侗族同胞教正。

一、侗族地区碑刻的主要类别

侗族历史上没有文字，因此当前侗族地区发现的碑刻均为汉字碑刻，这一现象说明汉文化很早便在侗族地区广泛传播与应用。这些碑刻，是侗族社会历史发展变迁的见证，对于研究侗族地区社会、政治、经济、历史、文化均具有重要价值。

关于侗族地区碑刻类别划分，李斌等教授在其《论明清以来清水江下游天柱地区碑刻的分类、内容与学术价值》一文中将天柱县碑刻分为"官府告示类、乡规民约类、路桥井渡类、学校教育类、祠堂宗族类、寺观庙宇类和其它"等7类[3]；秦秀强先生在其《清水江下游苗侗地区碑刻文化调查——以天柱县为例》一文中将清水江中下游苗侗地区碑刻分为"记事碑、晓谕碑、乡规碑、功德碑、文献碑、标示碑、墓碑与墓志铭"7类[4]；张子刚先生在《贵州侗族地区碑文荟萃》一文中将贵州侗族地区碑刻文献分为"文告类、乡规民约类、记事类、功德类、标志类、墓碑类"6类[1]。

综观三位先生对贵州侗族地区碑刻文献的分类，可知三位主要是根据碑刻内容来划分的。笔者认为侗族地区碑刻存量较大，如果从碑刻文献所涉及的内容来划分的话，很难详尽划分，故笔者不揣冒昧，大胆将侗族地区碑刻文献按其产生背景划分为官刊和民刊两大类别。

（一）官刊类碑刻

此类碑刻主要镌刻了官府颁布的敕令文告等，如黎平县地坪《林肇元严禁土司勒收兵谷告示》：

照得国家设官牧民，其取于民者丁粮正供之外，即不得妄取百姓丝毫，违者照章科罪，此定例也。今本部院访查各属地方官，类多洁身自爱，不致妄取民财，从此培养闾阎，当期日富庶。惟闻各土司，以苗夷愚朴可欺，每有勒兵谷及假借衙门一切名目，滥行科派规费之事。岂知国家养兵，自有粮饷，断无派及苗夷纳兵谷之理。即文武在地方办事，各有廉俸津贴以资公用，亦断无派及苗夷供应一切杂费之理。此皆土司欺吾苗夷不通汉语，任其颠倒欺蒙，恣肆剥削，怨则归官，利则归己。上罔国法，下虐民生。按其罪恶，实不容诛。[3](P6)

此碑立于光绪八年（1882）七月二十九日，碑文主要记述贵州巡抚林肇元颁布的关于严禁土司向少数民族同胞额外征收兵谷的告示，是典型的公文。

此类碑刻，一般文字较多，往往针对社会上出现的一些问题做出整治方案。立于光绪十四年（1888）的剑河县小广《永定风规》碑等也属此类文告式官刊碑刻。

（二）民刊类碑刻

此类碑刻数量繁多，可以包含上述三位先生所列的大多数类别，这些碑刻文献往往体现了一些民间社会组织对所在行业或区域的行为规范进行约定。如黎平县《鲁班会公议刊碑》便是典型的行业行为规范：

孟子曰：大匠诲人，必以规矩。学者亦必以规矩，凡是运斤之子弟，舍规矩无以成方圆。而挟技以游者，无规矩亦无以成体统。今约同人，谨定所有各条，胪列于左：
——值年首事，五月初七庆贺仙师，务须恭敬，酒席场中不得闹事。违者重罚。
——外来生手，每名出钱贰佰肆拾文敬神。违者，逐出境外。
——不准戗夺生意。如有戗夺者，公同议罚。
——议写生患者，每串抽钱十文敬神。
——同行不准动生嫉妒，各安本分。违者议罚。[1]

碑文对木工行业订立了详细的行为规范，其中"不准戗夺生意"、"同行不准动生嫉妒，各安本分"等条款体现了行业组织的约束力。

侗族社会经济主要为农林经济，对于劳动力有着较大的需求，因此，现存碑刻中存在大量民间组织为维系团结、提倡环保的内容，如：立于康熙十一年（1672）从江高增寨款碑（该碑系目前在二千九地区见到最早的一通碑刻）便有相关条款：
——议砍伐山林，风水树木，不顾劝告，罚银三千文；[1](P551)
立于嘉庆廿五（1820）年的《锦屏九南水口山植树护林碑》：
——禁大木如有盗伐者，罚艮三两，招谢在外；
——禁周围水口树木，一栽之后，不许砍伐枝桠，如有犯者，罚艮五钱。[1](P50)
立于道光三十年（1850）榕江冷里的《禁条碑记》碑：
——议不准砍伐生柴，若有乱砍败坏，日后查出，罚钱一千二百文；[1](P52)
立于咸丰十年（1860）从江县庆云的《乡例碑》：
——议山坡、命脉、石、树附近，所系之处，自古封禁，毋许妄为警犯，陷毙地方。如违，百事产业一概充公。[1](P959)

这些碑刻，是侗族社会"靠山吃山、吃山养山"的真实写照，更是侗族民众自觉约束自我、力图实现人与自然和谐共生的至高理想的表现。

二、侗族地区碑刻的文献史料价值

侗族地区碑刻文献是侗族社会发展的历史记录，记录了丰富的历史事件，涵盖了历代封建王朝对侗族地区的政策以及贵州侗族地区农林经济、民俗文化、传统教育、环境保护、民间法规诸多领域，具有丰富的史料价值，值得学界广泛关注。

（一）侗族地区碑刻文献可以管窥封建王朝对侗族地区实施的政策

清雍正年间，在云贵总督鄂尔泰的大力倡导下，清王朝开始对贵州少数民族地区展开声势浩大的"改土归流"。雍正六年（1728），清政府命贵州按察使张广泗在黔东南推行"改土归流"政策。清政府在改土归流地区废除原来土司的赋役制度。这一历史事件在黎平县地坪《林肇元严禁土司勒收兵谷告示》中有具体表现：

惟闻各土司，以苗夷愚朴可欺，每有勒兵谷及假借衙门一切名目，滥行科派规费之事。岂知国家养兵，自有粮饷，断无派及苗夷纳兵谷之理。即文武在地方办事，各有廉俸津贴以资公用，亦断无派及苗夷供应一切杂费之理。此皆土司欺吾苗夷不通汉语，任其颠倒欺蒙，恣肆剥削，怨则归官，利则归己。上罔国法，下虐民生。按其罪恶，实不容诛。[3](P6)

清王朝在少数民族地区推行改土归流政策，方显在其《平苗记略》中，对黔东南"改土归流"及设立苗疆六厅的过程做了详尽的记录。虽然推行过程中出现了激烈的战争，对少数民族地区造成了巨大的伤害，但是，从社会发展的角度来看，"改土归流"还是促进了少数民族地区经济社会的发展。上述碑刻中对少数民族地区土司额外增派兵谷之事予以禁止，这对少数民族群众而言，无疑是件好事。通过这些碑刻，不仅可以看出封建王朝对贵州苗侗地区的管理策略，也是封建王朝民族政策的缩影。因此，碑刻文献是研究这一类问题的重要文献史料。

（二）侗族地区碑刻文献展示了侗族地区农林经济社会发展状况

贵州侗族地区大多处于树木葱郁的山区，侗族先民在长期的生产生活中总结了一整套的育林经验，林业成为重要的经济来源。历史上，贵州侗族地区少数民族同胞依托清水江、都柳江水路交通，形成了一个严密的产业链条，侗族地区碑刻文献对此有着详细的记录。如立于嘉庆十六年（1811）锦屏高柳的《永定江规》碑：

至乾隆九年，前府徐任内奉，宪檄饬近河居民开修河道。高柳之向、龙二姓及鬼鹅向姓，合力开自鬼鹅寨门首起至难标止，共十五里。工竣之后，河道顺流，遂与上下沿河民分段放运客木，以取微利……今酌断：高柳、鬼鹅二处共二百四十余户，着分为六股，鬼鹅运一年之后，高柳接运二年，周而复始，永定章程。所有本年客木，即着鬼鹅先放，嗣后不得恃强紊乱，再滋事端，违者从重究治，着取具而（两）遵结，并中证遵结备案。[1]

此碑文记述黎平府正堂审理鬼鹅寨与高柳寨为争放远山客木民事诉讼案件，从中可见清水江水运在侗族地区林业经济中的重要地位。清水江沿岸的锦屏县、天柱县在历史上利用清水江运输木材长达数百年的"内三江"、"外三江"之间的"争江案"在诸多碑刻文献中的记载也颇为详细,为学术界深入研究清水江沿岸农林经济提供了详实的文献依据。

此外,天柱县坌处镇《永禁碑记》有"我等地方山多田少,全赖杉木为生"[4](P113)的记录,也可窥见贵州侗族地区林业经济产业发展的历史轨迹。

(三)侗族地区碑刻文献记录了当地民风民俗

民俗是一个民族的重要特征之一。一个民族的传统习俗往往是不断发展变化的,有些在社会发展中不断丰富,有些则会随着社会的发展而最终退出历史舞台,因此,某一民族在某时某地的传统习俗就具有了独特性。侗族社会也是如此,随着社会的发展,一些陈风陋习也会发生变革,贵州侗族地区碑刻文献对此类问题也有较多的详细记录,如:立于清道光十一年(1831)的锦屏启蒙《因时致宜》碑:

尝谓周公制礼,孔子定理,岂容更易?然礼盛则繁,礼奢宁俭。……第婚姻六礼之例,创自先人,而姑表分财之规,不无陋弊。或藉此而赖婚枉利,或因此而悬搁终身,以至内怨外旷。覆宗绝嗣,因以构讼经官,倾家荡产,呜呼哀哉,祸甚烈也!吾侪生当晚近,未免目击心伤,愧乏济世之才,常存改革之志。于是,一带乡邻,合同计议……

——议行亲之家,财礼六两,妇家全受,舅父只收酒肉。水礼财礼,不妄受分毫。

——议送亲礼物,只许糍粑一槽,其酒肉多寡听其自便。

——议送培(陪)亲婆礼,只许酒肉,不得又送糍粑。

——议嫁女之家,妆奁多寡,随便其有,手中概行禁止。

——议纳采之后,禁止节礼,日后行亲节礼,只许馈送一年。

——议喜爱礼物,禁送卷联祭轴。

——议姑表结亲,不得混赖,必要庚书媒帖为凭,其财礼仍照六两。

——议生男育女之家,只许嫡亲送礼,不许搭礼。[1](P951)

此碑刻记录了锦屏县启蒙地区革除"姑舅表婚"等陈风陋习的具体措施,对于减轻民众婚礼经济负担、促成青年男女自由婚恋具有积极作用,是侗族地区婚嫁改革的重要历史文献史料,对于研究侗族地区社会文化具有重要的史料价值。

再如立于清咸丰十年的从江庆云乡《乡例碑》,记录了关于丧葬习俗改良的重要内容:

——议临终埋葬、修斋、设祭、举哀、戴孝分所当为,至宰冢繁华,不过掩生人之耳目,徒靡费银钱,今舍重从轻,诸亲吊丧答礼二斤。[2]

此碑刻指出厚葬的"繁华""不过掩生人之耳目,徒靡费银钱",故立碑为禁,要求"舍重从轻",以减轻民众之负担。这当然是具有社会进步意义的改良举措,故而受到侗族人民的广泛支持。

(四)侗族地区碑刻文献彰显了侗族民众与人为善、乐善好施的传统美德

与人为善、乐善好施是侗族民众的传统美德。立于道光三十年的从江县《禁条碑记》记录了对于外乡人流浪侗乡去世后的处理办法:

——议外来亡街三(之)人,不论生死何人,山场与街巷、唐(塘)脚、屋堪(坎)、空评(坪),具系有关人命,若有此事,大家掩埋,仍有功德,母(毋)分尔我不前……[1](P52)

碑文要求侗族民众对于死在本村本寨的外来流浪者,不应逃避推诿,而应积极主动治

丧，认为这是一件功德。

此外，侗族地区民众对于修桥、铺路、修水井、修渡口、捐资购买渡船等公益事业都是积极参与、慷慨解囊的，如《天柱县碑刻集》就搜集了大量此类碑刻文献：《始修桥路碑记》、《次修桥路碑记》、《终修桥路碑记》、《修渡碑记》、《修井路碑记》等，均对所修之路桥、水井、渡口地理环境、历史水文等有详细记录，并将捐资修建者的姓名附录于后。这些碑刻对于研究侗族传统文化无疑是具有重要史料价值的，充分彰显了侗族地区民众与人为善、乐于奉献的精神风貌，在当下对于教育青少年树立、传播正确的社会主义核心价值观也是具有重大现实意义的。

（五）侗族地区碑刻文献透视了侗族民众自觉的环保意识

侗族地区民众靠山吃山，"我等地方山多田少，全赖杉木为生"是相当长的一段历史时期中侗族民众的生活写照。因此，侗族人民植树造林、护林育林的意识非常强，并通过勒石刻碑形成定制，客观上形成了朴素的环保意识。如立于道光八年（1828）的黎平南泉山寺《公议禁止》碑：

一、三庵上下左右坟墓，听其拜扫。其有一切大小树木，日后子孙并众人、山僧等，永不许砍伐。违者送官究治。

二、山中树木原以培植风水，不许砍伐，理应然也。倘借以建醮美举，必欲取山中柴木，以供炊爨，将来上元、中元、下元等醮，俱欲上山修建，此山中树木不几年而砍尽矣。请建醮者慎勿以酹。[3](P46)

碑文记录了公议条例，禁止砍伐南泉山大小树木，客观上保护了南泉山的环境。

再如天柱县坌处镇雅地村的《禁伐碑》：

不许烧林，尚有违者，鸣鼓重罚二千六百四十四文。……胆敢违抗，捆送厅，按律究治，绝不容情。[4](P142)

上述碑文体现出侗族人民在长期的社会发展进程中所形成的人与自然和谐相处、共同发展的重要理念，故而侗族地区现今山清水秀，竹木茂密，生态环境良好。正因为侗族地区在封山育林等方面具有悠久传统，所以当前侗族地区森林覆盖率普遍偏高，其中贵州省十大林业县中，绝大多数为侗族聚居地。

（六）侗族地区碑刻是民间法规的重要载体

侗族款词是侗族民间社会习惯法这一论点早已为学界公认，而碑刻则是侗族款词重要的载体。如立于清康熙十一年的从江高增寨款碑：

为尝闻施事以靖地方，朝廷有法律，乡党有禁条，所以端士俗。近年吾党之中，有好强过人者，肆行无忌，勾串油火，敲诈勒索，危害庶民，凡是不依寨规款法，殊堪痛恨。是以齐集诸父（老）于楼前议款，严设禁条。……立此禁条，开列于后：

——议偷牛、马、猪、羊、鸡、鸭，与挖墙拱壁、盗窃禾谷、衣服银钱、放田摸鱼等，共罚银钱二千文；

——议砍伐山林，风水树木，不顾劝告，罚银三千文；

——议男女婚姻，男不愿女，女不愿男，出纹银八两八，钱一千七百五十文，禾十二把；

——议男女行歌坐月，身怀六甲有孕，强奸妇女，女方出嫁，男出钱三千三百文赔礼；

——议内勾外引，偷鸡摸狗，伙同劫抢，为非作歹者，退脏物外，罚银一两四钱，严重众议；

——议男女拐带，父母不愿，男方赔礼十千，肉一盘洗面。父母养女，不得补钱；

——议山场杉树，各有分界，若有争执，依据为凭。理论难清，油锅为止；

——议卖田作典，不得翻悔，将典作断，一卖百了，粮税随田，不能无田有税，有税无田，宜各理清；

——议横行大小事，不得具控，如有生端行蛮，众等罚银五十二两；

——议进行油火，嫁祸与人等项，罚银二十四两整；

——议偷棉花、茶子，罚钱六千文整，偷堆柴、瓜菜、割蒿草，火烧或养牲践踏五谷，罚钱一千二百文整；

——议失火烧房，凡自烧己屋，惟推火神与"割汉"；若有烧寨，须用两个猪推送火殃；火苗蔓延他寨，猪两个外，又罚钱三百三十文，失火烧石坟雕墓者，亦同处罚。[1](P55)

此款碑是二千九地区（侗族地区地名）见到的最早的一通碑刻。通过碑文，我们可以知道400多年前的侗族社会对于寨邻之间的和谐相处就已经订立了相关的条文，这些条文比官府律条更加详细，且一一拟订了处罚方案，是典型的民间法规条例，是学术界研究侗族民间习惯法的重要参考史料。

三、结语

侗族地区碑刻文献涵盖了侗族社会政治、经济、教育、法规等诸多内容，是侗族历史文化的重要载体，展现了侗族社会历史发展的重要轨迹。但是学术界至今仍未能对侗族地区碑刻文献进行全面、系统的调查整理与研究。因此，发掘、整理、研究侗族地区碑刻文献，具有重要的历史意义与现实意义。

参考文献

[1] 张子刚辑录. 贵州侗族地区碑文荟萃（打印稿）.
[2] 姚敦屏主编. 天柱碑刻集 [M]. 天柱县文体广电旅游局内部印刷，2013.
[3] 李斌，吴才茂，姜明. 论明清以来清水江下游天柱地区碑刻的分类、内容与学术价值 [J]. 贵州大学学报，2013（3）.
[4] 秦秀强. 清水江下游苗侗地区碑刻文化调查——以天柱县为例 [J]. 贵州民族学院学报（哲学社会科学版），2012（3）.

（原载于《黔南民族师范学院学报》2014年第6期）

三都水族自治县碑刻的研究

刘世彬

全世界只有中国有水族，三都是我国唯一的水族自治县。三都水族自治县位于云贵高原的东南向湘桂丘陵地带过渡的斜坡上、贵州省黔南布依族苗族自治州的东南部，地处东经107°40′～108°13′，北纬25°32′～26°10′之间，总面积为2382.9平方千米。这里山岭纵横、丘陵起伏，地势北高南低，更顶山主峰海拔1665.5米，坝街附近都柳江出境处海拔仅303米，相对高差达362米。都柳江横穿县内，由中北部向东流去，流域面积占全县总面积的71%，是珠江流域的一级支流。滚滚都柳江水流入柳江、汇入珠江、奔向南海。这里气候温和，雨量充沛，土壤肥沃，资源丰富，是一个如凤凰羽毛般美丽的地方。

水族是祖国56个民族大家庭中的一员，是一个古老、勤苦、勇敢、智慧的民族。水族主要分布在以三都为中心及其邻近的各县。据1990年统计，三都水族自治县总人口数为263607人，其中水族有164987人，占总人口的62.59%。

水族在这样优美的自然环境里、漫长的历史长河中，繁衍生息，生存发展，创造并保存了水族自己独特的文化，丰富了我们伟大的中华民族的文化宝库。同时，水族在同相邻布依族、苗族、侗族、瑶族、汉族等兄弟民族的交流、融合过程中，使自己的民族文化显得更加丰富多彩。

碑刻是我们中华民族创造、发展、完善起来的一种独特的文化样式，有着十分悠久的历史、丰富多彩的内涵、多种多样的形式，是我国辉煌、灿烂文化宝库中的奇葩。在古代，碑刻以汉字镌刻为主，是汉文化的重要组成部分。在唐、宋以前，除一些有自己文字的少数民族中有一些用民族文字镌刻的碑刻外，在许多少数民族地区碑刻数量较少。在十年调查、钩沉、查阅的过程中，我发现三都水族地区碑刻有如下特点：

一是数量不多。据现有掌握的调查材料来看，三都水族地区尚存的碑碣、摩崖、墓志铭和保留的碑文资料，共35方（处）。虽有用水族文字镌刻的碑刻，但数量不多。虽然在唐朝就已在这里设治，但直到清雍正年间三都水族地区才实行"改土归流"，汉民族的文化开始大量传入，才有了汉字碑刻，清末民初三都水族地区的碑刻数量才开始逐步增加。加上自然的剥蚀、人为的损坏，保存下来的就为数不多了。好在民国二十九年（1940）编纂的《三合县志略》（四十四卷）和潘一志先生编纂的《水族社会历史资料稿》（30余万字）等，保留了不少碑文资料。

二是年代不长。从目前掌握的资料看，在35方（处）的三都水族地区碑刻中，年代最为久远的是位于三都水族自治县塘州乡拉下村附近的一块水文字墓碑。据陈晶魁先生依水文字和水族历法推算，该墓碑立于明孝宗弘治十三年（1500）。汉字碑刻最早的是刻于清康熙四十八年（1709）立于三都水族地区普安镇平寨的《普安屯六寨六姓合约碑记》。至清朝咸同时期前后，数量有所增加，到民国以后，数量又下降了。

三是有很强的民族特色和地方特点。水族是我国55个少数民族中为数不多的有自己独特文字的民族之一。水族文字十分古老，水语称为"泐睢"，是一种表意体系的文字，只有400多个单字。在三都水族地区至今还保存着用水族文字镌刻的墓碑，这是极有保护价值的水族文物，显示了水族地区碑刻独有的民族性。在水族地区的碑刻虽大量是用汉字镌刻的，但其内容记载的都是水族地区"改土归流"的历史、土司制度的历史以及水族人民英勇斗争的历史，这些史料是不可多得的，故有鲜明的地方特点。

四是有丰富的内涵。三都水族地区碑刻虽然数量不多，年代也不甚久远，但由于有很强的民族特色和鲜明的地方特点，所以它的文化内涵是很丰富的。

第一，有非常独特的用水族文字镌刻的碑刻。水族是我国为数不多的有自己独特文字的民族之一。水族文字有甲骨文、金文的特征，历史十分悠久，这在三都水族地区保存的用水族文字镌刻的墓碑中可以得到证明。

在三都水族自治县的塘州乡拉下村有一块墓碑，呈"凸"形，碑高1.10米、肩宽0.40米、下宽0.70米，碑的上方刻有一束铜钱花，下面刻有一面铜鼓，插有三枝花。铜鼓的左边刻有一头牛，右边刻有一个骑马的人。碑中部左边刻有一个人，右手举着伞盖、左手执绳。碑中部的右边刻着一个人，右手执羽扇，左手握烟杆。在图的中央刻着用水族文字写的碑文。据王品魁先生辨析，碑上刻的图像展示的是古代水族社会的丧葬习俗，很有水族文化的特点。[1]例如，铜鼓是古代水族人民的重器，是权力和财富的象征。水族老人去世了，以铜鼓为坐墩穿上寿衣后才入殓，而且在"开控"时要宰牛、马致祭。这和《黔南识略》中的记载"水苗……丧葬食鱼不食肉，宰牛马致祭"，《独山县志》载"水家苗……丧则打铜鼓，宰牛、马"，《三合县志略》载"水家苗……丧则打铜鼓，宰牛马，聚远近亲戚会饮，亦名砍替"相一致。水族文字碑文的内容为亡人的生、卒、葬的年月。据王品魁先生依据水族历法推算，墓主死于明孝宗弘治十三年（1500），距今已有502年了，此为目前三都水族地区已发现的最古老的碑刻。在汉文化大量传入水族地区之前，水族人民已用自己的文字刻碑，由此也从一个侧面证明了水族文字形成历史之久远。

在三都水族自治县的周覃镇查村干夭组某刁坡上也有一块用水族文字刻的墓碑，碑高0.64米、宽0.34米，两侧有石柱护立，上有屋檐形碑帽。碑眉处刻有一个太极图案，下面刻一个方框，框内竖排用水族文字镌刻的三行碑文，记载死者的生、卒、葬的时间。在方框下有一条头西尾东的鱼形图案。据推算，该墓年代不晚于清道光年间（1821—1850）。

在塘州乡水潘拉下村和周覃镇水东乡也有用水族文字镌刻的墓碑，通称"水潘碑"和"水东碑"，内容也是记载墓主的生、卒、葬的年月。

另外，在黔东南的榕江县水尾乡上拉力寨有一块用水族文字镌刻的潘阿猛墓碑，立于清咸丰丙辰年（1856）十二月初七日。

应该指出，把水族古代丧葬习俗用水族文字镌刻在墓碑上，也是水族墓碑的一大特点。

第二，较完整地保存了明、清两朝三都水族地区土司制度的碑刻记录。明代初年，明王朝中央政权为加强对西南少数民族地区的统治，在沿袭宋、元时期分封土司办法的基础上，实行"土流并治"的政策。当时在三都水族地区设置的土司，除仍由当地"土酋"担任外，有一部分则由随征而来的官吏充当。明洪武二十四年（1391）三月，襄阳府均州人张均，因随征南将军傅友德征讨西南夷有功，授任三都水族地区陈蒙烂土长官司首任长官，并世袭传十一代至明末。至清康熙四十一年（1702）其后裔张大统、张宏谟兄弟内讧，烂土长官司一分为二。大河以南仍属烂土长官司管辖，又传十代，至民国时废除。大河以北设普安土舍副长官司，至清末共传八代。这些史实可在三都水族自治县现存的碑刻中找到实物依据。

刻于清康熙四十八年（1709）、立于普安镇平寨的《六姓合约碑》，碑高1.40米、宽0.70米，素面，楷书阴刻，记载了康熙四十一年张大统、张宏谟兄弟内讧将烂土长官司一分为二的过程。

刻于清嘉庆十八年（1813）正月，现存于烂土小学围墙上的《土司"信照条约"碑》，碑高1.70米、宽1.00米，素面，楷书阴刻，碑眉刻"恩垂千古"四字。此碑为张均后裔"世袭贵州都匀府独山州正长合江司张"所颁。碑文称"兹因亏欠粮食，无处上纳，承各姓埲相商，同心协力，患难相扶，遂集各地方议借米粮代署完纳。即于众借之日更议各条约勒石垂记。""条约"共计十七款，并要求"嗣后官目及寨头地方人等，务宜照单新议条约，尽心办理，毋得上下相违"，"不得混有专权理案"。此碑记载了当时土司官目与当地少数民族及其头人的关系，对了解土流并举的状况有参考价值。

此外，张均后裔张灿极墓碑（立于清道光二十七年即1847年，位于烂土拉麻寨）；《三合县志略》卷三十四存文的《张一元夫妇墓志铭》；立于大河丙燕寨的《丙燕土司墓碑》，系张宏谟之墓，碑载张宏谟卒于清康熙六十一年（1722）；立于烂土高门寨纳便山的《张大纪墓碑》等，均是考察三都水族地区土司制度史的重要材料。如果结合《三合县志略》卷二十"土司、附土司传"以及"援史入传"的描述张均随军西征并任烂土长官司长官事略的《平南传》加以考证，便可比较系统、全面地了解三都水族地区原烂土长官司历经二十二代，时跨明、清、民国三个朝代，历时三百多年的土司统治史。这是研究三都水族地区乃至黔南州、贵州省古代土司制度的不可多得的实物资料。

第三，保存有三都水族地区"改土归流"历史的碑刻。明、清两代在沿袭宋、元时期分封土司的基础上，实行"土流并举"，并逐步推行"改土归流"政策，以进一步加强对西南少数民族地区的统治。例如，明初封建王朝用武力消灭了荔波地区蒙、皮、雷三姓土司的势力，设置方村、蒙村、穷来村三个巡检司。明武宗正德元年（1506）改司设县，委派流官管理。这是水族地区"改土归流"的先声。清康熙二十年（1681）后，中央集权日益巩固，加快了"改土归流"的进程。清雍正四年（1726），云贵总督鄂尔泰向清廷建议："将从来管理苗族之土官，改为普通行政之官署"，"苗族归化者，乃收其土地，改设流官"。[3]他们根本不考虑少数民族的意愿，以征服者的姿态，用武力强迫推行。清雍正七年（1729）独山知州孙绍武受命沿都柳江进兵三脚屯、打略、柳叠、来牛、上江等地，在来牛、上江设都江厅，推行"改土归流"。

孙绍武用武力推行"改土归流"后，驻守来牛。清雍正八年（1730）在都柳江古道旁题刻了"从来王化外，今人版图中"十个字，每字大10厘米见方，楷书纵刻，为三都水族地区"改土归流"历史事件留下了实物依据。

此外,孙绍武还在都柳江石崖小溪边的悬崖上,于清乾隆元年(1736)题刻了"山高水清"四个字,并赋诗云:"都江南去水滔滔,千里妖氛渐次消。赢得今朝无个事,闲从崖畔一挥毫。"清乾隆癸亥年(1743)孙绍武还在三都、都匀、丹寨的交界处翁脑寨边的石崖上题刻了"天开草昧"四个字,字大一尺见方。

以上摩崖既留下了了解水族地区"改土归流"的实物材料,也记载了清朝统治者对少数民族残酷镇压、统治的罪行。

第四,保存了一批反映水族人民反抗反动统治者斗争事迹的碑刻资料。三都水族地区在清雍正年间推行"改土归流"之后,清王朝势力逐步深入水族地区,实行残酷的政治统治,严重的经济盘剥,至清乾隆年间"各地方官征收钱粮,额外浮收,加重火耗,多索票钱,以及短价采买,或借差夫名色,滥派伕马,书吏指十派百,折价肥己,或者借供应,派索猪、鹅、鸭、鸡、竹、木、柴、炭、马草、刑具、监茨等项……不一而足"。广大水族人民不堪重负,纷纷起来反抗,清乾隆二十七年(1762)闰五月,"贵州都匀府独山州分驻三脚屯正堂蒋"不得不发布"禁革一切陋弊"文告,并刻石刊示。这就是原立于三脚屯的"禁革陋弊"碑。

清咸丰、同治年间,贵州各族人民爆发了轰轰烈烈的起义斗争,以反抗反动统治阶级的残酷统治。清咸丰五年(1855)潘新简领导水族人民揭竿而起,起义斗争坚持十五年之久,严重打击了清王朝在当地的统治势力,赢得了各族人民的支持。1983年,三都水族自治县民族事务委员会、县文化馆在贵州省重点文物保护单位九阡水族起义遗址刻立的《潘新简纪念碑》,虽为现代所立,但内容反映了潘新简领导水族人民大起义的史实。

清同治十二年(1873)七月刻立的《三都都江万人坟碑》记下了清王朝在咸丰乙卯(1855年)镇压都江地区各族人民起义的史实。当时都江地区"田地荒芜,人烟萧索"、"生灵荼炭,枯骨枕野",惨不忍睹,记下了反动统治者的累累罪行。

此外,立于都江羊福村的《革除伕役永远碑示》(刻于清同治十三年即1874年);立于三脚屯的《都匀府知府周步瀛禁浮征丁粮碑》(刻于清光绪三年即1877年,存碑文);《独山州知州吴宗琳禁需索碑》(刻于清光绪六年即1880年);《清末州同周富涛立案碑》等,都应该看作是清咸同时期贵州各族人民大起义后不断进行各种形式的斗争而取得的结果。

第五,保存了一批对研究三都水族地区人文历史有一定价值的墓志碑铭。在少数民族地区的金石古籍中,墓志碑铭占有一定的分量,这对研究该地区的历史、民俗有重要价值。但这些墓志碑铭多藏于野外、地下,难以收集。在《三合县志略》及《水族社会历史资料稿》两本书中,保存了不少三都人的墓志铭文。此外,近年来也有一些墓志碑铭被发现并报道。墓主有少数民族,也有汉族的。其中比较重要的有以下一些。

张吴川墓志铭:张晖,字旭初,又字晴川,西乡人,官于广东吴川,故有字吴川,颇有政声。生于清乾隆戊午年(1738),卒于清乾隆四十九年(1784)。

邓沛璋墓志铭:享年七十有六,卒于清嘉庆十四年(1809)二月十二日。邓沛璋为邓恩铭同志之曾祖。

金老太君墓志铭:生、卒不详,墓碑立于清嘉庆十七年(1812)。墓主为邓沛璋夫人。

张灿极墓碑:生年不详,卒于清道光十八年(1838),碑立于清道光二十七年

(1847)。张灿极系合江州陈蒙烂土长官司首任长官张均之后。墓位于烂土乡拉麻寨，有山字形碑盖，两边石板围护，通高1.70米、宽1.00米。碑文楷书阴刻。贵州都匀府独山州事青溪县正堂李克勋撰。

张一元夫妇墓志铭：张一元，字德馨，善文，生于清道光庚寅年（1830），卒于清咸丰己巳年（1859）。张鼎元撰。张鼎元，字子定，为张均之后，平生手不释《平南传》一书。

张选堂墓志铭：张万春，字选堂，生于清嘉庆辛酉年（1801）六月二十日，卒于清同治甲子年（1864）三月十一日，平寨人。苏金林撰。苏金林为独山莫子偲之弥甥，工文学。

谭凤章墓志铭：生于清同治乙卯年（1795），卒于清咸丰己未年（1859）。张树屏撰。张树屏为张均之后，张鼎元之子。

处士杨端生墓志铭：杨汝麟，字端生，生于清咸丰年间，卒于清光绪乙巳年（1905）。张树屏撰。

胡溢光先生墓表：胡德全，字溢光，三脚人，曾办三脚金麟书院，整治都柳江水道，生年不详，卒于清光绪癸卯年（1903）。广西李宗仁撰。

张荣春墓志铭：张荣春，字煦堂，普安人，生、卒年不详，卒年七十三岁。张树屏撰。

吴子厚墓志铭：吴臣忠，字子厚，杨乐屯人，生、卒年不详。张树屏撰。

张石氏墓志铭并序：石氏，张以贤妻，清道光庚戌年（1850）生，民国壬子年（1912）卒。张树屏撰。

处士李光英墓志铭：李光英，字育才，三合人。生于清道光己亥年（1839），卒于民国甲寅年（1914）。张树屏撰。

王双山墓志铭：王堃，字双山，东乡人，生于清咸丰丙辰年（1856），卒于民国八年（1919）。张树屏撰。

吴培森墓志铭：生于清道光元年（1875），卒于民国壬戌年（1922）。张树屏撰。

处士潘平阶墓志铭：潘平阶，讳玉衡，三合尧平人。生于清光绪辛巳年（1881），卒于民国二十五年（1936）。张树屏撰。

吴节母李孺人墓志铭：吴节，平寨人。其母生于清咸丰壬子年（1852），卒于民国十七年（1928）。都匀滕家柱撰。

此外，《修三合至都江路碑记》（立于清光绪年间，存碑文）、《改建两级学校礼堂纪略碑》（刻于民国十七年即1928年，存碑文）、《商会争粤盐销坊原案碑》（立于民国二十六年即1937年，存碑文），对了解三都水族地区当时的交通、教育、商务等都有一定的价值。

由于三都水族地区碑刻的文化内涵非常丰富，因此对三都水族地区碑刻的研究具有多方面的价值。它对研究三都水族地区的民族学、民俗学、文字学、土司制度史、"改土归流"史、水族人民抗暴斗争史、人物史以及交通史、教育史、商务史等都有参考价值。同时，不少碑刻也是三都都柳江、月亮山、水族风情旅游区重要的人文景观，很有开发、利用的意义。

由于三都水族地区碑刻重要的、多方面的价值，因此建议：（1）要进一步深入地发掘、调查、收集、整理三都水族地区的碑刻，这是一项十分紧迫的、带抢救性质的工作。（2）对已掌握的三都水族地区碑刻资料进行整理、标点、注释、研究，争取编辑、出版《三都水族自治县碑刻集》，并将其列入少数民族古籍整理工作之中。（3）要有目的、有计划地开发、利用三都水族地区碑刻资源，在收集、保护的前提下，把碑刻作为风景名胜、民族风情区的人文景观，需要复刻的进行复刻，需要迁地保护的进行迁地保护，建立以少数民族内容为主的碑林，为社会主义物质文明和精神文明建设服务。

参考文献

[1] 王品魁. 拉下村水文字墓碑辨析［A］//贵州省水家学会编. 水家学研究（三）[C]. 1999年：213-217.

[2] 刘世彬. 三都水族自治县《平寨六姓合约碑考略》[A]//黔南州史志办. 刻在石头上的历史[C]. 61-68.

[3] 凌惕安. 咸同贵州军事史（第一编）[M]. 贵阳：贵州人民出版社.

（原载于《黔南民族师范学院学报》2002年第4期）

试探水书碑文识读

潘兴文

　　水书，水族称为"泐睢"。"泐"，即文字和书籍的通称；"睢"为水族自称；"泐睢"意为水族文字或水族的书。水书字形独特古朴，内容博大精深，是历代水族人民智慧的结晶，是水族的史书和"百科全书"，更是中华古文字的"活化石"，支撑着水族几千年来的文字史和文明史。水书，是世界上活着的象形文字，是中华民族文化的瑰宝。2006年5月，国务院批准"水书习俗"为第一批国家级非物质文化遗产。

　　水族文字的载体主要是抄写在甲纸上用线订或纸绳订的手抄本水书，此外最为凸显的是作为图案绣成的手工艺品（越是老式的马尾绣背带上的图案，水书符号越明显）上的水书，还有镌刻在墓碑上的水书碑文。用水族文字镌刻的墓碑十分罕见，是研究水族古代习俗不可多得的实物史料。因此，准确地识别水书碑文有着十分重要的意义。笔者就水书碑文识读略陈己见，以请教于方家。

一、基本情况

1. 水书碑文发现情况

　　用水族文字书写的碑文并不多见，发现用水族文字书写的墓碑应该及时采取有效措施进行保护，因为它是研究水族古代习俗不可多得的实物史料。目前，发现的水书碑文如下：

　　第一块水书碑文，是榕江县（黔东南州）计划乡上拉力寨的墓碑文；

　　第二块水书碑文，是三都水族自治县塘州乡拉下村的墓碑文；

　　第三块水书碑文，是三都水族自治县周覃镇的查村（建、并、撤之前属水东乡）的墓碑文；

　　第四块水书碑文，是三都水族自治县坝街乡羊瓮村的墓碑文；

　　第五块水书碑文，是荔波县水甫石棺墓的墓碑文；

　　第六块水书碑文，是三都水族自治县都江镇怎雷村（省级生态保护的水族自然村寨）的墓碑文。

　　这些水书碑文是都柳江、龙江上游水族聚居区内的水族古老文化遗留，十分珍贵。

2. 墓碑形状及水族古文字成分

榕江县（黔东南州）计划乡上拉力寨的水族文字墓碑，碑文全部是水族文字符号，共17个，没有其他图案。该墓碑属单碑，即只有碑座和碑身（或叫墓碑门）。水族学者石尚昭、吴支贤、姚福祥等于20世纪70年代末对此碑文进行考证和翻译。

三都水族自治县塘州乡拉下村的水族文字墓碑（下简称拉下碑，如图1），原坐落在三都水族自治县塘州乡拉下村东面的"墓果"古墓群里（现已运进该县文物管理所保管）。此碑系门楼式墓碑，整个墓碑分为碑座、碑身（或叫墓碑门，包括两边伸延出来的门柱）、碑帽和碑顶四个部分。墓碑门是"凸"字形，上刻各种图案和水族文字，两边配上双肩，墓碑门的两边各伸出20厘米的方柱，碑柱无图无字，碑帽紧紧盖压碑门。碑门下宽72厘米，上宽42厘米，双肩各宽15厘米。墓碑总高度为110厘米，下高70厘米，肩高40厘米，碑柱内进深20厘米，外进深37厘米。[1](P214)

图1　碑顶、碑帽已被破坏的拉下村水族文字墓碑原样

三都水族自治县周覃镇的查村的水族文字墓碑（下简称的查碑）依然竖立在的查村干夭村民小组"墓刁"的坡上，该坟墓呈圆形土包，坐北朝南，占地面积约5平方米。此墓碑呈龛形，总高度为90厘米，上盖（碑顶）为屋檐状，高为25.5厘米，阔为72.5厘米，由两块石柱支撑。龛形内的墓碑门高64.5厘米，宽34厘米。内碑中部竖排水族文字碑文三排，计23字，以一长方形框框定。框高24厘米，宽18厘米。框外上方有一直径为14.5厘米的太极图案。框外下方为一头西尾东、长约12厘米的鱼形图案。该碑文字及图案均为阴刻。[2]

以上三块墓碑碑文的主体是由水族文字组成。另外，有的把水书常用文字或图画文字作为辅助碑文，如：三都水族自治县坝街乡羊瓮村的墓碑文有4个符号，荔波县水甫石棺墓的墓碑文有6个符号，三都水族自治县都江镇怎雷村的墓碑文有9个符号。

二、 特殊的文字和特殊的格式

从拉下碑、的查碑和榕江县计划乡上拉力寨水族文字墓碑的整体来看，碑文全部用水族文字书写。拉下村的水族文字墓碑碑文共34个水族文字符号。的查村干夭村民小组水族文字墓碑碑文由 23 个水族文字符号组成。上拉力寨的水族文字墓碑全文共有 17 个字。

从碑文的行款看，都是竖列书写，竖列组数不定。拉下碑有五列，的查碑文有三列。竖列书写形式与古今水书手抄本的行款相一致。

水书碑文的书写格式很特殊，拉下碑上刻的"人、水牛、马、花、铜鼓、伞、扇子、烟杆斗"和的查碑上刻的"鱼形太极图"等均符合常规姿势及自然格调，可是碑文整体却全篇幅倒置，要想看懂水书碑文，只有站在碑顶的端线边上，总览墓碑门中的碑文全文，才容易看懂。

三、碑文水书识读的基本方法

1. 找准视点

当某人有幸在荒山野外、森林密处或古代废墟里发现一块珍贵的石碑，上面刻有奇特的文字符号时，要判断其是否为水族古碑，就要找准位置去观察：如果石碑原样竖起，就要想方设法从其顶端往下看；如果石碑被挪动位置，首先要把有文字符号的那一面朝向天空，再仔细查找石碑的榫、卯、衔接缝等标志，准确判断该碑竖立时的顶端边线（又称端线）何在，从顶端边线上看碑文，就可以比较准确地认读其碑文。

如图 2：

图 2　拉下村水族文字墓碑和的查村水族文字墓碑

2. 将碑文水书分类

认真将碑文水书进行分类，各列仔细归类，按水书常用字、水书难认字划分（在能认识水书常见符号的情况下）。如区分以下水书常用字：

（1）水书常用字包括：数字类，干支字，即：正、一、二、三、四、五、六、七、八、九、十、十一、十二以及天、地、人、第、年、月、日、时、方等常见符号。

（2）六十甲子表：

甲子	乙丑	丙寅	丁卯	戊辰	己巳	庚午	辛未	壬申	癸酉
甲戌	乙亥	丙子	丁丑	戊寅	己卯	庚辰	辛巳	壬午	癸未
甲申	乙酉	丙戌	丁亥	戊子	己丑	庚寅	辛卯	壬辰	癸巳
甲午	乙未	丙申	丁酉	戊戌	己亥	庚子	辛丑	壬寅	癸卯
甲辰	乙巳	丙午	丁未	戊申	己酉	庚戌	辛亥	壬子	癸丑
甲寅	乙卯	丙辰	丁巳	戊午	己未	庚申	辛酉	壬戌	癸亥

（3）水书难认字包括：五行字的金、木、水、火、土符号；九星字的贪、巨、禄、文、廉、武、破、辅、弼符号；水书二十八宿形象的物象符号，如蝎、龙、貉、兔、太阳、虎、豹、螺、狗、雉、鸡、乌鸦、猴、獭、鹅、鬼、蜂、马、蜘蛛、蛇、蚯蚓、螃蟹、牛、蝙蝠、鼠、燕、猪、鱼（貐）。水族文字墓碑的碑文容易出现上述水书文字。

3. 寻找识读脉络

从水书书写常规格式看，多数为竖式编写，从上到下、由右至左的格式编写。依据拉下村水族文字墓碑和的查村水族文字墓碑的书写格式，均与水书手抄本编写模式相一致。在找准视点和碑文分类的情况下，便可以按照水书阅读卷本（《正七卷》、《壬辰卷》、《申寅卷》）的认读规律，即先右后左、从上至下地对碑文水书进行逐一辨认，这种辨认碑文水书方式方法，是碑文水书识读的表面层次。识读碑文水书须下一定的功夫，渐渐地由浅入深，根据碑文的水族文字符号的特点，查找水书手抄本或请教资深的水书先生，逐渐找到共识，从而得到破解。

4. 抓住突破口

依据拉下水族文字墓碑、的查村水族文字墓碑和榕江县计划乡上拉力寨（潘老猛）墓碑水族文字墓碑的碑文书写规律，这些碑文水书的式样和手抄本水书的编写常规一致，这些水族文字的排列顺序，绝大部分按照水语（水族语言）语序（即倒装句式）进行编写（有意突出的部分除外），用水语识读。

水书碑文一般分为四个部分：一是墓主出生年份，二是墓主死亡时间，三是安葬墓主的日期，四是立碑的时辰。（下文中分别用㊀㊁㊂㊃标明这四个部分）

水书碑文的书写模式比较灵活，完全因当时的社会背景、人们的理解或执笔者的习惯（或需要）来决定，即没有规定右边写什么、左边写什么，但最中间的那一列均为安葬墓主的年代和日时，这是第一个突破口。第二，仔细观察那些数字的字，同时确认碑文中水书"年"字的符号，当某一组数字的上下均有文字必然为墓主出生时间。第三，正确找到墓主出生时间后，最后一列水书便是立碑时辰。

拉下墓碑图如图3所示：

拉下水族文字墓碑除图案外，水族古文字属阴刻、竖列、倒写。碑文水书识读如下：

第一列　原文：

　　　　　直译：乙　巳　年　七　十　六　年　庚　申　月

　　　　　属㊀㊁部分。

第二列　原文：

图 3　拉下墓碑图

　　　　　直译：六　十　四　日　丙　申　日　己　亥　时
　　　属㈠部分。

第三列　原文：丗　ᐯ　X　丙　○
　　　　　直译：第　六　癸　酉　日
　　　属㈢部分。

第四列　原文：二　十　一　乙　卯　时
　　　　　直译：二　十　一　乙　卯　时
　　　属㈡部分。

第五列　原文：丙　辰　时
　　　　　直译：丙　辰　时
　　　属㈢㈣部分。

应注意的是，第一列末尾的"月"符号，要与第二列、第四列连贯。

译文为：墓主生于乙巳年六月十四丙申日己亥时。

墓主殁于庚申年二月十一日乙卯时，享年七十六岁。

墓主葬于第六元庚申年癸酉日丙辰时，同时立碑。

的查墓碑图如图4所示：

的查村干夭村民小组水族文字墓碑除了太极图案外，碑文外的方框和水族文字属阴刻、竖写、倒写。其识读为：

第一列　原文：壬　寅　年　四　十　六　年　木
　　　　　直译：壬　寅　年　四　十　六　年　木
　　　属㈠部分。

图 4　的查墓碑图

第二列　原文：(原文符号)

　　　　直译：第　一　乙　未　日　卯　　时

　　　　属㈢部分。

第三列　原文：(原文符号)

　　　　直译：戊　子　年　月　二　十　五　日

　　　　属㈣部分。

译文：墓主生于壬寅年，享年四十六岁，本命属木。

墓主葬于第一元（的）乙未日卯时。

该坟立碑于戊子年二月十五日。

参考文献

[1] 王品魁. 拉下村水文字墓碑辨析 [A] //贵州省水家学会编. 水家学研究（三）[C]. 1999.
[2] 梁卫民. 某刁水族文字古墓碑·黔南文物志稿（3）[Z]. 黔南州文化局，黔南州文物管理委员会. 1992.

（原载于《黔南民族师范学院学报》2007 年第 5 期）